国家社科基金青年项目"审美共通感的公共哲学意义研究"（项目号：14CZX054）成果

陕西师范大学优秀著作出版基金资助出版

国家社科基金重大项目"唯物史观视域中人类命运共同体思想的原创性贡献与世界意义研究"（项目号：20&ZD026）资助出版

审美共通感的公共哲学意义研究

李河成 著

中国社会科学出版社

图书在版编目(CIP)数据

审美共通感的公共哲学意义研究 / 李河成著. -- 北京：中国社会科学出版社，2022.6
ISBN 978 - 7 - 5203 - 9899 - 2

Ⅰ.①审… Ⅱ.①李… Ⅲ.①哲学理论 - 研究 Ⅳ.①B0

中国版本图书馆 CIP 数据核字（2022）第 041247 号

出 版 人	赵剑英
责任编辑	朱华彬
责任校对	谢　静
责任印制	张雪娇

出　　版	中国社会科学出版社
社　　址	北京鼓楼西大街甲 158 号
邮　　编	100720
网　　址	http://www.csspw.cn
发 行 部	010 - 84083685
门 市 部	010 - 84029450
经　　销	新华书店及其他书店
印　　刷	北京明恒达印务有限公司
装　　订	廊坊市广阳区广增装订厂
版　　次	2022 年 6 月第 1 版
印　　次	2022 年 6 月第 1 次印刷
开　　本	710×1000　1/16
印　　张	16
插　　页	2
字　　数	245 千字
定　　价	98.00 元

凡购买中国社会科学出版社图书，如有质量问题请与本社营销中心联系调换
电话：010 - 84083683
版权所有　侵权必究

目 录

导论：审美共通感的公共性问题与政治美学话语
　　——现状审视、选题意义、研究的脉络 …………… 1
　第一节　程序宪政学与公共世界的反思 …………………… 1
　第二节　从统合到公共：审美公共性问题的问题性和议题研究的
　　　　　可能性 ………………………………………………… 15
　第三节　秩序的心性至求：间性与感通研究的基本脉络 …… 23
　第四节　间性与审美感通议题的延展：现代中国审美公共的感性
　　　　　生成、主体建构与社会逻辑 ………………………… 29

第一章　通感的"看"与"听"
　　——从感通的身体观谈起 ……………………………… 31
　第一节　比喻的醒世与通感的醉态：以《荷塘月色》为案例的
　　　　　阐释 ……………………………………………………… 32
　第二节　看的原罪与听的拯救：中西文化的互动 …………… 39
　第三节　"醉"之为"常"的本原初探 ………………………… 46
　第四节　通感补录二则
　　　　　——由"感应"而思 …………………………………… 50

第二章　符码：想象的公共表象
　　——维科论想象与共同意识、阿伦特论想象与公共交往：
　　　　论心性—秩序的融合是如何可能的 …………………… 54
　第一节　维科从人类学的角度论"想象性的类概念"：共同体
　　　　　秩序的心性描述 ………………………………………… 55

第二节　阿伦特论想象力、范例说服与交往：共同体心性秩序的生成及其公共性 …… 63

第三节　想象符码的共通性分析 …… 70

第三章　常识：推导向公共治理的道德感秩序
——论苏格兰自然神论对现代法政的贡献 …… 77

第一节　自然论证与自然权利：德性生成与技艺制造的现代分化 …… 79

第二节　沙夫茨伯里论"常识"的情感体制与公共治理 …… 85

第三节　常识的运行逻辑：休谟论"同情"作为协定之源 …… 97

第四节　常识的"同情"逻辑及其契约政治的超越 …… 102

结　语 …… 107

第四章　审美共通感：主体间性与同理心生成的心性基础
——康德"审美共通感"议题述评 …… 110

第一节　判断力与先验的方法 …… 111

第二节　多元主体与审美共通感 …… 128

第三节　非功利：走向他者的预设 …… 133

第四节　审美共通感的生成性 …… 140

第五章　马克思的感通概念及其公共困境 …… 148

第一节　马克思论自然与社会的同构及其感通政治学 …… 150

第二节　马克思论私有财产扬弃中的感知解放 …… 162

第三节　理解"感知结构"的方法：符码生产的公共批判 …… 170

第四节　劳动世界的福利正义与公共批判 …… 179

第六章　绽现"德艺"，与人沟通
——阿伦特"政治审美论"的公共哲学意义 …… 187

第一节　恶问题与美学判断 …… 187

第二节　德艺的展现与行动自由 …… 191

第三节　美的生成与共通世界 …… 202

小结：判断力和行动的始终一贯 …………………………………… 212

结语：审美作为弥补程序宪政的感通学 …………………………… 214

参考文献 ……………………………………………………………… 221

后　记 ………………………………………………………………… 246

导论：审美共通感的公共性问题与政治美学话语

——现状审视、选题意义、研究的脉络

本章作为导论，开篇提出程序宪政学下的主体与公共世界的间性议题。第二、第三节综述审美公共性问题的研究现状，分述研究的可能性及其研究脉络。最后一节点明现代中国审美公共议题的理论延展。

第一节 程序宪政学与公共世界的反思

一 程序宪政学下的主体及其公共境况

鸦片战争以降，中国不仅被被动地拖入到民族国家争斗的世界格局中；而且，在逐层深入地与西方器物、制度、文化较量之后，已全面地进入现代化。启蒙所提出的民主意识和新民思想，一直期待合法且正当性的法律制度、思想自由的形式及其情感体制。即使与阴阳五行等宇宙观相适应的礼制文明（巫神公共、自然公共、公利性公共）呈接替关联，但宪政学依然面临公共性[①]的审视。

程序宪政学是现代性的启蒙之果。程序作为末日救赎观和历史信仰的科学版，以科层制度化—法制化的优先程序，将理性主体同质化，而

---

① 公议性公共，以及康德基于职业—岗位上自由私用的分疏。参见［德］康德《回答这个问题：什么是启蒙？》，载《康德著作全集》（第8卷），李秋零主编，中国人民大学出版社2007年版，第41—42页。李河成：《公利性公共与公议性公共："公共"话语研究的两个要点及其范式转型》，《东岳论丛》2016年第10期。谭秀云、李河成：《正义如何允诺公共——以实体哲学向间性哲学的转向为视角》，《都市文化研究》2018年第1辑。

高效、精确、低廉地适应并激活了现代矢量的进化观。现代平等的人权意识，是以生产力标准化的社会必要时间为根基的价值判定。并且，平等主体与社会运动的历史道义交互延展：严复译注的《天演论》、李大钊的"社会组织进化论"（《我的马克思主义观》，1919），毛泽东"只争朝夕"的革命运动和赶英超美的"大跃进"等"外王"行动……成为现代中国最坚实的心性结构和统摄历史目的及自然规律于一体的现代人义观。在代表型公共领域的现代转型中，由精英化的金字塔式（古代国王和奴隶的时间不同，并且具有价值批判的高低贵贱之分）或矩形权力政治，经边沁环视房监狱（Panopticon）模式的惩罚机制发展为福柯的全景敞视主义的规训机制以及分隔性结构的"集中营"模式（阿甘本）。进化到媒介社会，"对视监狱"（Synopticaan）即托马斯·马蒂森研究电视得出的主体范式；① 鲍曼认为"对视监狱"是全球性的：与福柯反向，监视者（借助电视等）是大多数，并诱使人们观看，同时监视者自己乃至被监视者交互地被规训着。② 于是，自由、不确定性③的幽灵从外在于人的知识、权力、程序等系统中恢复起确定性。这与人种、地缘、血缘、巫术、宗教等代表型/本质意志元素同功，但运行逻辑却相互反对（选择意志）。人种血缘等元素先于个人，个人从其中获得共通资格；而知识、权力、秩序等为后天制造，主体之我以理性博弈展开与他者的共通历程。"与他者共在"，其内在反省是"行己有耻"的良知绽现④——反身而诚，安提戈涅等马丁·路德意义之"person"的正直和顺从就此萌芽；⑤ 其外在合法性的规训则是政教合一，或者意识形态国家，或者超政府等的自由社会的调整。

---

① T. Mathiesen, "The viewer society: Michel Foucault's 'Panopticon' revised", *Theoretical Criminology*, 1997 (1), pp. 218-219.
② ［德］鲍曼：《全球化：人类的后果》，郭国良、徐建华译，商务印书馆2001年版，第49、52页。
③ 周濂等认为，网络交往模式有主体消失的危机。周濂：《BBS中的政治游戏》，载《论证2》，赵汀阳主编，广西师范大学出版社2001年版，第160—161页。
④ （清）顾炎武：《与友人论学书》，《亭林文集》卷3。［法］萨特：《存在与虚无》，陈宣良等译，生活·读书·新知三联书店2016年版，第284、347—348页。
⑤ 李河成：《安提戈涅的公共行动是什么、如何可能及其现代意义》，《南大戏剧论丛》2016年第12卷第1期。

导论：审美共通感的公共性问题与政治美学话语

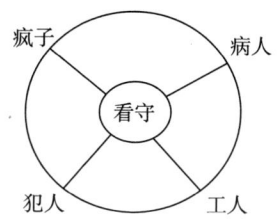

图1　边沁、福柯的"敞视监狱"模型示意图

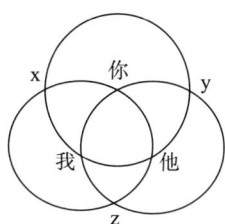

图2　开放社会主体权利关系平面图

边沁的"环视房监狱模式"（如图1）突出了代表型公共领域——中央监视点（看守）对人的主宰地位。谁是看守，谁在塔楼？是上帝、国王，还是理念、绝对精神、道、天、佛，等等？这是前现代的实体性规定，此为共同体的普遍秩序，强调同质。而在放逐诸神或诸神异起，否弃权威、理性胜利的现代社会，中央监视点被抵消，差异成为特定权利的要求；同时，你我他共处在相互监视的开放社会中。现在每个人都是自由的，但是每个人只是在他自己的监狱里是自由的，这监狱是他自由建造的。如图2所示，没有中心，你我他各处在监视的"圆心"（中心），同时又处在被监视的圆环xyz之中。在此网状甚或立体的结构间，每个人都是监视者，又是被监视的他者；或者立基于应用程序终端（APP），构成较原子化、碎片化更趋复杂的自相似和递归特征的分形（fractal）秩序（索亚《第三空间》《后大都市》）。"规训"各方都存在抵抗和反抗的可能，各方亦都存在漠视或热心的任性，这是公共性行动的现代语境。转型的中央监视点（看守）是马克思的"暴力"、现代国家公民的"契约"、西美尔的"货币"，还是哈贝马斯的"语言"？！

程序政治学是阶级革命、斗争、妥协的成果，不是最好但却并不算最坏。至少,程序宪政的民主旨趣给予了边缘化、差异性等多元群体(主体)以质疑和批判的机会,使程序政治有止于至善的无限可能。以阶级斗争为主的"革命政治"在程序宪政学建制后让位于强调文化、个人身份和日常生活的"公共政治"①;特殊利益的博弈延端为对性别、阶级、种族、地方团体、宗教、国家等身份、生活方式、意义的关注。如从20世纪60年代开始,西方国家广泛兴起的"新文化运动",如民权运动、黑人运动、学生运动、反战运动、反核运动、反堕胎运动、同性恋运动、城市运动、生态运动、女性运动、消费运动、和平运动、新左派运动、宗教运动、种族—民族主义运动,等等。新文化运动现身西方政治舞台,表明程序宪政的开放性和包容性,它使公共政治成为现实。如葛兰西的霸权理论可以推及于性别、身份、种族等文化斗争领域,贴近女权主义、后殖民主义、种族政治与同志/酷儿理论的需要;"葛兰西转向"发掘了大众文化研究的政治反抗潜能。阿尔都塞意识形态"询唤"和"建构"主体的理论也对有关性别、种族和文化身份的研究产生影响。福柯"系谱学"的革命性在于颠覆总体性话语,而揭露话语、知识和权利之间的共谋同盟。如女性主义的"性"即权力话语的体现,后殖民主义的"身份政治"是其核心所在,以及萨义德的"世俗批判"、斯皮瓦克的底层叙述,霍米·巴巴的"间性批判"等即在于努力呼求"东方的"、非主流、亚文化的公共权利。鉴于社会主体的挺立与连接所构成的网络化结构,政府单一管理主体"我决策你执行"的他组织模式受到多元主体自组织的挑战;以命令、管制和压制为基础的传统线性模式的高成本、低效率和低社会响应度的缺陷,期待多元主体间纵向及横向复合的协同型组织秩序。②

文化政治,在程序宪政学的自由、平等、民主宽容的规划下,伸张

---

① 另外的称呼有"后革命政治"(阿里夫·德里克:《后革命氛围》,王宁等译,中国社会科学出版社1999年版,第4页)、"微观政治"([美]斯蒂文·贝斯特、道格拉斯·凯尔纳:《后现代转向》,陈刚等译,南京大学出版社2002年版,第362页)、"后阶级政治"、"文化政治",等等。

② [美]埃莉诺·奥斯特罗姆:《公共事物的治理之道:集体行动制度的演进》,余逊达、陈旭东译,上海译文出版社2012年版,第45页;范如国:《复杂网络结构范型下的社会治理协同创新》,《中国社会科学》2014年第4期。

了"次要的""非主流的""少数人的""亚文化的"的权力,为在野的政治团体或弱势群体开启了全新的言说天地。若说政治的泛化,"有掏空政治这一术语的意义的危险"①,"退化到自恋、快乐主义、唯美主义或个人治疗的危险之中"②。则说明程序宪政学的中立、正义等呼应了现代政治的平等潮流,并淡化权力拥有者的强悍。其弱者化③、中性化政治日益延伸到包括宇宙万物的同情当中,此现代性的"特殊"诉求用程序宪政的"同质"来统合,无意间落入到前现代共同体秩序的普遍整合中。程序宪政的私利同质推进了原子个人主义的优美倾向,甚至更多地关注于与消费、娱乐、享受、欲望和性的结合,却并未顾及集群性、交互主体间的整合,更未见出平等与卓越间的张力。相较于转向私人生活的物质层面的弊端而言,文化政治缺乏崇高宏大的政治关怀;缺乏元叙事:包括崇高伟大的主角、生死攸关的险情、波澜壮阔的航程、宏阔辉煌的目标,等等。

社会政治生活,不是抽象的公意与总体,而是具体的、特殊的个体——这才是自由的主体。但是个体的极端化,要么走向隐逸,要么走向敌对。个体间的"他者"化、原子化,只重视个体特殊的强化,而忽视了交互主体的转化。自由制度等统合的批判固然必不可少,但情感体制④却并未引起足够的重视。这正是以审美的感通本能来统合社会的尝试所在。同样,就下文的审美反思而言,把审美的普遍性推演到政治生活中,作为宗教/伦理共同体的替代,势必取消个人的权利,形成总体性社会,偏向专制和集权。极权主义社会似乎从中体悟到政治审美化的妙处:大众参与、人人当家作主、广场集会、宏大仪式、伟大的领袖等,法西斯主义

---

① [英]特里·伊格尔顿:《赛义德、文化政治与批评理论——伊格尔顿访谈》,吴格非译,《国外理论动态》2007年第8期。
② [美]斯蒂文·贝斯特、道格拉斯·凯尔纳:《后现代转向》,陈刚等译,南京大学出版社2002年版,第362页。
③ "弱"表示关系性的存在,"强"表述自足性存在。弱者政治学和强者政治学的区别可参见包利民《古典政治哲学史论》,人民出版社2010年版,第6—11页。
④ William M. Reddy, *The Navigation of Feeling: A Framework for the History of Emotion* (Cambridge: Cambridge University Press, 2004);另霍克希尔称之"feeling rules";Rosenwein 称之为"情感共同体"。成伯清:《当代情感体制的社会学探析》,《中国社会科学》2017年第5期;成伯清:《情感的社会学意义》,《山东社会科学》2013年第3期。

者吞灭具体个人的政治瘟疫警示着"美"因政权操纵而来的亏空。这是我们先行明白的两难。程序宪政学立志公正,避免了古代的权力等级和黑牢原则,使现代的理性主体处在准原子的状态之中,负责无往,又免责有据。但这是否就回到"街头政治",回到文化政治?这必然陷于争夺程序宪政的循环斗争。我们何不修正程序政治?结构主义、女性主义、后殖民主义、新历史主义、"新左派"、马克思主义、后马克思主义、后精神分析批评、生态批评、散居族裔批评乃至同性恋和酷儿理论正是程序宪政学宽容体制的结果。宽容为公共之母。

金字塔式的威权而下,格劳秀斯等国家制衡学派(如矩形权力模式),以及现代原子主体的权力关系模式,无意于建立联盟组织以及世界国家的宏愿。程序宪政学伸张了个人的自主权利,试图满足个体平等承认的自由理想,但却遭遇到个人与他人,包括个体他者和集体他者(自然、国家、上帝)的公共张力。

二 主体分辨与他者维度

在矢量时间的拽扯下,"启蒙"对他者之"交流—意义"问题并未有成熟的看法:启蒙文化是实证宗教的对应物。就内容而言,创世秩序和救赎历史失去了意义。在启蒙者的眼中,上帝他者的视角已经失效,仅在个人独体心灵上留下了道德哲学论证的方法论意义。马丁·路德"因信称义"的历史人义论以来,苏格兰自然神论者,沙夫茨伯里的常识论、哈奇森的"道德感论"等凝练的公共情感,休谟指明的共鸣情感等均否认了天启思想,而提请"常识"的本真在体性,这先于契约权利。康德反思判断力的先验原则:自然,从主观形式上引申到客观质料的合目的性的论证,必然走向伦理神学的反思。基此逻辑,马丁·布伯认为你我本质上先于我和它,① 即关系先于"我"的产生。舍勒审理现代性的根本问题:共同精神的破碎,并修正奠基于以希腊哲学本体论和认识论之上的神学传统,重拾基督教思想中的心之神学(theologia

---

① [德]马丁·布伯:《我与你》,陈维纲译,生活·读书·新知三联书店2002年版,第38页。

cordis），恢复基督教思想中的爱感优先论。……在哲学和社会理论方向上推进为爱的共同体思想，这是不是一厢情愿？正如陶东风等人根据中国20世纪90年代人文精神大讨论的观察，遵照启蒙运动的历史脉络：人文精神作为宗教精神的反面，正是一种世俗精神。① 若再用"终极关怀"等超级能指（斐洛、克尔凯郭尔、舍勒、哈罗德·J.伯尔曼、弗里德里希等）来批判程序宪政学而下的原子社会，是不是与历史逆向？若用陶东风等人提出的政治批判，那又是如何界定的"政治"呢？有消费自由而无政治自由的世俗社会，是宪政滞后，还是道德多余？答案在于客观地评价启蒙运动的敌儒家传统、反基督宗教倾向，而不夸大。宗教、信仰依凭共同体传统的转化而成为现代人文精神的背景资源。宗教形式仅成为黏合剂，也必须经历自然神论的主体性转化。主体是后天形塑的，与"先天"构成悖论。康德的"反思性判断力"已经深深地意识到此间的矛盾，故尝试用先验的方法打破主体之间（后天）的诘难。胡塞尔直面单子主体之间的裂痕，留下了交互主体的课题和交互他者的伏笔。

　　自然他者在工具理性的努力下，已经见出科技力量的物质（含义）承诺。这是历史道义的基础，但D.L.梅杜斯《增长的极限》的著名报告表明了庸俗唯物的苍白；并且，技术的进步强化了笼罩于社会生活之上的控制之网，"生态剥削总是与社会剥削相互配合"②。"千年至福王国"式的"意义政治学"即自然科学无限进步史观的翻版。③ 人类努力降服自然的历史，也就是人类降服人的故事：自我的形成反映了这个双重历史。在长期的历史过程中，统治的目的与人类在此过程中扮演的角色难以相容。占有性强化的结果即个人自我被逐步地占有；当人想扩展人类统治时，技术的进步强化了笼罩于社会生活之上的因果和控制之网。培根即言知识就是力量。自然科学，不仅增大了人与宇宙之间的鸿沟，而

---

① 陶东风：《人文精神遮蔽了什么？》，《二十一世纪》（香港）1995年6月号。
② Jonathan Bate, *The Song of the Earth* (Cambridge: Harvard University Press, 2000), p. 48.
③ ［加］莱斯：《自然的控制》，岳长龄、李建华译，重庆出版社1993年版，第8页；［美］马尔库塞：《反革命与造反》，《工业社会和新左派》，任立编，商务印书馆1982年版，第127—129页。

且加剧了有权与无权之间的分化；更导致现在与未来的断裂，即个人判断力的衰退和常识/共通感的丧失。自然的解放乃人解放的手段。以时间为例，在铁路铺设之前，以天计时的日月星辰周期并不标准，而直到19世纪火车站编制列车运行表时，时间的标准才尤为紧要。时间社会化程度越高，对人的生命压迫越大。科技借助自然时间的"统治"，达到对人的统治。在此，自然不是"精神"的表现，但却是精神的根本界限。由此，卢卡奇在《历史和阶级意识》中称"自然是一个社会范畴"；胡塞尔在《欧洲自然科学的危机和先验现象学》中称科学的危机是欧洲人生活危机（意义危机）的表征；海德格尔的《存在与时间》从存在论的高度将科学主义的客体性和人文科学的主体性纳入同一反思的课题……"自然的反抗"意味着人性的反抗，如旅游、吸毒等各代表了肉体和精神拯救的正负取向。感性的颠覆和自然的解放是同一个领域，"感性完善"科学的独立并非启蒙现代性的独一发现，而是反思理性支配的时势所迫。鲍姆加登、康德、席勒、马克思等人对美的尺度的吁请，尼采、阿多诺、马尔库塞、伊格尔顿对"新感性"的标举，均为我们提供参照。

他人他者，可以针对人类主体与个体主体，但主要是对个人主义主体的批判。个人自我的启蒙从传统共同体中独立为自尊的自我人格，而且交互为平等对待的"自我"和"他人"。现代性的客观后果，是将个人自我推向本体地位后，无法保证主体间的平等沟通和高尚生活。这一现代性矛盾我们将在讨论契约论时加以考察。为什么我们的人生不应是分化的？为什么我们间互为他者？原子论者和契约论者关于私欲的杰出论述，有充分的理由使人担忧，共同体解体后，巫术宗教祛魅，血缘伦理摇摇欲坠。我们部分地属于"社会的产品"，因为我们从目前的宪政模式与程序中获益，这些程序包括组织机构、办事方法，以及语言的论述形式，等等。从历史进程而言，共同体转向社会，从风俗等常识到契约论，人利益的可欲性分化得到调整；从其规范主张而论，契约规则促成了个体的自主。个体在"共同体"时代是不可想象的。就儒家而言，具有个性的人，是可恶且可怕的存在，① 个人横向的党社联系更为公共治理的禁忌所在；就亚里士多德对人群居感等第二天性的认定，强调个人反而是一种变异——其横向联系不经上级组织而典型地表现为间谍组织或地下组织的树状结构。在悬置"完备性学说"② 的现代社会，自主是主体性转向以来的人文性成果。自由主义确认了主体间平等尊重的原则，但程序宪政是抹平主体的差异，还是鼓励主体的特殊性，朋友之义③等组织（如图3）的吁请是个体本位的权利理论正待修订的方面。

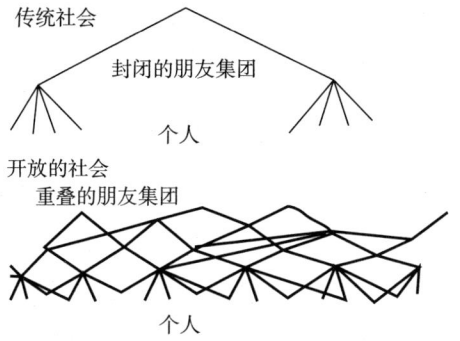

图3　"传统社会"和"开放的社会"朋友关系树状图

---

①　在传统中国无视名教即为最大的越界。《闻见后录·卷十五》称"柳子之学大率以礼乐为虚器，以天人为不相知云云"即被邵博讥为"所谓小人之无忌惮者"。顾炎武《日知录·卷十八》也称王畿、钱德洪之徒"阐明其师之说而又过焉，亦未尝以入制举业也。……未有不流入小人之无忌惮者"。即使是自誉恃才，也上升到小人、君子的人格品评。（《文献通考·卷二四三》）依次参见《影印文渊阁四库全书》，台湾商务印书馆1983年版，第1039册第285页、第858册805—806页、第614册第908页。延至近古，以《四库提要》为代表的官方政治即对公安三袁"然七子犹根于学问，三袁则惟恃聪明。学七子者不过赝古，学三袁者乃至矜其小慧，破律而坏度。……"进行丑化诋毁（永瑢等：《四库全书总目》，中华书局1965年版，第1618页）。

②　[德]哈贝马斯：《公共领域的结构转型》，曹卫东等译，学林出版社1999年版，第5—11页。

③　谭嗣同：《仁学·三十八》，李泽厚解读为，父子朋友是政治法律的"社会性道德"（公德），父子非朋友是个人信仰的"宗教性道德"（私德），现代社会以前者为基础，后者为范导。李泽厚：《说巫史传统》，上海译文出版社2012年版，第80—89、128—131页；《说儒学四期》，上海译文出版社2012年版，第31—33、122—123页。信义已突显冲破生物性血缘关系的可能。"商贸朋友"（杜维明）、人—神关系（李震）第六伦成为"信用社群"（fiduciary community）建构的契机。Weiming Tu, *Centrality and Community: An Essay in Chung Yung* (Honolulu: University of Hawaii Press, 1976), p.52. 李鼎国：《经济发展与伦理建设——第六伦的倡立与国家现代化》，台北《联合报》1981年3月28日第二版。李震：《精神污染与道德建设》，台北，《益世杂志》第八期，1981年5月。

启蒙的结果是个性或个体的独立，而毫不防备地击溃了塑造和规定个人的共同体。共同体的崩溃即宗教信仰、血缘、风俗等观念①的瓦解，以及政教分离；而根本上源自个性主体的树立。在启蒙文化眼里，自主，即无须他人指导而大胆地使用自己的理性。理性地使用要求平等的承认。十二三世纪的罗马教廷即主持了道德平等为基础的教会法体系，洛克《政府论》基于上帝的信念即保证人类源有的自然状态，维护个人的自然权利。……"上帝面前众生平等"（保罗新教）是为自由主义的宗教根源，个人主体取代家庭、部落或种姓成为社会组织的基本单元。主体的塑造导致他者的显形，或者说与他者的差异、对他者的驯化促成主体的塑造。那么"群龙无首"②的理想如何面对群魔乱舞的挑战呢？从笛卡尔开始，主客二分之下的客体逐渐演变成主体的他者；康德时代已充分认识到主体与主体他者融通的难题；黑格尔的主奴辩证法认识到，没有他者，主体我即无法认识自己。此已说明他者的发现并不能导致主体的退隐，他者的存在是人类自我意识的先决条件。但后现代凸显的他者话语却并未能对此作出检讨。他们或者提请马克思主义的经济关系对主体的决定（阿尔都塞）；或者强调弗洛伊德的性对主体形成的决定；或者像福柯深掘意识形态、话语权力对人的控制；等等。

主体实则有双重含义。在西方主要语言英语、法语、德语中，主体（subject/sogit，suget，subget/subjekt）一词源自希腊词 hypokeimenon，拉丁文用 subjectum 翻译为"支撑者"。在中世纪经院哲学中，这个词指属性的承载者，近于 substance（实体）义。subjectum，原始印欧语词根为"upo-"，意思是"下"，也可以是"从下往上"的意思。既表示自主、主动、主语，与"我"或"自我"基本同义（名词义），康德是这种主体和主体性概念的最后完成者；又表示臣服、屈从之义，属动词含义。主体具有主动性、自发性和行使判断的权威，而臣服、屈从则是听命、

---

① ［德］斐迪南·滕尼斯：《共同体与社会——纯粹社会学的基本概念》，林荣远译，商务印书馆1999年版。
② "用九，见群龙无首，吉。"《周易正义·乾》，参见（清）阮元校刻《十三经注疏》（附校勘记），中华书局1980年版，第14页。

服从于权威的属下：① "主体"在词源上被注入了一种悖论性的含义。西方古典哲学重视了第一层含义，而忽视了第二层含义。从黑格尔和马克思开始，主体和主体性概念在西方哲学中开始了它们自己的去主体过程。现代西方哲学，如德里达、德舍多尔等，则越来越关注主体的限制性因素，而不是主体的能动性；越来越关注主体以外的力量对它的制约，而不是主体的掌控能力。发现他者有其意义，如女权主义、后殖民主义、生态批判的兴起，即已体现出他者对多元主体的承认和对话的需要。但若将他者极端化，走向对主体的对抗，就并不利于主体和主体的建构。人的生活不是离群索居地进行人与自然的物质交换，人的生活是面对他人的。宇宙灵魂的创造过程也是同一、他者和存在的混合。② 共同生存的共同体规范迫使个体无法从自利的角度去理解自己行为的意义。③ 到了18世纪的市民社会，自利方才表现为外在的必然。④ 合作利他的动机显然违背了"自私的基因"（如博弈论、"理性经济人"等），但作为"驱动基础科学发展以及决定未来科学研究方向"的利他合作行为如何以及为何能够得以演进的细节远未被科学所揭示。⑤ "非策略性的合作之谜"至少需要重审笛卡尔的"我思"概念。胡塞尔认为意识本身已经包含了意识的对象（客体），现象学反对唯我论，即反对将外部存在归结为意识。于是胡塞尔在后期特别关注主体与主体的相互联系、相互作用。"主体间性"或"交互主体性"成为探讨的转向。

三 间性与交互主体

实体、本体、主体向存在哲学的转向可能将主体的"间性问题"绽显出来。间性因间性主体、间性空间的逼迫而逻辑地导向间性的绽现。"间"，古写作"閒"，从门，中见月。"间"兼有时间绵延和空间居据的

---

① G. & C. Merriam Co. (eds), *Webster's Third New International Dictionary of the English Language* (Springfield: G. & C. Merriam Co., 1976), p. 2275.
② 《蒂迈欧篇》35b。
③ [匈]波兰尼：《大转型：我们时代的政治与经济起源》，冯钢、刘阳译，浙江人民出版社2007年版，第40页。
④ 《马克思恩格斯选集》第2卷，人民出版社2012年版，第684页。
⑤ E. Pennisi, "How Did Cooperative Behavior Evolve", *Science*, vol. 309, no. 5731, 2005, p. 93.

一而二、二而一的含义。①"性"字缘心（孟子）与生（《周易》、告子、庄子）。张载论其一："合虚与气，有性之名。"（《正蒙·太和篇》）且性与道同构；其二："心能尽性，人能弘道也。"（《正蒙·诚明篇》）"间""性"相辅相成而为"间性"。"间性"作为原始和谐，自识为"性"。摹状呈现为万物本源，或为知情意与智仁勇的发达等意念。但间性区别于理念等普遍（universal）的证明与统筹。第一，间性否定实体先在，而颠覆性地揭示，是实体、实体之"间性"逼迫出实体的存在。实体在先是实体哲学的形上规制，而间性哲学则指向间体的横向关联，这更适于现代。间体推导向实体的复数化。实体（本体）之"一"（unus-）对"多与有"的形上一统，而遮蔽了"多"之间性问题的横向关联。第二，间性非实体哲学所能完备说明。实体以对"有"的纵深提纯而至"无$_1$"的提炼，如本体、道、逻各斯与理念之类。"剩下的道路只有一条：它是。这个'它'有一些标志，即：它是非生成的且不会消失；独一无二且不动；完满无缺。"② 巴门尼德的"它"是非生成的，也不会消失，因而没有过去和未来，现在即永恒。它没有时间性，是于时间先在的空间结构。"因而它不缺乏；否则，它就需要一切了。"（残篇 8：33）巴门尼德"what is（to on）"的本体论，一、与虚无（nothing）对照；二、与生成（genesis）和毁灭（olethros）对立。③ 柏拉图以理型论/相论等思维存在体（noumenon）来类同 ontology④ 的研究。其理型的实体化研究否弃了"实体"之间的间性研究。亚里士多德对实体的复数表述或许颠覆、解构了"实体"哲学。

---

① （汉）许慎：《说文解字注》，段玉裁注，上海古籍出版社 1988 年版，第 589 页。何九盈、王宁、董琨主编：《辞源》，商务印书馆 2015 年版，第 4265—4266 页。
② 巴门尼德"残篇"（8：1—4），收入辛普里西的《物性论》（78，5），参见 G. S. Kirk, J. E. Raven, M. Schofield: *The Presocratic Philosophers*, Cambridge University Press, 1957, p. 273. 中文的翻译与讨论参见杨适《对于巴门尼德残篇的解读意见——兼论希腊哲学中的 συ 和 ontology》，《复旦学报》2002 年第 1 期；谢文郁《巴门尼德的ἐστιν：本源论语境中的"它是"》，《云南大学学报》2012 年第 2 期。
③ C. H. Kahn, Retrospect on the Verb 'to be' and Concept of Being, *The Logic of Being*. 1986（Vol. 28），p. 14.
④ 对于 ontology 的本体论的译名，出自日本。20 世纪 30—50 年代"存在论"的用法初步取代"本体论"的用法。（参见刘立群《"本体论"译名辨正》，《哲学研究》1992 年第 12 期）

> 事物被称为实体[复]有两种方式：一个实体是一个不述说任何别的东西的终极的题材；一个实体也是一个可分的如此这般的这个。（亚里士多德：《形而上学》1017b23-25）

在实体的全称判断（语言学）中，第一种实体方式，指明其终极性；第二种实体方式，"如此这般的这个"，维护了个别性、讲究实体判断的"偶性"。（又见亚里士多德：《范畴篇》）固然亚里士多德以复数形式来表述实体（substances，beings）之名，但"实体"有"之间"吗？亚里士多德的范畴论角度（云谓关系）已确信普遍之物的存在，黑格尔即以"普遍"的必然统治来剔除"偶然"……然而，间性绝非实体统筹之下的"偶性"所能完全包办。x_1，x_2，x_3，…，x_n作为"可分离的这个"如何关联呢？"事—物""人—物""东—西""事—情"等间性存而未论；同时，该议题亦不能被实体哲学或知识论包办。第三，间性以"$无_2$"来敞开"有—有"之间的横向关联。"有—$无_2$"是同一过程的双向范围，"有"因"$无_2$"而相生为用，$无_{1/2}$缘有而气韵流行。"东西"之所以绽现，在实体哲学的构造中可能是逻各斯的抽象，而在间性哲学视野中，则是空间居据"东"与空间居据"西"之间的"$无_2$"的显影与生长。"东"—"西"间性之"$无_2$"而使"东西"自主生长，"东西"的实体探讨则见出知性的强制。就当前的哲学推进，x_1，x_2，x_3，…，x_n之间性，区别于实体哲学的统筹，而指向间性之无的现象学描述；① 或者对照性地重启中国哲学的"有—无"议题和生生哲学。第四，"间性研究"区别于哲学实体的知识论倾向，而关注于间性之"$无_2$"对实体、主体之"有"的呈献。缘"无"而"有"。"事—物""人—物""东—西""事

---

① 与亚里士多德的"如此这般的这个"、康德反思性判断力的"一般"相衔接，海德格尔在《艺术作品的本源》中提到"本源或源—跳（Ur-sprung）"的呈现。（参见［德］海德格尔《柏拉图的真理学说》，《路标》，商务印书馆2000年版，第250页；［德］海德格尔《存在与时间》，陈嘉映、王庆节译，生活·读书·新知三联书店2006年版，第37—39页；［德］海德格尔《林中路·艺术作品的本源》，上海译文出版社2004年版，第28、46—47、69页等等）。让-吕克·马里翁称之为直观朝向他者的"满溢"现象（Saturated Phenomenon）。（参见 Jean-Luc Marion, *Being Given: Towards a Phenomenology of Givenness*, Trans. Jeffrey L. Kosky, Stanford University Press, 2002, pp. 222-226; Jean-Luc Marion, *In Excess: Studies of Saturated Phenomena*, trans. Robyn Horner and Vincent Berraud, New York: Fordham University Press, 2001）

—情"等间性是"事物""人物""东西""事情"等实体他证和知性探求的始源。但是，知识对象化之"有"不能因此而置换"无$_2$"之间性议题，如契约规制下对"东西"的功利对待，唯物而非人。"有"作为分化着的实现和摹状，若没有"无$_2$"关联则机械僵硬，最终被"有"人为阻塞。张载对《中庸》"天命之为性"的推进性阐释，且将气与虚相感互证于"性"，是对"气"之唯物论述的超越。第五，"有—无$_2$"之间呈现出对"动"的侧重，而反思实体之无$_1$对人的他律。实体"普遍"之无$_1$需要由理性的他律切实到生生的自证现实中。此"动态"性质即对"间性"第四个方面规定的推进，并尤其有针对性地回应主体哲学的公议议题。综上所述，相对于实体而言，间性具有复数、自证；复数之间、动态的特征。①

间性哲学视域中的民主政治理论，旨趣在于复数主体间平等、宽容与尊重的自由原则。但程序宪政的同质是抹平主体差异的平庸，还是鼓励主体的优异？此公共理性的形式化导向个体本位的权利理论正待修订的原子化弊端。如何激活主体间的交互能量？借用史华兹对严复的评价，推及诸人：贯穿严复所有的著作及其行动的一个主题是对西方"公共精神"的赞誉。② 公共性是"主体启蒙之后"的穴位所在，此为其一；其二，心性感

---

① 李河成：《"学"的公共哲学意义及其公议范式的转型》，《东岳论丛》2021年第2期。李河成：《公利性公共与公议性公共："公共"话语研究的两个要点及其范式转型》，《东岳论丛》2016年第10期。谭秀云、李河成：《正义如何允诺公共——以实体哲学向间性哲学的转向为视角》，《都市文化研究》2018年第2期。

② [美]史华兹：《寻求富强：严复与西方》，叶凤美译，江苏人民出版社1990年版。于"中国传统文化"的系列反思中，在编排体例上，从历代文化（赵吉惠）、专题文化（王力—马汉麟[《中国古代文化常识》]、沈从文[朱玲选编沈从文《古人的文化》]、张岂之、葛兆光、商聚德、李平），地域文化、民族文化上等方面（赵洪恩主编：《中国传统文化通论》，人民出版社2016年版）敷彩中国传统文化成为常见形制。有如《隋书·经籍志》"四库"的分类，此为传统文化的穷举，但何以举一反三，需要立足"史"之上的"论"。在理论的价值立场上，中国文化指向"我"之精神的解说，（龚鹏程：《中国传统文化十五讲》，北京大学出版社2006年版）并进入文化与文明的横向比较（[德]诺贝特·埃利亚斯：《文明的进程：文明的社会起源和心理起源的研究》，王佩莉、袁志英译，上海译文出版社2013年版，第2—3页）。诚然这是现代性的。然而，更为重要的是，其研究总结共同体文化，而绝少谈人的文化——主体个人的文化。这种研究无益于原子文化弊端的解除，更无益于个人与城邦文化的类比（《理想国》368c—369a）。孙隆基批判中国"儿童化"文化于个体的"情性"因素，其为群体建设的切入口。（孙隆基：《中国文化的深层结构》，中信出版集团2015年版）……这将接继严复、梁启超、胡适、鲁迅等人从"么匿"（"单位"，unit）、新民、女性、幼者本位等公共性角度对传统文化的批判。

通是为公共领域的逻辑推进。公共领域的重整必须在程序宪政的规范下深入交互主体的心性层面、内在地推进公共领域的挺立。

在此我们的论点是，间性作为共在是先于个人分化的。共在是个人的本真，我们之所以能够"移情"，有"类比性知觉"等，并非说他们导向了可能的团体意识、可能的交往之乐，将自我复制向他人，构成共在。而是相反，第一人称在场的移情、类比性知觉的产生是以"间性共在"为基础的，并且是由于共在的缺乏性样式的优位性而使移情、类比、共通显得尤为急迫。自我存在即已谋划着"他为的存在"，但是，他人不是我，而是他人！如萨特强调的人面对面的遭遇，由于存在他人"注视"的符咒，我主体的身份已被移交给他人，甚或屈从于他人的判断。在这种情况下，被注视下的我构成一个无力护卫自由的存在。分化势在必然，那么"意义"诉求由此产生。当理性从《圣经》的创世和救赎历史等宗教的客观性和自然的可支配性等知识层面退守到具有行为和判断能力的主体时，"知性"和"意志"的解释何以保障人性/个性的说服力？自黑格尔的《精神现象学》从本体论层次上提出交互主体性问题和设定一种人类内在的相互独立性的优点时开始，胡塞尔的单子团体，海德格尔的"自我学"与"共在"理论，萨特的因"冲突性"而走向世界和走向我的超越性存在，梅洛-庞蒂的交互世界与自我学以及哈贝马斯的交往行为理论等，昭示出社会性或主体的交互意蕴。①

第二节　从统合到公共：审美公共性问题的问题性和议题研究的可能性

在法理社会，程序宪政的合理化推进确立了个人以财产为核心的形式平等原则，原有的等级威权祛魅为现代契约政治所推重的非身份性个人原则（判断主权）。公民非身份性的个人原则立基实证主义和生命、权利、和平、共同生活等本能自然观（霍布斯、卢梭、洛克、孟德斯鸠等）而做出社会体制的合法性抽象，即个人被视为形式平等的原子。原子化

---

① ［美］弗莱德·R. 多迈尔：《主体性的黄昏》，万俊人译，上海人民出版社1992年版。

的论断及其原子个人的抽象，需要"澄清前提"以划定界限的批判。这毕竟是共同体迈向社会（斐迪南·滕尼斯）的结构转型和逻辑推衍。原子是德谟克利特以及现代逻辑经验主义关于客观对象个体单元的代称。原子只有个体数量，却无个性差异，但人文科学的理想主体不是原子，而是独一无二的个性及其自由生存。自我或主体性的概念从血缘、地缘、巫术、宗教等共同体网络中抽离出来。该抽离一方面瓦解了天理世界观与宗教、血缘、地缘共同体间的统合关系，另一方面试图确立政治主权在契约原则中的平等优位。平等主体的黏合在儒家传统（梁漱溟等）、新教革新、契约规则（霍布斯、卢梭、洛克等）、货币媒介（齐美尔）、阶级政治（马克思）、语言交往（哈贝马斯）等的探讨中是否自足？历史的探讨需要真理的绽现。

晚清民初，科学实证主义正趋瓦解作为王朝政治和宗法地缘关系的理学世界观、宇宙观；五四时代，原子论式的个人主义世界观在婚姻和社会事务方面提出合理化的论证；共和国以来，科学世界观、进化史观，为构筑较为完善的宪法体系、动员公民的集体行动提供依据……科学世界观不仅是一种文化运动的方法、旗帜，而且是现代法权国家理论合法性的基础。[①] 在此基础上，现代合法政府存在的目的可能就是为原子个人进行成本和利益的竞争制定规则，运用电脑软件、合适的模型和计量数据，分析计算出资源配置的最佳方案（功利主义）。政府具有效率、经济和秩序性，而且可以预测。如此一来，纵向的政府行政取代横向的公共行政，政府、政党置换公共的概念，从而丧失了公共行政的公共性，[②] 同时也制约

---

① 汪晖：《现代中国思想的兴起》，生活·读书·新知三联书店1993年版，第1398—1400页。[德]尤尔根·哈贝马斯：《作为"意识形态"的技术与科学》，李黎、郭官义译，学林出版社1999年版。霍布斯以生物学、心理学作为新人性论的起点，为政治秩序寻求基石，这种科学面相悬置了政治神学问题；社会达尔文主义、马克思主义、功利主义等思潮无不是以科学作为道德—政治哲学的模型。另外，对此社会科学非决定论的论述可参见卡尔·波普尔《历史决定论的贫困》、对古典经济学（经济人）超越性的研究可参见诺思《经济史中的结构与变迁》等。迈克尔·波兰尼区分了个人所知和能知的悖论，认为维持我们事实性真理之形成与肯定的默会因素，是共同体共享和交流的文化生活因素。（[英]迈克尔·波兰尼：《个人知识：朝向后批判哲学》，徐陶译，上海人民出版社2017年版，第109、241页）

② [美]乔治·弗雷德里克森：《公共行政的精神》，张成福等译，中国人民大学出版社2003年版，第4、18页。

着立法与司法的公共诉求。视政府效率为公共行政，以"技术（工具）合理性"代替"目的合理性"，导向公民参与的衰落，社会资本流失、责任感丧失。①——确实无人能脱离责任，但每个人的个人责任却因政府责任而被掩饰，得以脱离。政府的"守夜人"角色和"掠夺之手"格局间②处在掣肘之中，更为重要的断裂在于，契约作为任性的同意（如"囚徒困境""猎鹿博弈"等模型），破坏了神物、权威与尊严，平等（甚至平庸）个人所需达到的普遍生活受到两可的处置。③ 耶鲁大学的"服从心理机制的实证报告"④ 显示，以高尚的道德规范为尺度来指责顺从的被实验者，在社会形态及其发展过程中并非得到程序宪政的切实考虑。契约政治中的个人厕身于各自的职分责任以及权利，而罔顾程序宪政所能保证的整全意义，实则雾化、放弃或者推卸集体责任。你我他随大溜地被程序宪政吸收进去，而非自己决然地加入，现代程序宪政的惯性形态，导致肆无忌惮的乌合之众，汇成"潜在的艾希曼"⑤。极权主义作为程序政制（因程序而亏损德性）之"群众马基雅维利主义"的

---

① "社会资本"即社会上个人之间的相互联系——社会网络和由此产生的互利互惠和相互信赖的规范。（［美］罗伯特·帕特南：《独自打保龄：美国社区的衰落与复兴》，刘波等译，北京大学出版社2011年版，第7页）对此研究，上承托克维尔的"民主精神"，下启贝拉的"公共责任"。（［美］托克维尔：《论美国的民主》，董果良译，商务印书馆2009年版。［美］罗伯特·N.贝拉：《心灵的习性：美国人生活中的个人主义和公共责任》，周惠明等译，中国社会科学出版社2011年版，第20、31页）

② A. Smith. *An Inquiry into the Nature and Causes of the Wealth of Nations*（Oxford：Oxford University Press 1776）. T. Frye, A. Shleifer. *The Invisible Hand and the Grabbing Hand*（Working Paper No. 5856，https：//www. nber. org/papers/w5856）.

③ ［德］黑格尔：《法哲学原理或自然法和国家学纲要》，范扬、张企泰译，商务印书馆1961年版，第82—83、90、254—255页。［美］约翰·罗尔斯：《简论罪与信的涵义》，托马斯·内格尔编、左稀等译，中国法制出版社2012年版，第219页。李河成、谭秀云：《政治美学话语、审美共通感问题与美政预设：现状审视、选题意义与现代性反思》，《人文杂志》2012年第3期。

④ 米尔格兰姆：《服从的两难困境》，布劳曼、希凡：《不服从的赞歌》，载［美］汉娜·阿伦特等：《耶路撒冷的艾希曼：伦理的现代困境》，孙传钊编，吉林人民出版社2011年版，第182—185、222—223页。（米尔格拉姆的实证结果亦显示：行动的中间环节，因远离行动结果，也在心理上很易忽略责任。）另参见［苏］科恩《自我论：个人与个人自我意识》，佟景韩等译，生活·读书·新知三联书店1986年版，第473页中的相关评论。

⑤ Hannah Arendt, *Responsibility and Judgment*（New York：Random House, Inc., 2003），p.59. ［英］雷格蒙特·鲍曼：《现代性与大屠杀》，杨渝东、史建华译，译林出版社2002年版，第六章《服从之伦理（读米格拉姆）》。

恶果，① 已教训惨重。故而，弗朗西斯·福山所论的"最后的人"在自由民主的理解中并不能完成主人公共德性的超升。

实证的生产力量对精神科学（狄尔泰、卡西尔等称之为"文化哲学""人文科学"）存有抑制。实证主义者对社会科学的技术化，绝非排斥个体，但它却很难承认个体的特异价值。此技术上的实践仅是自然科学的补充而非自由意志和道德规律的哲学（康德的实践哲学）。政治哲学的科学化进程，连带政治科学的"价值中立"，导致"政治哲学的死亡"②。立基于此的现代法权体系——程序宪政的合理化推进，一方面导致公共领域的形式化和工具理性化，这是利益博弈"去政治化"的正名过程，程序正义妄图将实体正义局促于或置换成功利正义；另一方面，程序宪政的推进导致私人领域的人性萎缩为非社会的原子个体，这在制度程序的形式化中极易成为极权主义的群众基础。"去政治化"的表现之一是大众日常生活的艺术化、审美的大众化。它们以国家、民主的名义掩盖了某些阶层对国家公共利益的分权、独占，并用程序宪政正名；同时汲取审美的感通能量。在此过程中，"社会不公"自然化：权力支配着艺术及审美的公共性。

日常生活的艺术化、审美化，是去政治化"新贵"，通过新媒介等在市场化进程中向大众推销的"普适性"生活方式，时尚即"审美民主"的典型形态，即使弱势群体也耽溺其中，从而"去政治化"就是对另一种霸权形式的认同。同样，在公共传媒、城市规划、文化产业等方面亦将此视为常规形态。在此实证主义法学等程序政治充当控制媒介的过程中，艺术（美学）应当反思权力，即反思艺术（审美）的公共性能量本身。

提到"去政治化的程序政治"，并非贬低程序对公民的塑造意义，而

---

① M. Foucant, The Subject and Power, in H. L. Dreyfus and P. Rabinow（eds），*Michel Foucant: Beyond Hermenentics and Structuralism*（Chicage: University of Chicage Press, 1982），p.209. ［德］弗里德里希·迈内克：《德国的浩劫》，天津人民出版社2014年版，第63—64页；［德］马丁·海德格尔：《诗人何为？》，载《林中路》，上海译文出版社2014年版，第278页。

② ［美］冈内尔：《政治理论：传统与阐释》，浙江人民出版社1988年版，第14页。另参见［美］詹姆斯·A. 古尔德、文森特·V. 瑟斯比编《现代政治思想：关于领域、价值和趋向的问题》（杨淮生等译，商务印书馆1985年版）"第四编 政治思想的现状与展望"的争论。

是指出程序的实体内容，即政治本身正在消解。程序变成一套合法性的形式、手段和工具，这是阿伦特、哈贝马斯从政治的角度阐释"公共领域"的苦心所在。在此背景之下，民众日常生活的审美化反思，① 艺术的公共性思考，成为切身生存的观照和行动，桑内特的《公共人的衰落》正是从此角度厘清了日常行为和艺术领域的"公共"形象。② 惮于程序民主堕落为政治寡头、利益集团乃至国际霸权操纵的机器，我们提请审美共通感的公共性的讨论，并从中国的学术史出发，引进西方学者对程序宪政的反思性成果，以艺术、审美的公共性问题的探讨来纠正程序宪政在公共领域的形式化和理性工具化以及在私人领域的原子化弊端；同时就艺术哲学而言，将具体感觉升华向共通感觉的"感通学"难局，不仅指向理论哲学，而且当成实践哲学进行解决。将对象化的艺术审美推向现实审美的历史深层，是不是对知性秩序建立起的因果关联进行现象学、存在论的转型？

审美/艺术的统合性功能的探讨有悠久的传统：儒、墨、道诸家对诗、乐、舞的功利性认知，《诗经》的雅郑正邪之分，《毛诗大序》的艺术教化批判，唐宋园林的"君民同乐"集会，明清戏曲小说等对"移情性""善民心"的反思，王国维、蔡元培、鲁迅等人美政立人的主张，《延安文艺座谈会上的讲话》的政治—文艺指向等；柏拉图对诗人从理想国的驱逐判定，以及对"剧场政体"与"贵族政体"这一艺术政治学对立范畴的提出，特别是近现代以来，知性、理性之外美学的兴起；等等，均说明了审美/艺术对共同体的统合作用不容忽视，审美/艺术的公共性思考成为现代性思考的有利资源。但美学和艺术的独立，不能等同于共同体时代的神人以和、政艺合一。现代艺术及审美面临着公共性的重新定位。20世纪90年代以来，为了适应艺术的大众化，并促进社会的民主化，公共艺术（Public art）的研究，将艺术建设和享用纳入社会公共事务的民主化、法制化及程序化的运作轨道，而格外重视艺术与文化观念、社会传播、运作机制、行政、法规之间的互动。公共艺术在台湾的理论

---

① 尤西林：《审美的无限境界及其人类学本体论》，《当代文艺思潮》1987年第3期；《审美共通感的社会认同功能》，《文学评论》2004年4期；《风格与人格的现代性关系》，《文艺理论研究》2008年2期；《审美共通感与现代社会》，《文艺研究》2008年第3期。

② ［美］理查德·桑内特：《公共人的衰落》，李继宏译，上海译文出版社2014年版。

译介、总结，如郑乃铭编著的《艺术家看公共艺术》等公共艺术著作，影响到大陆。袁运甫对公共艺术的倡导；翁剑青的《公共艺术的观念与取向》、孙振华的《公共艺术时代》等凭借强烈的艺术感受，对公共艺术的公共性、公共精神的钻研；周成璐等人对公共艺术的社会学研究；王峰、蔡顺兴等人对"数字公共艺术"的拓展研究；李建盛、张琦对城市公共艺术及"城乡等值"的反思……表明公共艺术的繁荣景致。① 但公共艺术如何区别于"户外艺术""公有空间的艺术"的物理表象？民主何以容忍艺术的私己之见？艺术的内在的精神何以公共？由 aretē 词源所获得的言—象—意—道间的关联，将成为分析艺术之制作与审美心性之公共生成性的理论力量。从文学艺术而言，在国内知识界，刘锋杰、范永康等人在朱晓进等人有关 20 世纪中国文学史与政治的研究基础之上，借助"政治文化"模式，勾勒文学与政治关系的论争史，以"艺象形态"取代"意识形态"，以保证文学与政治的距离；以"文学想象政治"的审美关系建构文学政治学的概念体系。② 其间王斑的《历史的崇高形象：二十世纪中国的美学与政治》等汉学研究对"文学想象政治何以可能"进行了文学史（美学史）的探讨；③ 张旭春的《政治的审美化与审美的政治化》

---

① 黄健敏：《生活中的公共艺术》，吉林科学技术出版社 2002 年版；许焯权：《都市神韵——艺术与公共空间国际研讨会文集》，香港艺术中心 2003 年版；孙振华：《在艺术的背后》，湖南美术出版社 2003 年版；孙振华：《公共艺术时代》，江苏美术出版社 2003 年版；孙振华：《公共艺术与权力》，《雕塑》1999 年第 1 期；时向东：《北京公共艺术研究》，学苑出版社 2006 年版；王中：《公共艺术概论》，北京大学出版社 2007 年版；周成璐：《公共艺术的逻辑及其社会场域》，复旦大学出版社 2010 年版；张琦：《南张楼公共艺术调查研究》，博士学位论文，上海大学，2010 年；王峰：《数字化背景下的城市公共艺术及其交互设计研究》，博士学位论文，江南大学，2010 年；蔡顺兴：《数字公共艺术的"场"性研究》，博士学位论文，上海大学，2011 年；李建盛：《公共艺术与城市文化》，北京大学出版社 2012 年版；等等。

② 朱晓进等：《非文学的世纪：20 世纪中国文学与政治文化关系史论》，南京师范大学出版社 2004 年版；朱晓进：《政治文化与中国二十世纪三十年代文学》，人民出版社 2006 年版；刘锋杰：《试构"文学政治学"》，《学习与探索》2006 年第 3 期；刘锋杰：《从"从属论"到"想象论"——文学与政治关系的新思考》，《文艺争鸣》2007 年第 5 期；周磊耀、刘锋杰：《文学与政治：可以"想象"与超越偏见》，《南京社会科学》2011 年第 7 期；范永康：《试论"诗性政治"概念及其美学特征》，《理论导刊》2009 年第 12 期；刘锋杰、薛雯、尹传兰等：《文学政治学的创构：百年来文学与政治关系论争研究》，复旦大学出版社 2013 年版；等等。

③ ［美］王斑：《历史的崇高形象：二十世纪中国的美学与政治》，孟祥春译，上海三联书店 2008 年版。

就中西浪漫主义思潮进行了比较研究。① 在文学（文艺）政治"史"之外，张竞生、骆冬青等人在"论"的方面提出"美治""政治美学"的概念。② 张政文、董志刚、江宜桦、应奇等人则从席勒、夏夫兹博里、阿伦特等西学人物的批判中寻求政治美学的共通性意义。③ 除"文本政治美学"的研究之外，从现实审美而言，徐贲、陶东风、周志强、姚文放等人的文化政治批判，基于消费时代的娱乐化和学院化批判，其"再政治化"的意识是公共性批判的推进剂。反观政治美学或文化政治的论述，第一，公共性的整体观照认为，艺术政治美学的想象不能成为美政现实的替代。美学由形上研究拓展向政治实践，这是美学生活化和政治艺术化的双重努力，当代文学文本的政治美学以及公共艺术的研究并未切实地回应程序政治学于公共领域和私人领域的弊端。第二，未能预见政治哲学的时代精神（问题）和发展趋向，从而失却"公共性"治理在超越"统合性政治""民主政治"之思后所具备的针对性，其势必期待刘锋杰、罗成等人基于国家规格层面的"政治""公民"探讨；④ 第三，制度秩序的公信力源于心性。近代以来，制度革命的在先强制导致政治判断力的

---

① 张旭春：《政治的审美化与审美的政治化》，人民出版社 2004 年版。
② 张竞生：《美的人生观：张竞生美学文选》，张培忠辑，生活·读书·新知三联书店 2009年版。骆冬青：《小说叙事的公共性与政治美学意蕴》，《江苏社会科学》2008 年第 6 期；骆冬青：《叙事智慧与政治意识——20 世纪 90 年代小说的政治透视》，《小说评论》2008 年第 4 期；骆冬青：《叙述的权力：先锋小说的政治美学阐释》，《南京师大学报》2006 年第 3 期；骆冬青：《"小说为国民之魂"——论晚清"小说学"的奠立与政治教化的关系》，《明清小说研究》2005 年第 4 期；等等。
③ 董志刚：《审美化的政治话语——夏夫兹博里的美学解读》（夏夫兹博里与沙夫茨伯里为同一人，本书采用的是后一种翻译），《哲学动态》2010 年第 4 期；张政文：《席勒美学：一种重建的政治哲学现代性话语》，《文艺研究》2006 年第 12 期；范昀：《审美与公共性：重审十八世纪欧洲启蒙美学的价值》，《文艺理论研究》2010 年第 4 期；Yi-Huah Jiang, 'Thinking without a Bannister: An Interpretation of Hannah Arendt's Aesthetic Politics', Ph. D. Dissertation (Yale University, 1993). Yi-Huah Jiang: Politics Aestheticized: An Interpretation of Hannah Arendt's of Politics Action，《人文及社会科学集刊》第六卷第一期，台湾："中央研究院"中山人文社会科学研究所；应奇：《政治的审美化与自由的绝境——康德与阿伦特未成文的政治哲学》，《哲学研究》2003 年第 4 期。徐贲：《文学的公共性与作家的社会行动》，《文艺理论研究》2009 年第 1 期。徐贲：《戏剧与公共生活——哈维尔的悲剧想象和公共政治》，《文艺争鸣》2012 年第 3 期。
④ 参见刘锋杰主持的国家哲学社会科学规划基金十一五规划项目"文学政治学的创构——百年来文学与政治关系论争的研究"（07BZW012），罗成主持教育部人文社会科学研究青年基金项目"审美现代性视野中的公民社会想象"（10YJCZH103）的系列论文。

心性问题并未成为历史的自觉；当代中国，经济福利支撑的合法政府面临政治认信和文化忠诚的"产出不足"①，从而审美共通感的公共性检视成为议题所在。

在国外知识界，"政治文化"是一大论域。单从美学的角度来解救政治，可以上溯至席勒，下延至伊格尔顿等人。但真正从审美上反思现代程序宪政学的弊端者（极端者为极权主义），则是阿伦特对康德审美共通感理论的解读，以及哈贝马斯对康德、胡塞尔之主体间性问题的研究。② 其提出的商谈伦理学以及后继的"想象的舆论共同体"，③ 还有罗尔斯的政治学理论、桑内特、波德里亚等人的社会艺术学思考，成为讨论审美公共性问题的重要理据。审美共通作为一种国家公民共同心性的研究，这是对沙夫茨伯里、哈奇生、休谟，以及康德等人基于同情、良心等道德感学说的拓展，对维科共通感民政学内涵的复归。区别于共和主义、社群主义理论的怀旧情绪，马克思对自然生产方式与社会关系的揭示表明：自然感性的解放与社会的、人的解放互为因果，其后继之尼采、马尔库塞的"新感性"、朗西埃的"感性分配"（Le Partage du sensible）④ 等成为促成审美共同体的现实行动。在程序宪政本身，理查德·波斯纳、

---

① 张旭东参证黑格尔有关精神—风尚—制度的论述，观照到新文化启蒙以来文化—政治相互排斥、分裂的历史。参见［德］黑格尔《法哲学原理或自然法和国家学纲要》，范扬、张企泰译，商务印书馆1961年版，第291—294页。［德］尤尔根·哈贝马斯：《合法化危机》，刘北成、曹卫东译，上海人民出版社2009年版，第7、64—65页。张旭东：《启蒙主义"伦理自觉"与当代中国文化政治——反思〈新青年〉早期论述中的文化与国家概念》，《中国现代文学研究丛刊》2015年第7期。

② Hannah Arendt, *The Crisis in Culture*, in *Between Past and Future* (New York: the Viking Press, 1961); Hannah Arendt, *Lectures on Kant's Political Philosophy* (Chicago: The University of Chicago Press, 1982). Jürgen Habermas, *The Theory of Communicative Action*, Volume 1, *Reason and the Rationalization of Society*, Translated by Thomas McCarthy (Boston: Beacon press, 1984).

③ Charles Taylor, *Modern Social Imaginaries*, (Durham and London: Duke University Press, 2004).

④ ［法］雅克·朗西埃：《文学的政治》，张新木译，南京大学出版社2014年版，第4、17页；雅克·朗西埃：《歧义：政治与哲学》，刘纪蕙等译，西北大学出版社2015年版，第14、42、80页；Maria Muhle:《〈可感分配〉德文版导论》，大金译，参见http://www.douban.com/group/topic/18708523/。Gabriel Rockhill, "Translator's Introduction", in Jacques Rancière, *The Politics of Aesthetics: The Distribution of the Sensible*, trans. Gabriel Rockhill (London and New York: Continuum, 2004), p.6.

努斯鲍姆等研究认为，技术理性和功利效用的模型作为公民之间政治关系的向导，以理性将效率或财富的最大化作为司法正义的审核标准，这在人性、社会治理上并不完整，他们同席勒等人的美学方向一致，呼唤诗性裁判、公共文学对社会治理体制的弥补，以"想象"对科学理性标准进行颠覆。① 或许这些可以找出平衡时代作为"效用的载体和容器"的支点。当然，提议用移情的想象来代替基于规划的宪政治理极其高迈；同时，努斯鲍姆的想象没有超出休谟《人性论》、亚当·斯密《道德情操论》对移情论的经验表述，这可能成为罗蒂等人抛弃基督宗教、康德等理性传统的终极词汇而寻求团结感创造的历史基础。② 但是捍卫公共诗歌、诗性正义等符码表象的正当所在，使"心性秩序"的研究超离"乌托邦"的抗辩，才是现实回应的基点。

以下是"审美共通感的公共性问题研究"的逻辑图：

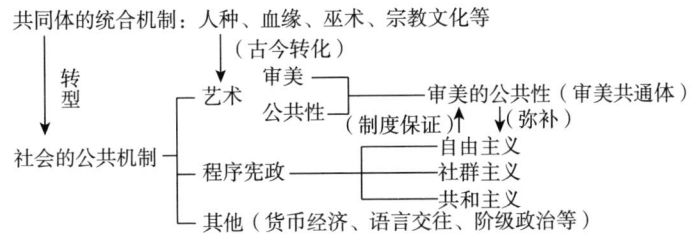

图4　"审美共通感的公共性问题研究"的逻辑图

第三节　秩序的心性至求：间性与感通研究的基本脉络

以程序宪政学和美学实践的"今"来分判"中西"之"古"，并有功于"今"，从而才有"审美公共性问题"的现代性。课题从社会学切入美学与政治学相结合的间性研究：现代政治哲学的主流是基于自由主义的程序政治，鉴于其弊端而激起当代共和主义与社群主义的反拨，自由

---

① ［美］玛莎·努斯鲍姆：《诗性正义：文学想象与公共生活》，丁晓东译，北京大学出版社2010年版，第12页。
② ［美］理查德·罗蒂：《偶然、反讽与团结》，徐文瑞译，商务印书馆2003年版，第7、270页。

主体的内在共同基础成为焦点。康德以来的现代美学及艺术学同样面临主体间的沟通难题。而将康德先验共通感扩展为经验对象的审美共通感（体），是对现代美学（艺术学）的重要扩展。由此，课题在政治哲学与美学研究两个论域力求突破。

对审美公共性问题的理解和解决，取决于对对象化艺术向非对象化的审美经验和现实的拓展，以及对审美的私人性交互向公共性的现代性理解。公共性不仅仅是"公利"之类的民享概念，而且是"公议"之类的民治概念；不仅仅是全球化语境的一个空间概念（如公开），而且更深层的是现代性转型的时间概念（如自由意志）。巫神时代、礼俗社会（如共同体）的神魅文化、绝对政治企图遮蔽法理社会的公共性。礼俗社会以普遍性的人种、血缘、巫术、宗教文化传统规范、凝聚私人的特殊诉求，个人从血缘等代表型公共元素中取得成员资格。现代启蒙政治以来，反思性判断力如何上升到公共性的高度，接受公共性的约束，继而与国家权力对话，这是对主体提升的期待，也是对主体间性的整合。这涉及公共性的内涵，即多元力量（如阿伦特的"德艺者"、罗尔斯的"最少利益者"、哈贝马斯的"大众文化、女性权利"等）的准入、展示、商谈和共通。但程序宪政在公共领域的形式化和工具化并未完成这一优化过程，甚而导致主体之间的原子化倾向。① 受制于反思性判断原则规定的审美，尤其是拓展向现实经验的审美共通感，从宗教、巫术、伦理共通感中独立以来，何以以审美的公共性参与民主政治，继而弥补程序宪政的弊端，这是现代政治哲学和美学的双向思考。

论题以艺术审美拓展向现实审美，从而将艺术概念指向任何与技艺有关的实践，这包括审美公共性的研究本身；以审美的感通心能来弥补程序宪政的原子化弊端，植根于审美共通感的公共性本体的探讨，故有"美政合一"的诉求和"政艺分离"的反思。

第一，何为审美共通感。"共通感"的元点意义即五官六觉之共同官

---

① 专制政治视横向的党社联系为禁忌，而制造人的孤立关系；同时，原子间的孤立关系也加紧了独夫体制的可能。参见梁启超《呵旁观者文》的自省，另见［法］阿历克西·德·托克维尔《旧制度与大革命》，商务印书馆1992年版，第118—119、122页。

能，亚里士多德认定为区别于专项感觉的共通感（常识），苏格兰常识学派从文化上提炼为人天生的道德感：生成论式的共通感如同生命般地自然生长。生成论式面临制作论式的设计甚至对抗，其"共通感"的研究有一转折和两分化。"一转折"即共通感由前现代的"普遍性"转向现代"反思性判断力"的分析。"分化"之一即康德的先验研究，其属生成论式传统，并将共通感问题内在地分为逻辑的、道德的和审美的共通感；①"分化"之二是阿伦特对审美的交往性的研究。阿伦特将沙夫茨伯里、哈奇生、休谟，以及康德等人道德感学说和生成论式指向政治判断力的批判及其共同体的制作；同时，其古希腊城邦政治的回归旨向，具有政治现象学和艺术现象学合一阐释的现实针对性。在此现代性的突进路线中，出现了像康德、阿伦特等人援引先天的条件，以协调个体性主体的"赞同"和共通；或者是遵从马克思对私有制的扬弃学说，从"感性"等实践经验的完善着手而达到自由人的联合；或者是胡塞尔等人立足单子主体，直面主体间沟通原则的系列冲突。

第二，审美共通感何以公共。这是立足于模仿、类比推论、联想同感等通达"他心知"理论的拓展。在共同体时代，艺术（审美）的公共性资源迫切需要学术史的梳理。鉴于古典政治中，神人以和、政教不分、美政合一的现代转型，艺术和审美展现于教堂、博物馆、美术馆、图书馆、新媒介及至节日活动、生活设计中，而集体观赏、社会共享、理性商谈。这是以"美"的邀请，而扩展向他人（间体复数）的感通历程；同时，复数的参入达致对个人反思性判断力的心性监督、校正。在此课题中，康德的先验思考和马克思的"感性"解放成为二位一体的思考脉络。

第三，审美共同体的反思。审美与艺术交往不仅拥有与程序宪政（自由、民主、平等）相类的人类普遍性与正当性，而且拥有程序宪政不曾拥有的情感共同体。审美共通感向审美共同体的有限转化，如何以近

---

① 康德见出共同知性的偏执、非反思性质，而区分了逻辑的共通感和审美的共通感。参见康德《判断力批判》，邓晓芒译，人民出版社 2002 年版，第 138 页注①以及《实用人类学》S. 219. 艾莉森等人论证康德在情感、规则、能力三种意义上运用共通感〔Henry Allison, *Kant' Theory of Taste* (Cambridge: Cambridge University Press, 2011), pp. 156 – 157. 周黄正蜜：《康德共通感理论研究》，商务印书馆 2018 年版〕。

乎宗教团体、伦理团体的替代物来弥补虚无主义的意义空场，并避免审美救赎畸变为专制政治的工具，这是审美/艺术公共性的"去政治化"和"再政治化"思考，也是对极权政治的反思。"政艺合一"或"政—艺分离"的反思将难题集中于判断力本身。反思性判断力所绽现的审美感通可能与传统哲学—形而上学的实体性认知并不相同。

基于以上的逻辑预设，审美共通感的公共哲学意义将从以下章节以史带论，展开理论"地图"。

其一，"通感的'看'与'听'——从感通的身体观谈起"。"共通感觉"从哪里产生出来以及往哪里去的回答至少出现两个维度，一是专项感觉（感官）升华向共通感之共同官能，二是私人感觉升华向社会共通感。本章探讨的是前一维度，下面几章将探讨后一个维度。通感作为感觉的挪移，主要体现为视觉旨趣和听觉旨趣。视觉旨趣，在修辞上植根于实体的再现，倾向于形象性，与比喻相同；在认识论上，是知性逻辑的实证，指向世事的操作。听觉旨趣，与意象的模仿、装饰相去甚远，其幻听旨趣是通感语象控制艺术的神秘经验，极致为人生之醉态，而走向知性不及的拯救。通感由"看"到"听"的挪移在于自闭性的"目睹"开放向"聆听"的交互。通感正是"交互"在身体官能上的表达。[①]"看"与"听"等两种感觉的溢出是不是实体哲学观照下的例外？至少"听"是对实体模仿的挑战，福柯诠释下的《这不是一只烟斗》等现代艺术表现出可述之词和可见之物的抗衡。这是感通语境下的间性思考。因"通感"探讨而逼问出的肉身感通学同时也关联着哲学本体论的尝试和一般主体间感通的思考。

其二，"符码：想象的公共表象——维科论想象与共同意识、阿伦特论想象与公共交往：论心性—秩序的融合是如何可能的"。作为想象的公共表象，符码可以为心性—秩序、个人—社会的融合提供一种分析范例。维科的民政神学，通过"想象性的类概念"和"以己度物的比喻"，阐释了人类共同意识的起源，展现了诗性智慧对于共同体的心体意义。这对主体性哲学分化表象与存在的趋向具有批判性意义；阿伦特关于"范例"的观念通过特殊表象的交互共通而将具体与普遍相联结，从而达致可公

---

① 李河成：《通感的"看"与"听"》，《上海交通大学学报》2012 年第 2 期。

度性的效力。这提供了理解想象机制如何由审美感通（心体）走向社会共通的路径。想象符码"亲在—绽现"（Dasein-ekstasis）的存在样态不同于说教、规训的知识论策略在于：符码历史生发于"共同意识"和"公共交往"，植根于对个体生命的提升以及与他者的融通，借以展现了审美共通感的公共哲学意义。①

其三，"常识：推导向公共治理的道德感秩序——论苏格兰自然神论对现代法政的贡献"。"常识观"的原始生成论式是净化知性制造论式的理论资源。"常识"是融通自然心性与秩序的基础概念，其界定不仅因其"道德感"的思想警觉于人性的幽暗意识，而且注意到"情感"训练对治理秩序的感通功能。"情感"的自然本性预示着对宗教理性、道德意志和知性秩序（法律）的突破。沙夫茨伯里时代凝练为公共治理的道德感；休谟指明为关涉他人的共鸣情感，此分别指向常识的情感体制及其运行逻辑。知性意义的常理不能代替常识常情对道德感秩序的研讨，其自然天成（physic）不能被科技支配下的自然（nature）置换。常识之"情感体制"的自然天成性是对现代自然权利理论的超越和超前。其超越是以"天然"优位于契约权利；其超前是本心的亲在（dasein）先于约定权利。常识于心性的情感体制即主体感通的治理秩序；常识常情的界定是苏格兰自然神论者于道德感秩序的公共阐释。

其四，"审美共通感：主体间性与同理心生成的心性基础——康德审美共通感问题述评"。对主体间沟通难题的省察在康德哲学的阐释中集中于反思性的判断力的先验探讨。特殊主体之我与特殊他者之"我"的主权冲突，必须揭示先验之"我们"方有解决的可能，康德对作为美之先验性的审美共通感的哲学规定，是为走向他者的预设。"先验"从来不是指我的认识对物的关系，而是指"我们"的认识对认识能力的关系。先验的方法将知识的起源归之于心灵的问题，指向了反思判断力的主观原则，同时也指向了主体间的沟通原则。康德奠基的共通感的原则是进行反思的内心对世界理性原则有效性和必然性的觉察。"自然形式的合目的原则"，天人间的"一体感"和感应学说等，就是主体间感通、赞同之公

---

① 李河成：《符码：想象的公共表象》，《文艺理论研究》2017年第4期。

共本能和共通根据的显示。继而,有关美以中介消解知性和理性双执作用的阐释成为先于主体审美判断的本体期待。审美共通感援引"我们"的共通感,置身于每个别人地位,突破了个人主体的中心化,解放了私欲主体的隔离意识。这尤其针对着商业社会的时弊。由此,康德先验哲学的阐释应当成为付诸经验哲学的生成性理论。

其五,"马克思的感通概念及其公共困境"。"感知结构"的现象学回归和"劳动"的社会批判,构成为感性活动(实践)的交互性论域。第一,自然感性与社会感通的基础(感知结构)同构推进了"人—人"间的感通同构:自然感觉的人性化即社会兼容感觉的修炼,亦成为国家/社会共同意识研究的逻辑建构。第二,"感知结构"的管理与控制是"感觉一体"的逻辑前提,但是自由人联合体的审美感通并非物质共产、阶级福利等社会批判所能完成。私有制的扬弃至少体现为感知结构的完善和感通的完成;然而,感觉的同质表象与社会感通的实质并非等同。参照符码消费时代的"感性虚拟"和"感性同质"对"社会改造"的置换以及对精神自主的取代,虽然感觉复制可能是社会同质的表现,但是劳动、私有财产的扬弃等历史基础的公共性反思,则推导出共通世界的生成动力。公共世界的共通感,绽现于感知结构本身的完善,且"历史"成为"感通"等境界的呈献。

其六,"绽现'德艺',与人沟通——阿伦特'政治审美论'的现公共哲学意义"。因为爱这个世界,而痛绝其恶;因为憎恶恶的私人幽闭,而深情地探寻人的公共条件。行动者超出"制作"之上的德艺绽现,是阿伦特对现代性政治处境的药方。超出物质"制作"的命意在于使臻于美的政治交往具备生产力—生产关系的本体意义;"绽现"即颠覆善良意志、排除物质私欲的现代性体认(审美)。判断力的生发,即反思的判断力、想象、审美共通感等的生成,是我们交往共聚的生成,也是私我开放向整体的自由安顿。行动和判断始终一贯,投身者和旁观者不应分判,这是阿伦特的交往政治美学对现代孤立世界的意义。①

---

① 李河成:《绽现"德艺",与人沟通——阿伦特"政治审美论"的现代政治哲学意义》,《文艺理论研究》2013年第2期。

第四节　间性与审美感通议题的延展：现代中国审美公共的感性生成、主体建构与社会逻辑

审美共通感的现代政治哲学批判，基于实体哲学转向间性哲学的探讨，从"共通感"而言对立于契约论之下的原子个人主义思潮；从"审美"而论区别于与"逻辑的共通感"同质的"程序政治学"；不仅如此，针对主体沟通难题的契约政治，努力将康德的先验共通感扩展为经验对象（法政）的审美共通体。议题力求提取、维护并服从美的权利，为"共同体"之后的自主"社会"寻求权力的优化力量。

中国"社会"公共的界定在当今学术界直接受制于或参照于阿伦特对古希腊公共政治、哈贝马斯对近代资本主义市民社会等西方理论的判定，固然此思维格局是全球化治理的时势使然，但古今中西神人的先定使"社会"理论必然具有中国近世的时代关怀。"社会"（society）的翻译、定名作为中西文化交往的产物，本是晚清"士绅—村社"等社会关系的能动表达，而"公共领域"的构型已是超越此传统社会的精神演进，其间固然有诸如民族资产阶级、无产阶级的党社政治，但却更有"刍荛狂夫"①等社会不利主体（社会不利者将获得诸如梁启超的"新民"、孙中山的"三民"、毛泽东的"工农兵"等多元力量的准入论证。）向现代中国中产阶级演化的良性预设。小说、诗、戏剧等构成"界"的同志感，即"刍荛狂夫"精神秩序、审美形式，乃至于习俗或仪式等生活方式的构型。精神等文化"革命"的合法性表现在对传统革命保持疏离之中的政治默认，如何将政治领域的革命话语扩张到社会领域，精神与秩序的关联将启蒙文化、"利维坦"文艺、公共艺术的考察具体到日常行为、文化，特别是文艺的公共符码以及政治文化的思考。如果此时代精神明晰化，则势必推演为"中国现代美学的公共诉求"等议题的思考，这将心性—秩序的思考导向历史的奠基。

继"现代性""启蒙""革命"等专题研究之后的深化与拓展，"中

---

① （汉）班固：《汉书·艺文志》（六），颜师古注，中华书局1962年版，第1745页。

国现代美学的公共诉求"着眼中国现代美学史中"共同体"转型之后的主体概念，如新民、"美育"所立之人、阶级、人民等复数主体，于古今变革时代，如何取得与"君主""宗族""天下"等总体性形态相匹配的公共地位？于中西际会之际，如何回应程序宪政学的"合理化"（公域）困境和主体间的原子化（私域）弊端？这是自由意志独立于家族、契约规则、货币媒介、阶级政治、语言交往等而反思判断的结果：论题立基"孔子""新民"等观念单元的数据统计，提取"尊孔—倒孔"的符码演变，以表征主体心性秩序的公共转型；"公议"的小说界以诗艺行动展现"公性情"并现出革命符码制作技术的限度；"典型"的公共行动论着力分疏"典型"符码与国家秩序间的张力，希冀以德性/政治"行动"的"典型"学来超拔诗艺的"性格"论；公共艺术超越个人美化、审美等级的公共关怀等理性形式，从心性的感通、先验层面塑造或表征社会治理的公信秩序。学史中呈现的"摩罗诗力"、孔子符码、典型等审美范型是复数主体获致公共的美学创生；同时也存在总体性意识形态（立足"公共利益"的公共）规训、利用审美共通感的社会面相：中国现代美学的公共性处于"政艺合一"的诉求或"政艺分离"的反思当中。

第一章 通感的"看"与"听"
——从感通的身体观谈起

身体感形塑着身体观,身体观及哲学观又影响甚至规训了个人的主观体验。原始佛学认定:"受"缘六根(眼、耳、鼻、舌、身、意),染于六尘(色、声、香、味、触、心),触境而生。但是"色如聚沫,痛(受)如浮泡……识(了别事相)为幻法"①。和西洋宗教、哲学致虚腾空的趋向相通,佛学在认识论中,超于凡相,以至于蔑视尘根,把真理的真正地盘投入到心—识的挖掘之中。这是"自我"作为主体,而否定包括凡尘、肉体等在内之"一般主体"的产物。难道自我的官能迁谢朽灭,破坏了对彼岸的追求吗?这则得力于肉体感知机制的分析。亚里士多德认为,在五根等"专项感觉"之外,另有"共通感觉"。②"共通感觉"不是超过五个"专项感觉"之上的高一级的感觉,而是五项感觉各所内涵的一个共通或互通的一些自然质性(机能)。吴寿彭先生借法相宗经论、唯识论译注西典,认为"共通感觉"作为未分化的一个机制,"总根"于"意根(心所)"。③

---

① 《增一阿含经》卷二七,《中华大藏经》32册(丽藏本),第319页上。又《杂阿含经》卷十七:"(色、受、想、行、识五蕴)譬如虚空中,种种狂风起,东西南北风,四维亦如是。有尘即无尘,乃至风轮起,如是此身中,诸受起亦然……"《中华大藏经》第32册(金藏广胜寺本),第828页下;《瑜伽师地论》卷九六:"此老别者具领三受,又若有受,于依止中,生已破坏,消散不住,速归迁谢,不经多时,相似相继而流转者,应观此受犹若旋风。若有诸受,少时经停,相似相继不速变坏而流转者,应观此受如客舍中羁旅色类。"《中华大藏经》28册(丽藏本),第365页中[大藏经编辑局:《中华大藏经》(影印本),中华书局1984—2004年版]。

② [希]亚里士多德:《灵魂论及其他》,吴寿彭译,商务印书馆1999年版,第370、385、406、422页的索引。Pavel Gregoric, Aristotle on the Common Sense (New York: Oxford university press, 2007)。

③ [希]亚里士多德:《灵魂论及其他》,吴寿彭译,商务印书馆1999年版,第133页注①。

笔者借此研究心得，以"通感"①为中心来探讨色、受、想、行、识的圣俗关系，并期待接近难以得知的身体感真相。

第一节 比喻的醒世与通感的醉态：以《荷塘月色》为案例的阐释

多半情况，我们都在思考比喻和通感的区分——这定焦于修辞学科视野。当解读《荷塘月色》等文本时，事实展现为，作者/"我"在用比喻重现曾经之后还运用通感重申心曲。此个案的引入逼迫我们进入一个未期的视域。

比喻，墨子称之为"譬"，刘勰称之为"切类以指事"（《文心雕龙·比兴》），皎然称之为"取象曰比"《诗式·用事》……其适应于"类比外推"的思维模式。所谓"类比"即根据两个（两类）对象A、B之间的某些相似或相同（类同属性abc）推出它们其他方面（A的另一属

---

① "通感"的研究成果罗列如下：1. 通感的性质：钱钟书（1962）在《通感》一文指出通感是一种描写的手法，张寿康、杨绍长（《关于"移觉修辞格"》，《中学语文教学》1980年第3期）、李金苓（1983）、袁晖（1985）等撰文明确地指出通感（移觉）是一种修辞方式，并提出建立通感格。同时，秦旭卿（《论通感——兼论修辞的心理基础》，《修辞学发凡》和中国修辞学》，复旦大学出版社1983年版）、吴士文（1986）、万明华（《论通感性意象的语言呈现》，《修辞学习》1996年第3期）等一些研究者对通感是一种修辞格提出疑问。段会杰（《是心理现象，还是修辞心理方式——也谈移觉修辞格》，《修辞学习》1987年第2期）、赵艳芳（2001）、李国南（2001）等认为通感可以指一种生理或心理现象，也可以指一种语言现象（修辞现象），还可以指一种认知方式。2. 通感的描述与分类：（1）根据转移的感觉来分类，如高明芬（1985）、李国南（1999，2001）等。（2）根据通感格与其他辞格兼用的情况来分类。如袁晖（《论现代汉语中的通感》，《江淮论坛》1987年第5期）、王明瑞（《谈通感及其分类》，《修辞学习》1992年第1期）、谭德姿（1981）、李金苓（1983）、霍前锋（1987）等。（3）根据被观察事物的数量来分类。如万明华（1996）等。（4）依据通感心理特征的历时演变来分类。如陆一凡、郭焰坤（《通感的历史演变及心理基础》，《修辞学习》1998年第5期）等。（5）根据通感的组成成分是否直接组合来分类。如戚雨村等（《语言学百科词典》，上海辞书出版社1998年版，第47、536页）等。3. 通感的解释学研究：（1）从生理或心理学视野对通感的心理机制进行探讨。如秦旭卿（1983）、岳东生（1994）、万明华（1996）、郭焰坤（1998）、史琼（1999）、雷淑娟（2002）、吴礼权（2002）等。（2）从语义学视野对通感进行的研究。如万明华（1996）、雷淑娟（2002）、彭玉康（2005）等人借助句法、语义特征分析法，认为通感在修辞学上是一种修辞技巧；通感在词汇学中，可以是一种修辞造词方法，也可以是词义演变的一种方式（参见彭玉康《现代汉语通感的句法、语义研究》，硕士学位论文，南京师范大学，2005年）；等等。

性 d，即推移属性）的相似或相同的一种前逻辑方法（如图5）。其有肯定的类比推理、否定的类比推理、中性的类比推理、性质的和关系的类比推理等形态。

$$
\begin{array}{l}
\text{A对象具有属性a、b、c} \\
\text{B对象具有属性a、b、c、d} \\
\hline
\text{所以A对象也具有属性d}
\end{array}
$$

图5　类比外推公式

下面展示《荷塘月色》当中的案例：
（1）比（喻、拟、象征、借代等）：

叶子出水很高，像亭亭的舞女的裙。层层的叶子中间，零星地点缀着些白花，有袅娜地开着的，有羞涩地打着朵儿的；正如一粒粒的明珠，又如碧天里的星星，又如刚出浴的美人。①
月光如流水一般，静静地泻在这一片叶子和花上。②

从五官感觉上看，比喻多是同觉的挪移，强调感官间的相似，形象的相仿，追求意象感知的单纯过度。即在智性/知性清醒的状态下，把异质的东西用暴力枷铐在一起，这是一种异质原则（disparity，又译为相异性，异质性）。而通感则是五觉相生，五官的交通，即耳视目听，诸根互用。

（2）通感：

微风过处，送来缕缕清香，仿佛远处高楼上渺茫的歌声似的。③
塘中的月色并不均匀；但光与影有着和谐的旋律，如梵婀玲上奏着的名曲……④

---

① 朱自清：《背影》，百花文艺出版社2004年版，第61页。
② 朱自清：《背影》，百花文艺出版社2004年版，第62页。
③ 朱自清：《背影》，百花文艺出版社2004年版，第61页。
④ 朱自清：《背影》，百花文艺出版社2004年版，第62页。

在这里，"颜色似乎会有温度，声音似乎会有形象，气味似乎会有锋芒，冷暖似乎会有重量"①。它可以把鼻之气息具象为耳之音响，将醒目的姿态理想化为声音的灵动……显然，通感偏离了比喻修辞的挪移传统。

感觉的挪移（transference），有两种情况。其一，同觉的挪移，这作为比喻的通例。其二，"五觉交通，五觉相生"式的互动，其切中"通感"。"通感"，英文即 syn（a）esthesia，源于希腊语，其中 syn 为"一起""融合"义；（a）esthesia 为"感觉"义。在生理学层面来说，它系"联觉"的代名词，或译为"感觉的挪移""移觉"。②《新大不列颠百科全书》释为一种感官激起另一种感官的心理情况，如五彩的听觉（colored hearing）……③否则，宗炳之"抚琴动操，欲令众山皆响"（《宋书·隐逸传》）哪有分析的可能！"清香如歌，光影似曲"……这是逻辑思维所尽力避忌的推移法，"视不得其所坚，而得其所白者，无坚也。拊不得其所白，而得其所坚，得其所坚也，无白也……目不能坚，手不能白"④。无可怀疑，"类比外推"模式下的"比喻"是知性判断的附魅形式。对此，阿恩海姆的"同形同构或异质同构说"之认知的方式、科学的方式（包括他对审美通感的分析），已将其凸显出来。"我"感觉故认知，但是，感觉不仅仅是认知可以为认知的基础：知性试图剥夺主体形成和实施判断所必需的前话语的直觉形式。这样一来，"通感反思"成为《荷塘月色》的核心征候。

据以上讨论，"通感"已经不是"物理学—光学"的相似物（例如：比喻等），而是精神之肉的展开。正如梅洛-庞蒂（Maurice Merleau-Ponty）的揭示：

---

① 就笔者掌握的资料，"通感"一词为钱先生的发明，见《文学评论》1962 年第 1 期。《通感》一文后收入钱钟书：《旧文四篇》，上海古籍出版社 1979 年版，笔者的引文均以此版本为准。"通感"的定义见该版第 52 页，引文中五官五觉的对应关系稍有改动，谨此申明。钱先生更多的研究参见钱钟书《管锥编》（第二册），中华书局 1979 年版，第 482—484 页；钱钟书《管锥编》（第五册），中华书局 1989 年版，第 39 页。

② G. & C. Merriam Co.（eds），*Webster's Third New International Dictionary of the English Language*（Springfield: G. & C. Merriam Co., 1976），pp. 778, 2318, 2320.

③ Encyclopædia Britannica, Inc.（eds），*The New Encyclopædia Britannica*, 15th ed, 11th vol.（Chicago: Encyclopedia Britannica, Inc., 2005），p. 465.

④ 公孙龙：《公孙龙子·坚白论第五》，戊午二月双鉴楼道藏本影印本，版本无页码。

> 我的身体同时是能看的和可见的。身体注视一切事物，它也能注视它自己，并因此在它所看到的东西当中认出它的能看能力的"另一面"。它能够看到自己在看，能够摸到自己在摸，它是对于它自身而言的可见者和可感者。①

这一种自我，不仅感觉者与被感觉者相混，而且感觉者在身体之肉间相恋。故而"在日常经验里，视觉，听觉，味觉，嗅觉，触觉往往可以彼此打通或交通，眼、耳、舌、鼻、身各个官能的领域可以不分界限"②。由此，梅洛-庞蒂的身体现象学勇敢地将身体之肉驻扎在认知的拐角处，打乱了笛卡尔主义的精神察看③。于是，通感分析进入神秘的极限经验。

朱自清先生在用了比喻重现曾经之后，为何还用通感重申心曲？那是因为作者在面对当时的彷徨现存，④如何去抉择，他苦苦思索着答案，在那样富有诗意的"荷塘月色"中，荷叶、荷花、月亮等是舞裙、明珠（星星、美人）、流水等现存是不够的。似明珠只落得温婉之外的寒光，像星星只会掏空夜幕的深邃，如美人只有欲壑难填的厌世危险……披文以入情，只有在"错觉"中，在酒神精神的指引下，才能将精神之肉偷换到世界之肉——只有在歌声，名曲（迷狂性）当中才能陶醉，得一时的解脱，找到他的家——淡淡的喜悦。喜悦——乐境，这是审美还原的

---

① ［法］莫里斯·梅洛-庞蒂：《眼与心》，杨大春译，商务印书馆2007年版，第36—37页。
② 钱钟书：《旧文四篇》，上海古籍出版社1979年版，第52页。
③ "单凭我心里的判断能力我就了解我以为是由我眼睛看见的东西""真正说来，我们只是通过在我们心理的理智功能，而不是通过想象，也不是通过感官来领会物体。"见［法］笛卡尔《第一哲学沉思集》，庞景仁译，商务印书馆1986年版，第31—33页。
④ 生存境况：（1）家庭的穷困和冲突；（2）社会压迫。见俞平伯《读〈毁灭〉》，（朱自清的诗《毁灭》作于1922年12月9日）此与荷塘月色的一丝安适形成落差。精神境况：大时代下救世走卒的无名（朱自清自评，见散文集《背影》序，作于1928年7月31日）与文学象牙塔的超然形成反差。鉴于此，朱自清掂量着走上不参加革命和反革命的第三条道路："国学是我的职业，文学是我的娱乐。"见朱自清作于1928年2月7日的《那里走》一文，该文可以说是《荷塘月色》（作于1927年7月）的"不宁静"的理论阐发。以上资料转引自朱金顺编《朱自清研究资料》，北京师范大学出版社1981年版，第199—200、316—332页。

剩余，我们（包括朱自清）亲历其中，我们通过此而生于斯世，使我们清楚地知道前于逻辑的本然状态，并栖居于这曾经遮蔽的生存意境中。通感语象则满足了这种还原。快到卒章时，由醉而醒——"但热闹是它们的，我什么也没有。"① 又回到现实（"不觉已是自己的门前"②）——淡淡的哀愁。喜悦与哀愁对立并举，正紧扣文眼——"这几天我心里颇不宁静"③。这正是艺术家的人生，幻听、幻视、幻觉、幻想、幻写，一种神经错乱的艺术形式保护着一个歇斯底里（hysterical）式的撕心裂肺。这也是"夜晚意识"的交响。黑格尔喻哲学是喧嚣之后的深邃，"米涅瓦的猫头鹰在黄昏中起飞"。朱自清《荷塘月色》中的黑与暗即造就其听的敏锐，而帮助主体重回宇宙的怀抱与故乡。除去白昼意识的知性测量，人在夜晚可以与自己对话，与天籁同和，物质精神化、精神物质化。④ 但是，听觉推向希翁的幻象般存在和梅洛-庞蒂的"幽灵"⑤ 等不确定性能成为精确的认定吗？

由因果倾听的"听因"和语义倾听的"听义"，还原倾听的"听声"（听到声音本身），此即"六十而耳顺"的审音听政。⑥ "大师执同律""上相听声""上医听声"等等⑦是也。由语言描述，继而到艺术表达，

---

① 朱自清：《背影》，百花文艺出版社2004年版，第63页。
② 朱自清：《背影》，百花文艺出版社2004年版，第64页。
③ 朱自清：《背影》，百花文艺出版社2004年版，第60页。
④ ［日］今道友信：《夜晚对于审美经验的意义》，《美学史论》1991年第4期；今道友信、中村桂子：《赞美与泪乃创造之源泉》，《生命季刊》2003年夏号。日本本土的局限向来逼迫出日本国自身的危机情绪及其审美意识。与"计白当黑"的辩证关系不同，日本对幽黯意识的偏执，根源于其生存意识的紧迫感。唯有死亡的威胁方能逼迫出国族的忧患意识、个人的担当情节，乃至于宗教情怀。固然幽黯意识可以作为时下环境美学的言说资源，但其差别若上升到死的垂临时刻，则更有崇高效应。
⑤ ［法］米歇尔·希翁：《声音》，张艾弓译，北京大学出版社2013年版，第174页。［法］莫里斯·梅洛-庞蒂：《知觉现象学》，姜志辉译，商务印书馆2001年版，第403页。
⑥ 《论语·为政》《史记·太史公自序》《说文解字注·圣》，等等。
⑦ "兵书曰：王者行师出军之日，授将弓矢，士卒振旅将张弓大呼，大师吹律合音，商则胜，军士强；角则军扰多变，失士心；宫则军和，士卒同心；徵则将急数怒，军士劳；羽则兵弱，少威明。"参见（汉）郑玄注《周礼·大师》；《晋书·桓彝传》《南史·吕僧珍传》有听声相人的记载；"古之善为医者，上医医国，中医医人，下医治病。又曰：上医听声，中医察色，下医诊脉。又曰：上医医未病之病，中医医欲病之病，下医医已病之病。"见孙思邈《千金要方·卷一·诊候》。

第一章 通感的"看"与"听"

借用马克思的概念,此即审美剩余情感的绽现。海德格尔坚持将艺术提升到存在之家的高峰体验中:

> 真理发生的方式之一就是作品的作品存在。作品建立着世界并且制造着大地,作品因之是那种争执的实现过程,在这种争执中,存在者整体之无蔽状态亦即真理被争得了。①

通感体现了真理(存在之无蔽)作为此在(世界)的澄明与现实大地遮蔽间的原始争执。现实大地通过"我"而凸现,"我"坚实地建基于现实"大地"中,是通感语象实现了二者的争执,实现了存在(包括此在)的生发。

> 这一片天地好像是我的;我也像超出了平常的自己,到了另一个世界里。我爱热闹,也爱冷静;爱群居,也爱独处。像今晚上,一个人在这苍茫的月下,什么都可以想,什么都可以不想,便觉是个自由的人。白天里一定要做的事,一定要说的话,现在都可不理。②

这正是朱自清的历史世界,朱自清的消解方式,他由荷塘月色到南朝风流(《采莲赋》和《西洲曲》等江南古诗),到更多的精神磨砺与畅游。由此及彼,由儒而及道,并彼此消解,儒道互补,而中和致平。这正是浸润儒释道文化的中国人的"世界":拯救大地,接受天空,期待诸神和护送终有一死者式的四重存在,四重栖居或保护。③ 他们心挑社稷,背负黎民,要想成为中国的脊梁,特别是艺术家,不能比他人多一点额余的工夫,那多半是"出师未捷身先死",幸而存者才有"李白斗酒诗百

---

① [德]海德格尔:《艺术作品的本源》,载《林中路》,孙周兴译,上海译文出版社 2004 年版,第 42 页。
② 朱自清:《背影》,百花文艺出版社 2004 年版,第 61 页。
③ [德]海德格尔:《筑·居·思》,载《海德格尔选集》,孙周兴选编,上海三联书店 1996 年版,第 1193—1195 页。

篇"（杜甫《饮八仙歌》），张旭"脱帽露顶王公前，挥毫落纸如云烟"（杜甫《饮八仙歌》），怀素"枕糟藉麴犹半醉，忽然绝叫三五声，满壁纵横千万字"（窦冀《怀素草书歌》）。次之者如自诩"文化精英"的海子陷入愿尘世"春暖花开"，但又"面朝大海"（背对现世——逃离世俗）的二律矛盾中不能自救和他救（海子《面朝大海，春暖花开》）。如宗白华先生所言：

> 诗人艺术家在这人间世，可具两种态度：醉和醒……所以诗人善醒，他能透澈人情物理，把握世界人生真境实相，散布着智慧，那由深心体验所获得的晶莹的智慧。但诗人更能醉，能梦。由梦由醉诗人方能暂脱世俗，起俗凡近，深深地深深地坠入这世界人生的一层变化迷离，奥妙惝恍的境地……一种无可奈何的情绪，无可表达的深思，无可解答的疑问，令人愈体愈深，文艺的境界邻近到宗教境界（欲解脱而不得解脱，达到情深思苦的境界）。①

这样一个因体会至深而难以言传的境地，已不是明白清醒的知性文体所能完全表达。这是"通感"的先验持存。但也不全是，且看以下例句。

> 故歌者，上如抗，下如队，曲如折，止如槁木，倨中矩，句中钩，累累乎端如贯珠。②
>
> 宋玉愁空断，娇娆粉自红。歌声春草露，门掩杏花丛。注口樱桃小，添眉桂叶浓。③

---

① 宗白华：《略论艺术与象征》，《艺境》，北京大学出版社1987年版，第184—185页。该文"象征"即"象境"、意象。笔者认为从意象结构上看，通感中幻听、幻视、幻觉、幻感、幻想的"错乱"特点正体现了宗先生所言之"醉"和"醒"的艺术态度。类似于柏拉图之"迷狂"。但在朱自清，有既醉又醒两种活法，故笔者称通感为心神错乱的产物，以申辩朱自清等正统知识分子醉而未狂之中和心性。

② 《礼记正义·乐记第十九》，阮元校刻：《十三经注疏》（附校勘记），中华书局1980年版，第1545页。

③ （唐）李贺：《李长吉歌诗》，上海中华书局据明刻本校、聚珍仿宋版印，未标出版年，卷二，第18页。

化混沌之听觉形象为明丽之视觉形象（贯珠、草露），并不适宜于抓住不尽言说的逃逸。而在朱自清看来，无形之"乐"（"歌声""名曲"）方能折射出主体心灵艰苦曲折的探险之途，表现出主体多维的心灵世界，凝现出主体对现存的忧思、欢欣、徘徊、无奈等多彩的存在视域……只有备于想象"弹性"和混沌的音乐才能成就艺术家的人生，冷眼现实又同情现实，超脱现存又眷顾凡近，嫁与现存又生在神话，这也许是通感幻听指向之先验。在醒与醉中感悟人生，于错觉中煎熬人生；头顶着浪漫天国，脚又死踏着沧桑现存；希冀庄周之逍遥，又饱受孔丘之忧患。

说到"醉"法，世有醉酒，亦有醉茶。醉茶即道家正宗，老庄诸学，凡尘少见；醉酒者，多为儒家浪子，眷顾仕和名者，不少又寻老庄开心，实为多数人的活法。此为海德格尔之四重整体的四重保护也，我辈孰能免乎？

醉乐能融涵无尽。醉——没有任何崇拜对象的崇拜行为，通过"通感"经验的表达，替朱自清解读，不失为乌托邦渴望的心醉神迷。醒经醉的折射继而交互，在朱自清的异动世界中，表现出当事人生命价值的体验，由此进入了异动时期的人性常态。《荷塘月色》关注了人性的常态品质，故能经受历史的淘洗而进入阅读史。对于红军长征，汶川地震等非常时期的作品，若要像《红楼梦》《荷塘月色》《白鹿原》等进入文学史、阅读史，关注人性的常态体验，是达成意味深长的因素之一。

第二节 看的原罪与听的拯救：中西文化的互动

在《荷塘月色》等文本中，通感之先验指向幻听，而非指向视觉，这是因为看和听的隐喻意义有所不同。身体观和身体感的互赖关系已为确凿，以下将探讨不同文化对主要官能知觉的不同关注所呈现的差异。

耳目本为一体，但因分化而各有专属，并逞异能。《抱朴子·钧世》指出：

> 且夫《尚书》者，政事之集也，然未若近代之优文、昭、策、军书、奏、议之清富赡丽也。《毛诗》者，华彩之辞也，然不及《上

林》、《羽猎》、《二京》、《三都》之汪秽博富也。然则古之子书,能胜今之作者,何也?然守株之徒,喽喽所玩,有耳无目,何肯谓尔!其于古人所作为神,今世所着为浅,贵远贱今,有自来矣。①

《广譬》篇说"信耳而疑目";《尚博》篇说"重耳轻目";延至近古,叶燮的《原诗》有"目识耳食"之说,"句剽字窃"称之"走耳"②……"耳""目"在此有"古""今"、"远""近"的分野,口耳相传是远古尊老敬老的阐释传统,继而拥有此能量的阐释者在中国被铸造成一个词叫"圣",以沟通三才。征圣宗经,为参古定法;若望(目)今制奇,则偏向眼见为实,极端的例证如三星堆文化遗存,以突目,大眼的特征给人以"看"的震撼力量,这大概是"蜀"③的历史淹没无闻的原因之一。用"之一"是在提醒我们注意为"绘声绘色"、耳目本一提供进一步的延伸。《庄子·天地第十二》称之为"无为":

> 黄帝游乎赤水之北,登乎昆仑之丘而南望,还归,遗其玄珠。使知索之而不得,使离朱索之而不得,使喫诟索之而不得也。乃使象罔,象罔得之。黄帝曰:"异哉!象罔乃可以得之乎?"
>
> ……且夫失性有五:一曰五色乱目,使目不明;二曰五声乱耳,使耳不聪;三曰五臭熏鼻,困惾中颡;四曰五味浊口,使口厉爽;五曰趣舍滑心,使性飞扬。此五者,皆生之害也。④

耳目等七窍在中国的语言环境中,可以称为直觉见性的方式。"象

---

① 杨明照:《抱朴子外篇校笺》,中华书局1997年版,第69—71页。
② (清)叶燮:《原诗》,霍松林校注,(清)薛雪:《一瓢诗话》,杜维沫校注,(清)沈德潜:《说诗晬语》,霍松林校注,(三书合订)人民文学出版社1979年版,第3、10页。非常感谢梁道礼教授、魏耕原教授的点醒,使我的视野覆盖向该类著作。另参见王小盾《上古中国人用耳之道》,《中国社会科学》2017年第4期。
③ 蜀人是重"视觉"的民族,由其字源学可窥一斑:𩵋,《甲骨文·甲骨文编》卷13,1569;𩵋,《金文·金文编》卷13,2136"蜀班簋";𩵋,《郭店楚墓竹简·五行》,16等。
④ (清)王先谦:《庄子集解》,沈啸寰点校;刘武:《庄子集解内篇补正》,沈啸寰点校,中华书局1987年版,第101、111页。

罔"的体悟是与混沌能量的照面。见《庄子·应帝王第七》的寓言：

> 南海之帝为倏，北海之帝为忽，中央之帝为浑沌。倏与忽时相与遇于浑沌之地，浑沌待之甚善。倏与忽谋报浑沌之德，曰："人皆有七窍，以视听食息，此独无有，尝试凿之。"日凿一窍，七日而浑沌死。①

若用具备知识功能的七窍盲目地去索求、开凿"混沌"，无所不为，对比于西方，则见出"知识的不及"。

纯粹的感性直觉，就休谟和康德以来的世俗知识论与柏拉图及其学派的希腊知识观念比较而言，是截然不同的。"知识"的表述 γνωυή，在荷马和前苏格拉底时期通常是与"看"（sehen）或与视觉密切相关。对古希腊人而言，看同时又是一种认知活动，由同义词根构成的概念 γνώσις 稍晚时候才出现，它更明确地指向理论、理性的知识。② 看通过"精神凝视"③ 获得"相"的独特品质。但"相"（与视觉相关）同感性知觉的关系如何产生，柏拉图对该问题的朴素反思和追求具备了准宗教特征的升腾。

柏拉图主义的理智和伦理目标："向神看齐"，特别是在被基督教改造和接纳后，逐渐成为一种超验的潮流；看若因分辨的需要，而"假设"为此岸知性的推求，其势必不同程度地背离超验的主题，以亚里士多德为先声的希腊化哲学背离了柏拉图对上苍与世界、超验与世俗、存在与生成的区分：斯多亚学派、犬儒主义、伊壁鸠鲁学派抬高了感性世界的价值，更信任物质世界。他们遵从"逻各斯"之教，将写（看）凝固为确定的概念，开启了知性探讨的"视觉隐喻"模式；蕴含至康德，则将

---

① （清）王先谦：《庄子集解》，沈啸寰点校；刘武：《庄子集解内篇补正》，沈啸寰点校，中华书局，1987年版，第75页。

② ［德］汉斯·约纳斯等：《灵知主义与现代性》，刘小枫选编，张新樟等译，华东师范大学出版社2005年版，第2页注释①、②。刘小枫的《现代性社会理论绪论》，上海三联书店1998年版，第332页注70。参见 M. Scheler 和 W. Beierwaales 的历史描述，见出古典冥思（理智直观）和感觉主义（只看不思）的现代分野。

③ ［希］柏拉图：《柏拉图的〈会饮〉》，刘小枫译，华夏出版社2003年版，第90—94页。

知性、理性对举分化；黑格尔的现象学和本质是分裂的，属两回事，但是本质可以通过现象去了解，其间有辩证关系；胡塞尔的现象学本身构成本质，现象学就是本质之学；归至海德格尔，则努力摆脱西方传统哲学"主客对看"的思维模式，以回复"语言之家"来清除传统存在论哲学中的"看"倾向。看的此岸推求与彼岸超脱，在其文化遗存中可以见出两种哲学的不同。希腊的"看"哲学用雕刻和建筑（庙宇）安置他们的神，而宗教哲学则见出内心的冲突和救赎质感，虽然有笃实于外的辉光范畴，但宗教的最佳途径则在于用音乐和诗歌颂扬他们的神。

将希腊的知识哲学和希伯来的拯救哲学对举，是看的操心和听的专心的分述。哲学爱的是智慧，不是知识，"知识叫人自大，唯有爱人能造就人"①，哲学之爱更多地同"聆听"人生的奥秘相关联。知识则以见证、实证为基础。科学把聆听转化为目视，即审视。"眼见为实"，足以说明科学知识关乎事实的"实"不"实"，而非"虚务"。"耳听是虚"，第一，听，看似被动，实则谦让的主动，倾听开启"天地物我人己"的言说。聆听突破主体界限的"中心化"倾向，基于他人、基于他物，是人与人，人与神，人与自然之间的"谦让"关系。第二，虚，即与灵虚有关，哲学就是务虚，致虚极，守静笃——虚而不假，但它不实。"听信"表示"信是从听中来的"，可知聆听同信仰、信念、真谛有关。科学是视察，哲学和宗教是聆听。视，即管事，是把自然界和人对象化，甚至他者化。聆听，却是期待与你融为一体的主动相邀。聆听过程表示不干扰，听便式的尊重和信任，甚至是听任。聆听表明主客界限的消失，主体自失于对象之中。但此处需要判断的是，在什么你都能听见的情况下，重要的是你明白需要听到什么。看，是把对方视为客体。听，则是融入对方。科学把可以聆听的事物对象化，符号化，数量化，形体化，可视化等等。"可视"包含着可操作性、审判性，带有征服性，而不是与对方平易的往来。聆听却是精神间的交流，是欣赏而非操作，是融合而非征服。视觉是突破主体界限、背离"唯物论"的幻觉。凝视使被视者

---

① 《圣经·哥林多前书》第8章，第1节。下面引文为简写，如"林前8∶1"。

变成死寂的客体。① 注视，观看，同表象相关，然而聆听却同本真有关。人观看不到本真，却可以聆听到本真。聆听是朝向本真能去存在的根本途径和方法。

"唯信称义"通过"唯听称义"，"信仰"乃"听仰"。信仰是语言性的。信仰在言语中呈现，而不是脱离语言而存在。我听故我在。语言通过言说而存在，言说通过聆听来体现。"诸天述说神的荣耀，穹苍传扬他的手段。这日到那日发出言语，这夜到那夜传出知识。（如果）无言无语，也（就）无声音可听。（然而）他的音带通遍天下，他的言语传到地极"（诗19：1-4）。语言是上帝创世时的奥秘，让人留心去听。聆听，是领悟上帝言说。蛇说："上帝知道你们吃（禁果）的日子眼睛就明亮。"（创3：5）然而人忘记了人与语言的天然关系：聆听上帝之言，以看代听，此即原罪。"天啊，要听！地啊，侧耳而听！因为耶和华说"（赛1：2）。"求你近前去，听耶和华我们神所要说的一切话，将他对你说的话都传给我们，我们就听从遵行"（申5：27）。"你们对我说的话，

---

① 李河成：《共通感与肉身的焦虑》，《南京理工大学学报》2008年第6期。眼睛/光即意义的象征，"神说：'要有光'，就有了光。"（《旧约》，创1：3）即隐喻人揖别猿群，敢为宇宙之先，亚当和夏娃即凭知识（知羞之德）摆脱上帝之善，是为原罪——心灵之肉与身体之肉的开裂。无知即"𠂆""𠂉""𠂊""𠂋""𠂌""𠂍"等（金文："民"，刺瞎眼睛之形象），民者，"众萌也。从古文之象。凡民之属皆从民"（《说文解字·第十二卷·民部》）。《周易·蒙卦》称坎下艮上，山水象，山水烟笼，蒙稚不明相。是有启蒙之名由。那么目明是为文明。在人类文化学上，视觉就天人分殊而言，即隐喻知识一执，人无视上苍宇宙或上帝之义而自傲，如《圣经》"回头一看被变成柱石"的故事；（《旧约》，创19：26）竖琴诗人俄耳菲斯回眸一瞥而妻成魂影、美杜莎与柏修斯间"石头化"的希腊神话表明凝视使被视者变成死寂的客体。当前镜头冻结下的"光终结"（photo-finish）何尝不是如此？它是瞬间永恒吗？"视"的操作性和征服性在海德格尔处表明为"看的操心"，即遗忘存在自身。视觉就肉身而言即隐喻为欲望一执，因为眼睛的隐喻之一为观淫癖，故有刺瞎双眼即对返祖本能、沉沦于肉身（欲）、贬抑人伦理性的惩罚，俄狄浦斯的自残即为阉割的象征，除担心弑父娶母之乱伦的意义外，而且更有否定肉身、推崇理性（知性）的魅味。毕竟俄狄浦斯解开斯芬克斯之谜，是以心智治国（《奥狄浦斯王》389—403，王位并非从血缘世袭中继承而来）的象征，但"眼睛"依然看不见其生母啊！不过在笔者看来，心灵之德与肉身之德的互补性，对男女两性如此，对个体的完整依然如此。肉身如果像首饰一样，若物化的嘴，不再用于说话、吃饭、呕吐、亲吻……而符号化、数量化为欲望的政治经济学，肉身在此向物身沉沦，成为建立交换价值的标志，我们对此并不苟同。我们认为肉身可以因心灵而修饰训练。当眼睛由于化妆而改变了形状，或者齐刘海儿的发式中断了直视的通道……营造一种减缓对方注视和威胁的极乐氛围时，体现出主体拒绝视觉的阉割维度，是主体自身的正常缺失——拒绝作为爱的奉献。

耶和华都听见了。耶和华对我说：'这百姓的话我听见了'"（申5：28）。"以色列啊，你要听！"（申6：3）作为肉身的圣言，应当听。"凡有耳的，就应该听"不能进入信仰，并非缺少"观看"，而是缺少"聆听"。上帝通过言说来启示我们，我们应当学会聆听。

聆听就是开启言说。聆听传统，就是从属于传统、阐释传统。在此，前文中耳目之古今的隐喻方能得到圆融的说明；聆听，也指聆听天命；聆听良心的呼唤和命令，聆听自己。在此语言的存在取决于被聆听，而不仅是被言说。言说期待被聆听，就是希望，就是开放。可以长时间闭眼，但却难以忍受双耳紧捂。聆听因而表明人的开放性、超越性、拒绝封闭性。听觉标志着主体的非中心化。

聆听和被聆听，是关系的存在。只有理解，才能聆听。只有聆听，才能理解。聆听与理解是一种诠释学的交互促进。聆听包含理解，乃用心理解，聆听因而不是盲从。伽达默尔据此认为，对话首先是聆听，而非"言说同时是聆听"，而非教唆和训示。洗耳恭听是让所有听到的自行显现。只有聆听，才能开阔视界，与真善美圣交互融合，聆听是通向整体的道路。另外，人也可以自由聆听而不受究诘。聆听是自己去聆听，不是被迫去聆听，有如当今"单行道"的广播、广告、电视等新媒介，其塞壬（siren）式的号叫，期待听觉的开放式设计。甚者，当音乐被崇拜为商品时，聆听或者是压抑身体，或者是自我管理，而相对于和谐秩序的重复。① 这是聆听的私密性、体验性，乃人个性的历史所在。

"通感"之看、听、触等感觉的互动，内在于人中枢神经系统的整合。当"看"以知性的分析、系列性的线性延展（活字印刷术等），僵化为机械性的思维延伸和分离时，"听"的引入企图弥合"看"的区格与分化。存在哲学和文艺似乎表现为"反环境"的，它在人工机械技术环境中更新为一种训练感知和训练判断力的手段。将艺术作为消费品，而不是训练感知的手段是荒唐、势利的。感通研究试图开启"存在"的大门。感官间的相互作用是构成触觉的开端。"通感"的接触并非皮肤与实物的接触，而是

---

① ［法］贾克·阿达利：《噪音：音乐的政治经济学》，宋素凤、翁桂堂译，上海人民出版社2000年版，第120—22、175—176页。

思维触角的交互。它把每一种感觉转化为其他的感觉，并且赋予人的意识。媒介社会已经实现了诸肢体和感觉的延伸。人的感觉是我们身体能量的"固定电荷"，随着口传文明、印刷文明而向电子文明的推进，电子媒介作为人中枢神经系统的延伸，将更新、重置、训练着我们感性的生活，并走向整合性的感性众筹。在现实历史和学理上，以上对看和听的绝对分化，显然是不谨慎和有害的。生活世界作为客观—逻辑科学分化的基础，并非"概念"所能完全担当。"意谓"（如金山、方圆）也并非等同于对象的直观，现象学的"声音"① 可能是胡塞尔在《逻辑研究》中指明的方向。正如西美尔的观察，大城市的人际关系突出地强调眼睛的警戒功能，而大于耳朵，这必然丧失意识的完整性。② 在学理中，康德先生的第三批判中的"审美共通感"已明鉴于此；日常生活中，通感语象的诸根交通已将耳目共通体的期待付诸实践。这样，真理才不至于残废。美因而也不用去分辨面目了：最美的色彩没有色彩，最美的音乐没有声音。

看的原罪和听的拯救关涉形象的阐释学。听和看参古望今，则关涉语言的阐释学。感性形象的趣味判断，在前语言层面已发挥作用：失聪、失明者没有足够的听说能力，也能为美的事物喜悦，记住对丑恶事物的不悦。在这一点上，我们必须承认，语言还原主义的狭隘，此为其一；其二是不同语系语言还原的差异，中西文字之"象形"和"表音"导致书写和言说的不同取向，以及当时掌握语言文字的实际状况，都先天地影响到看和听的分别意义。德里达和哈贝马斯分别侧重于对书写和商谈的强调即可作为其差异的哲学反思。不管形象和语言还原向那边，这都是感性论的势力范围。从技术（art）至艺术（art）的推进，感性都是审美的必备要素，即使本雅明点醒的"媒介论"对"感性论"提出挑战。其三，听和看的参古望今之所以得以争论，在于传播控制（垄断）的松动和传播范围的拓展，面对"神使"（hermes）传播的祛魅以及当代传播的混战和其对视听的轰炸，聆听的人数及深度是否本质上制约真理的传

---

① ［法］雅克·德里达：《声音与现象：胡塞尔现象学中的符号问题导论》，杜小真译，商务印书馆1999年版，第19、116页。

② ［德］瓦尔特·本雅明：《发达资本主义时代的抒情诗人》，生活·读书·新知三联书店2007年版，第137、171页。

播，图景—音景的分辨成为不得不思考的话题。

第三节 "醉"之为"常"的本原初探

朱自清式的人生常态，是在神秘的醉感之域中进行猜测的，那我们是何以确切地猜到的？朱自清的"幻世"人生是在前于反思的状态中抵达解脱的，那这种本然状态是何以知道的呢？据"通感"语象的前节暗示，这也许是一种审美浪漫主义的意识形态，仅是抵达极乐世界的安慰。艺术即派生于魔法，从未达到高于巫术符箓的自律。尼采的"救赎观"、本雅明的"灵光说"等即表明艺术是返魅世界的力量源泉，当作启蒙进步的替代物。这也许是一种独断！如上节所言之希腊庙宇和希伯来的神，我们何以亲近它们？难道仅仅是出于抵制虚无的迷狂?！故而，"醉"之为"常"的本原追索成为神探的工作。

古希腊"精神的眼睛"已经朴素、辩证地将此表现出来。精神的眼睛并非神光辉的流溢，借助神圣光照，以寻找上帝留在尘世中的型相：影子、痕迹和肖像等。而是将光呈自于现世的心里。精神，即身体的一部分，"肝藏魂""心藏神""脾藏意""肺藏魄""肾藏志"。[①] 五神同身首，可以"神视""气听"[②]。"眼睛明见"，第一，可知肉体之眼和精神之眼同体；第二，眼睛可以表征作官觉的复称，包括"看见""听见"等"通感"状态。眼见之色[③]，作为现象界的表象，包括所有感官的感知。

---

① 此论源自《黄帝内经·素问》"六节藏象论第九"，《本草纲目》"脏腑虚实标本用药式"一节又从病变症状（本病、标病）、医治对策、药剂目录等方面进行了集大成的延展论述。由此可以窥见中国古典医药理论灵—肉—物等物类相感且互为主体的宇宙观。
② 杨伯峻：《列子集释·汤问》，中华书局1979年版，第47页。
③ "色泽"仅为眼睛所乐见，而神态的觉知得益于多种官能的配合。"色"，在春秋战国时代的用语中，即纯粹指脸部表情。"……色勃如也，足躩如也，其言似不足者。摄齐升堂，鞠躬如也，屏气似不息者。出，降一等，逞颜色，怡怡如也；没阶，趋进，翼如也；复其位，踧踖如也。"（《论语·乡党第十》）"颜色"即"色"，"颜"即额头，色卷神态义。又如孟子见到人民的"饥色""喜色"；庄子见未得道者的"忧色"（《庄子·至乐第十八》、《庄子·山木第二十》）；等等。随着五色、五行分析的兴起，"色"即色泽，《说文》将"色"定义为颜色；清段玉裁则回护春秋原义，"颜者，两眉之间也。心达于气，气达于眉间，是之谓色"。《辞海》却将颜色列为第一义，色泽落在第二义。

那我们看见的是什么？

　　从普罗太哥拉定律（"人是万物的尺度"，柏拉图《泰阿泰德篇》）肇始，直到主体支配的"我思故我在"，及无蔽的"我（一般主体之一）表象我在"的历史描述，表明"一般主体"是明见状态和无蔽状态的尺度。① 近代以来，笛卡尔的理性主义和培根的经验主义为共同对付经院哲学的先验主义和信仰主义，表明理性和经验在"明见"中并非完全对立。其中笛卡尔的方法充分重视"直观"与心灵的关联，在《谈谈方法》中认为认识要"清楚分明地呈现在我心里"②；在《探求真理的指导原则》中，"把心灵的目光应该观察的那些事物安排为秩序"。不过，笛卡尔认为直观并不是视觉的功能，毋宁说是心灵的功能；因为直观不够，还需运用演绎……借此由感性范围推向了睿智的领域。③ 可以说笛卡尔分化了感性和理性的合体原态，并且轻视、否定了感性领域。胡塞尔从笛卡尔的主体幽灵出发，承认认识的可能性，而从"主体如何切中存在"④ 进行现象学的描述。现象学即本质（区别于柏拉图时代所称之的实体）学说，"感知"即批判知识学而回归到事实本身的入口。现象学"从这个红，那个红中直观出同一的一般之物"⑤，表明本质"红"的明见性。⑥ 这与柏拉图主义者普罗丁、沙夫茨伯里途经收视内听、内在感官达成的智性描述共谋，但力避上帝的独断；横断笛卡尔主义者在对象化直观中所造成的主体与官觉的绝缘，相应地突破了康德对感觉的知性限度。不仅坚信本质（实体）的存在，而且毫不迟疑地通过可以看到、听到、感觉到的直觉而认信。这种自明，经胡塞尔的直观，海德格尔的生存论的阐释学，

---

　　① ［德］马丁·海德格尔：《尼采》，孙周兴译，商务印书馆2002年版，第790、804—805页。
　　② ［法］笛卡尔：《谈谈方法》，王太庆译，商务印书馆2000年版，第16页。
　　③ ［法］笛卡尔：《探求真理的指导原则》，管震湖译，商务印书馆1990年版，第21、42、53、107、50注⑧、108页。
　　④ ［德］埃德蒙德·胡塞尔：《现象学的观念：五篇讲座稿》，倪梁康译，人民出版社2007年版，第3、23页。
　　⑤ ［德］埃德蒙德·胡塞尔：《现象学的观念：五篇讲座稿》，倪梁康译，人民出版社2007年版，第48页。
　　⑥ ［德］埃德蒙德·胡塞尔：《现象学的观念：五篇讲座稿》，倪梁康译，人民出版社，2007年版，第50、53页；埃德蒙德·胡塞尔：《纯粹现象学通论：纯粹现象和现象学哲学的观念（I）》，李幼蒸译，中国人民大学出版社2004年版，第5、241、243、461页。

尤西林先生之"人文科学"的方法（描述、直觉、理解等）……一直把可能实现的本质作为超出单数第一人称在场感局限的行动指南。否则囿于直接感知对象的经验（只承认具体存在物）势必导致虚无主义，这是近代经验实证兴起后，道德衰落的关节点。因为只对直接生存环境有实在感的现实主义、实用主义就是不自觉的虚无主义。① 他不是导致神的非实在，就是陷入动物般的唯实在。区别于怀疑论者和独断论者的误解，正如维科所见，尽管想象的共相和以己度物的比喻与理智无关，甚或产生知识本质上的不可靠，但想象的共相形成"共同意识"，并创立诸如《圣经》"寓言"的世界。想象的生动和直观产生了"道德的确定性"和美学的实在感。

　　由上文所指，精神的眼睛，汇聚着焦虑不安的身体、主体的幽灵、专制的理性等的纠缠。不过它却隐藏了与唯名论的关联。海德格尔在《存在与时间》中称要听到"纯响动"难于听到摩托车、北风、啄木鸟等，以证明"共在先已'分有'了话语所及的东西"，绝非首先寓于"感知"②。显然是忽视肉身现象学的另一课题，③ 但却引入了语言学的视野。摩托车、北风、啄木鸟等是看见、肤知乃至神会的范围。此在作为本质上有所领会的此在首先寓于被领会的东西。领会是话语本身建构的"生存论"现象，而在话语的现实状态中，或有阙如，或未经注意。因为在话语（λογος）中"听到辚辚，轰轰，笃笃，噼啪"是不符逻辑的，也是不能感通，不能"听命"于同道的。可见海德格尔将现象学描述的方

---

　　① 尤西林：《人文科学导论》，高等教育出版社2002年版，第66—67页。唯虚的非实在也是另一种虚无主义，可参见此文本第115页注⑤有关纳粹的分析。

　　② ［德］马丁·海德格尔：《存在与时间》，陈嘉映、王庆节译，生活·读书·新知三联书店2006年版，第191—192页。但是，在话语中，共在"现象（学）"（就其自身显示自身者）如何与"现相"（有一东西先行显现，流俗的领会，如康德意义的经验直观）区分，则是《存在与时间》三十三节有关"命题—描述"的论述。

　　③ 刘国英：《肉身、空间性与基础存在论》，《中国现象学与哲学评论》（第四辑），上海译文出版社2001年版。描述与领会是交互的，甚而描述即领会。在《论真理的本质》中，海德格尔承认"借助眼睛，在'它协助'的意义上，看见了颜色"。他认为感觉能力必须通过眼睛器官，并超越了眼睛器官。参见［德］海德格尔《论真理的本质：柏拉图的洞喻和〈泰阿泰德〉讲疏》，华夏出版社2008年版，第49页。

法论意义引向了存在的言说。在基体向一般主体的哲学史转变途中，① 一般主体（subiectum）既表示主客关系中的主体，也表示主谓关系中主词。故此"subiectum"又受到下面的追问。语言仅仅是说说而已（唯名而已）吗？！

维特根斯坦等分析哲学所谓的语言自身已排除、否定了逻辑意义的本体论之后，实际又导致了一种美学化的本体论。以"这是红的"为例。第一，通过自我中心的特称词"这"，在不同的时间地点中，伴随着手势，我们经验、描述关于世界的知识，即同样的"这"②。通过对间接对象的范畴直观，反思判断力代表不可重复的第一人称的时空经验。借此做进一步延伸，"这"可不可以"感而遂通天下之故"呢？即两个人能经验到同样的"这"，那么两个人能否共通到美，或共通到一体呢？第二，"这"给出的若干殊相经验以确定普遍共相，即审美判断的摹状词承担了与本体论相一致的功能。"本体"虽不可直说，但却可借其痕迹形式（那属于个体亲知的）的描述（摹状）而意会，描述属性即可意谓本体。罗素、奎因正是基于摹状词理论而承诺了本体论。尤西林先生的研究指出，摹状词—审美判断—本体论的相互一体化关系鲜明地勾勒出现代美学取代本体论的趋向。③ 第三，"这是红的"信念能否抑制住"这是鬼"这样的先于语言的虚妄呢？闪耀的"红"令人出神，又何以拒斥被之迷惑呢？这则首先要求我们为真理和虚妄、美和魅做好下定义的准备。康德为解除怀疑，而提出先验的方法；马克思的唯物论进入历史的实践之中；海德格尔为抵制流俗领会的枷锁，而让事实本身自行无蔽地敞开。万事俱备：上帝的护卫已被击溃，理性的甲胄早已剥离，立足"大地"，而凝神"天国"，只期待世界能极致地呈现：辉光、笃实、劲健，像托马斯所言之"鲜明"，像尼采、本雅明所希冀的在夏日的正午，带着灵韵，极致地呈现。

---

① ［德］马丁·海德格尔：《尼采》，孙周兴译，商务印书馆2002年版，第1066页；［德］海德格尔：《林中路》，孙周兴译，上海译文出版社2008年版，第89—98页。

② ［英］罗素：《人类的知识》，张金言译，商务印书馆2008年版，第103—109、360—363页。

③ 尤西林：《摹状词与审美判断——美学与本体论》，《学术月刊》1995年第9期。

第四节　通感补录二则
——由"感应"而思

一　身体观表征着心灵观

虽然当前脑部成像所进行的神经科学观察远远无法让我们了解"通感""同情"等在人脑中的复杂机理，但是有关镜像神经元的研究是对审美共通感研究的一大补白。神经科学、心理科学等是人文科学研究的入门。如前所述，通感超脱"五官交互"的限制，而突围向心灵，这已将修辞学的范围拓展向哲学之"虚"和科学之"实"。正如"通感"的语用史所示，在儒勒·米叶首次使用 Synesthesia① 以前，波德莱尔早用 Correspondances 将上述通感的灵肉观涵摄其中。由通感的中国接受史和 Correspondaces 的翻译史②可知，通感的修辞学视野仅是钱钟书先生带入的偏见；并且，钱钟书所论"通感"之感官互用的认知观与庄子哲学"隳肢体，黜聪明，离形去知，同于大通，此为坐忘"（《庄子·大宗师》）的"内通"观大相异趣。③ 故而，"感应论"等现代文学史——象征主义诗歌美学的自觉史和哲学根基值得再行探讨。

五官能否通达于大道，在此出现原子主义和整全主义两种相映成趣

---

① 乐黛云等：《世界诗学大辞典》，春风文艺出版社 1993 年版，第 526 页。
② 波德莱尔的诗 *Correspondaces* 自 1920 年进入中国诗人、诗论者的视域，已有若干译法，常见的有卞之琳的"应和"、梁宗岱的"呼应""契合"，穆木天的"交响"，莫渝的"冥合"，钱春绮的"感应"，陈敬容的"通感"，等等。参见卞之琳《恶之花零拾》，《新月》月刊第四卷第六期，1933 年 3 月 1 日。梁宗岱《论诗》，《诗刊》第 2 期，1931 年 4 月；《象征主义》，《文学季刊》1934 年第 2 期。穆木天《什么是象征主义》，《文学百题》，生活书店 1935 年版。莫渝译《〈恶之花〉译析》，花城出版社 1992 年版，第 17 页。钱春绮译《感应》，《外国诗人成名作选》，上海文化出版社 1987 年版，第 58 页。陈敬容《图像与花朵》，湖南人民出版社 1984 年版，第 17 页，等等。感谢李丹的《通感·应和·象征主义》（《文学评论》2011 年第 1 期）提醒我注意到这一宝贵的资源。
③ 金惠敏：《论"内通"非"通感"——钱钟书道家通感论接读》，《首都师范大学学报》2014 年第 6 期。

的图式。"通感"的原子主义理解认为,眼耳口鼻舌等感官的认知过程根识分别,可以分解为相互独立的部分。通感的认识取决于个别感官的单个感受离散式的系列推论;通感最终的事实认定由眼耳口鼻舌等彼此分离的感觉,以某种叠加方式聚合而成。此谓通感的原子主义理解。感官之和是否与感觉相等?通感五官交通的演绎,需要认识的是:第一,感觉大于单一某官觉,故而我们反对原子主义、构造主义和行为主义的刺激—反应公式,需要向完型心理学拓展;第二,"通感的看与听"的对举,固然落于言筌,但是通感的产生本身并非各种官能的分解—累加,而是感官之间的相互作用。在此整全主义的观点看来,单向感官的能力无法游离于感受系统的总体判断。故而,感通认定取决于尚未清晰表达的整一思维,以及各种意志因素,而非以单一感官的盖然性术语来表达。

问题不在于真实,而在于生命。毫不奇怪,在理性逻辑专业化、看—听的分解中,即使对于麻木的职业人而言,它们也容易受到"默会知识"和情感的左右。换言之,原子主义官能的产生实是一种"整体性"的裁决,而更具整全主义的感通则导向原子主义模式的对举。案例之一是,1935年,约翰·富尔顿和卡罗尔·雅克布森在伦敦举行的第二届神经精神学会上发表报告,提到他们对黑猩猩实行两侧前连合切断术后,黑猩猩的攻击性行为减少的结论。葡萄牙医生安东尼奥·埃加斯·莫尼斯(António Egas Moniz)尝试用类似的方法治疗人类的某些重大精神疾病。1949年7月11日,瓦尔特·弗里曼(Walter Freeman)医生推行开颅或眼眶额叶切断术(Transorbital lobotomy)——切断在前额叶皮层和大脑其他部分之间起连接作用的脑白质。这至少提示我们:前额叶皮层对于我们做出决策,塑造并保持个性具有关键作用。然而,对罗斯玛丽·肯尼迪(Kennedy patriarch Joseph,1941)手术的负面曝光、《飞越疯人院》(*One Flew Over the Cuckoo's Nest*)、《瓶中美人》(*The Bell Jar*)之类的故事,表明我们对额叶切除术的看法也许还不完整,这种"给灵魂的手术"令人担忧。

区别于生理—心理感知理论的治疗,感觉与料理论的错觉论证则指向日常语言的诊治,① 以言行事——本文语象的描述即有此意。描述即意会。在本议题中,通感作为语言先验控制着艺术,特别是通感的听觉"虚相",成为天地神人间应和的极致艺术。通感务虚,则超我;比喻求实,则为己。该对照必然成为"审美共通感"等现象学思索的杠杆。

二 "感应"的思想自古有之

事物的存在状态时相关联,"同声相应,同气相求"②。"屈信相感而利生焉。"(《易传·系辞下》)不仅天人之间可以感通,而且人身体的部位间也可以相互感应,如"咸其拇""咸其腓""咸其股""咸其脢""咸其辅颊舌"(《易传·咸卦》)。上文"通感"的分析可继余绪。

感应思想的哲学反思首推《周易》;天人感应的实用理性成熟表达于董仲舒的《春秋繁露》;而东汉时代,谶纬之学的甚嚣尘上直接将感应问题的病弊推向死地。

> 《易》无思也,无为也,寂然不动,感而遂通天下之故。非天下之至神,其孰能与于此?夫《易》,圣人之所以极深而研几也。唯深也,故能通天下之志;唯几也,故能成天下之务;唯神也,故不疾而速,不行而至。③

第一,如何"感",物与物,天与人之间的感应通过什么机制来沟通完成?这是对感应日用的建树要求。在共同体时代,地缘、血缘、巫术宗教等实体诉求将感通指向了理性统筹及其逻辑控制,其哲学化为真理,审美感通列居次要。在现代社会,主体已突破实体统筹,主体之间或曰间性问题是时代主题。本议题所及的想象、道德感、反思性判断力等即

---

① [英]J.L.奥斯汀:《感觉与可感物》,陈嘉映译,商务印书馆2010年版,第52—54页。
② 《易传·文言·乾》。另参见邹衍的遗说:"类固相召,气同则合,声比则应。"(《吕氏春秋·有始览·应同》)同时参见《吕氏春秋·有始览·有始》《吕氏春秋·恃君览·召类》《春秋繁露·同类相动》《春秋繁露·人副天数》等。
③ 《易传·系辞上》,阮元校刻:《十三经注疏》(附校勘记),中华书局1980年版,第81页。

关涉主体自身的修炼与他者的感通，美学因此代替宗教与伦理，成为程序宪政等间性理论的弥补性资源。第二，感应以情去呼应，顺情而沟通。《易传·系辞下》称："以通神明之德，以类万物之情。"该性情化的思维，在感通天下万物的入口处就取消了"听"的主体交互性和公共性，而过分的心理化和神秘化反倒使物物之间的可通约性失去可靠的基础。一旦知性投入充分的推理，感应的防线即告崩溃。但是，逻各斯中心主义所导致的直接祸害反映在程序宪政学等实践领域，就是对人与人之间沟通、交往的忽视。物物胞与，天人合一是共同体时代循环时间意识的结晶，然而，以历史生存论作基础的现代科学则促成了天人的相分。面对矢量时间的推进，能否在天人感应思维的大前提下，发展出先进的科技和法治的制度文明，这是我们审美心性研究与秩序制作之间的内在张力。

第二章 符码：想象的公共表象

——维科论想象与共同意识、阿伦特论想象与公共交往：论心性—秩序的融合是如何可能的

无论是维科（G. Vico）对天神意志的民政学、布留加对原始思维之集体表象的考察，还是拉斯韦尔对政治精英之意识形态象征的分析，[①] 想象作为利维坦造物的"神经"（《利维坦》"引言"）关乎人心和秩序的表象运动。非客体化的思与言何以可能？表象，作为融会心性与秩序所凝练的符码，衍生为工艺形式、艺术典范、习俗或仪式、符码—组织等实在方式，构成制度生产和社会运行的"图证"；相应地，在制度的强化下成为政治态度、民族信仰及其情感的体现。公共符码的塑造替人判断力的提升提供范导；为我们研究"语词中创造的城邦"（柏拉图）、共同信仰（托克维尔）、价值共意（彼德·布劳）、集体表象（涂尔干，Emile Durkheim）等提供抓手：这将是对符号语言学（索绪尔、赵元任、胡壮麟等）、逻辑—修辞学模式的符号学（皮尔士）、符号学与文化研究（赵毅衡、龚鹏程）、符号人类学（萧兵、叶舒宪）、现代形式美学（赵宪章）等符号学理论之社会心理学的推进。基于心性—秩序的交互逻辑，制度秩序的公信力源于心性，但这在制度革命后的转型中国并未完成为心性的自觉；当代中国，经济福利支撑的合法政府也面临政治认信和文化忠诚的"产出不足"[②]。对照社会治理理论，针对知性逻辑将效率或财

---

① [美]哈罗德·D. 拉斯韦尔：《政治学：谁得到什么？何时和如何得到？》，杨昌裕译，商务印书馆1992年版，第19—32页。
② 张旭东参证黑格尔有关精神—风尚—制度的论述，观照到新文化运动以来文化—政治相互排斥、分裂的历史。参见[德]黑格尔《法哲学原理或自然法和国家学纲要》，范扬、张企泰译，商务印书馆1961年版，第291—294页；[德]尤尔根·哈贝马斯《合法化危（转下页注）

富的最大化作为程序正义的审核标准，玛莎·努斯鲍姆的研究认为"效用的载体和容器"的人—社群需要"想象"对科学理性标准的颠覆，①诗性正义和诗性裁判将审美化的生存推向社会治理体制。鉴于此，"想象观念"具备使社会实践成为可能的实践意义②和公共能量③。对于当代中国，心性的真理探求已甚于历史性论证的历史反叛，探明心性秩序的内在逻辑，理解公共理性的表现范式，这对回溯儒家礼治，前瞻现代法政是有裨益的。从而，维科"想象性的类概念"、阿伦特关注的"范例"等公共性视角的检视成为议题所在。

第一节　维科从人类学的角度论"想象性的类概念"：共同体秩序的心性描述

国家起源问题，有"神意论"、"祭司论"、"群演论（摩尔根持、弗里德）"、"水利论（威特福格尔）"、"契约论"、"暴力论"、"风俗保群论"，等等。契约论须预制权利平等的社会和主体，就必须先有国家：这是一个悖论。延至晚近，奥尔森（Mancur Olson）在《权力与繁荣》一书中指出，政府最初是通过暴力形成，继而依靠契约的维护，渐次而开显德政的结论。然而对中国而言，匪帮在低端的生产力条件下，何以统治尧舜禹时代的较大方国？暴力论力不从心。张岩的《山海经与古代社会》的假说认为，最初人类社会的秩序不是借助于暴力，而是借助于宗教形成的。……中国的上古史落于个案，意大利的维科则就各民族的共同性提

（接上页注②）机》，刘北成、曹卫东译，上海人民出版社2009年版，第7、64—65页。张旭东《启蒙主义"伦理自觉"与当代中国文化政治——反思〈新青年〉早期论述中的文化与国家概念》，《中国现代文学研究丛刊》2015年第7期。张旭东《经济理性时代的价值空洞（上、下）——重访哈贝马斯"合法化危机"理论》，《马克思主义与现实》2011年第1、2期。

① ［美］玛莎·努斯鲍姆：《诗性正义：文学想象与公共生活》，丁晓东译，北京大学出版社2010年版，第12页。

② Charles Taylor, *Modern Social Imaginaries* (Durham and London: Duke University Press, 2004), p. 2.

③ ［美］C. 赖特·米尔斯：《社会学的想象力》，李康译，北京师范大学出版社2017年版，第4、9页。

出了一门普适性的"新科学":制度通过人类的某些天生的能力而产生。在神性共同体之上、自然法学的理性之外,《新科学》为想象的民族共同体和现代法政在心性—秩序的融通方面提供了一些有益的思想资源。

对共同体在原始社会中的发明,是维科的一大贡献;对原始初民何以共通,是《新科学》的职志所在。与格罗特、塞尔敦和普芬道夫等三位研究部落自然法的权威不同,维科花足二十年的光阴,回归到诸异教民族最初创始人的心理状态,探索初民的"诗性智慧",并企图用"天意"取代"自然法"一词,以之作为初民共通的密匙。《新科学》的雄心在于创建人类社会的人文科学,即天神意志的民政学。

按语言学兼哲学的公理,在人类的童年时期(神的时代、英雄的时代),人们按本性都是崇高的诗人、天生的诗人。他们推理能力(哲学智慧)欠缺,而浑身却充满强旺的感觉力和生动的想象力。诗人的崇高工作是赋予感觉和情欲于本无感觉的事物,和它交谈,追问其意味。原始初民因无知愈甚,而惊奇愈大,则想象力愈切。对于同民族自身有关系的,但还有疑义而不甚清楚的事物,自然而然地经常按照原始初民自己的某些自然本性以及它们所引起的情欲和习俗(神人同形同性观)来解释。想象性的类概念(想象的共相)、以己度物的比喻,是诗性智慧的两种系定理。①

想象性的类概念。原始人为了表达当时根本没有的抽象概念,如天神、哲人等,其办法只能是虚构某些范例或理想的意象,把同类中一切和这些范例相似的具体人物都归结到这些范例中来。在远古,为对抗外界的压力,普通的个体生命在归属感上更突出地表现在对部族、群体的依赖上。如果一个勇敢的人在关键时刻能机智地带领群体渡过难关,这在部族的历史上,他可能跻身为氏族膜拜的先祖之列,被编制成史诗,塑造成图腾,继而圣化为神。如天神约夫、民政哲人荷马等就是忠诚于感官想象的范例。与这些神话期待相应的一些寓言故事,如阿喀琉斯统

---

① [意]维科:《新科学》,朱光潜译,人民文学出版社1986年版,第103、179—180页。这种巫术知情意一体化的互渗律可参见列维-布留尔的《原始思维》、弗雷泽的《金枝》等文本。

摄"勇猛"的特质,幽里赛斯代表"智慧"的特质,等等,更多地体现在对自身生命极限的跨越上,想象的范型正满足了对此生命强盛的要求。这些范型就是可感通的公共符码,在神谕时代即为图腾;在政治共同体时代即为礼器象征,有如孔子;在消费时代即成时尚编码的代表,有如牛仔裤服饰。它们在审美共通感①的语义中成为反思性判断力的范导,并成为共同体符码编织话语的文化资本。朱光潜为适宜于国家意识形态并构造历史哲学美学的需要,称之为典型性格(类型)的艺术创造。② 伽达默尔立足胡塞尔、海德格尔的反思平台,为修正现代科学,而为人文主义修辞学辩护,将之总结为"具体普遍性"③。

以己度物,就是让一些物体成为具有生命实质的事物,使它们具有人所有的感觉和情欲。康德将这种知天地者、知人心者的真正义务,交由"上帝"等理性去占有;④ 或者可能交由美学的反思性判断力去实现:此种忠实于原始人自己的叙述即我们所言的"能近取譬",中国诗论中的"比""兴"可资印证,或者与近代美学中的移情说相暗合。这可能是对

---

① "共通感"的元点意义即五官六觉之共同官能,亚里士多德认定为区别于专项感觉的共通感(常识),苏格兰常识学派从文化上提炼为人天生的道德感。"共通感"的研究有一转折和两分化。"一转折"即共通感由前现代的"普遍性"转向现代"反思性判断力"的分析。"分化"之一即康德的先验研究,并将共通感问题内在地分为逻辑的、道德的和审美的共通感;康德指出共同知性的偏执、非反思性质,而区分了逻辑的共通感和审美的共通感。参见[德]康德《判断力批判》,邓晓芒译,人民出版社2002年版,第138页注①以及《实用人类学》S. 219. 艾莉森论证康德在情感、规则、能力三种意义上运用共通感。[Henry Allison, *Kant' Theory of Taste* (Cambridge: Cambridge University Press, 2011), pp. 156 – 157.]"分化"之二是阿伦特对审美的交往性的研究,并且将沙夫茨伯里、哈奇生、休谟,以及康德等人道德感学说指向政治判断力的批判,其古希腊城邦政治的回归旨向,具有政治现象学和艺术现象学合一阐释的现实针对性(参见李河成《审美共通感的政治哲学意义》,陕西师范大学博士论文,2012年。[德]伽达默尔《诠释学Ⅰ:真理与方法》,洪汉鼎译,商务印书馆2010年版,第19—66页)。在此现代性的突进路线中,出现了像康德、阿伦特等人援引先天的条件,以协调个体性主体的"赞同"和共通;或者是遵从马克思对私有制的扬弃学说,从"感性"等实践经验的完善着手而达到自由人的联合;或者是胡塞尔等人立足单子主体,直面主体间沟通原则的系列冲突。

② 《朱光潜全集》(14),中华书局2013年版,第260—261页。

③ [德]胡塞尔:《笛卡尔沉思与巴黎讲演》,张宪译,人民出版社2008年版,第189页;[德]伽达默尔:《诠释学Ⅰ:真理与方法》,洪汉鼎译,商务印书馆2010年版,第35页。至此,维科揭示出自然科学与人文科学的分离。参见[英]以赛亚·伯林《科学与人文学科的分离》,载《反潮流:观念史论文集》,冯克利译,译林出版社2002年版,第113、131页。

④ [德]康德:《纯然理性界限内的宗教》,李秋零译注,中国人民大学出版社2012年版,第86—87页。

审美感通之主观条件的基础性表述之一,而构成模仿理论、类比推论理论、联想同感理论等20世纪以来有关"他心知"问题之心灵哲学探究①和主体间性治理的理论背景。

为了避免无知者,第一,把自己(我≠我们)当作权衡一切事物的标准;第二,对遥远未知的事物,根据自己熟悉的近在手边的事物去进行判断、比较等所带来的虚骄讹见。②维科通过对原始民族的诸神世系、词源学、象形文字、寓言故事、徽章、钱币等确凿可凭符码的翔实解说,特别是对"荷马"的重新发现,认为诗性智慧、别于玄奥智慧,是希腊各民族的民俗智慧。它既是人类思想史、人类习俗史,也是人类事迹史的准则。诗性智慧灌输生气给各民族共同体,并作出一切推理。

借用维科的发现,挂一漏万,以资例说。维科从世界大洪水③开启历史叙事:原始野蛮人在黑云压境、电闪雷鸣之际无处救济,绝望处,完全只凭肉体方面的想象力,以惊人的气魄创造出天神并体会到天神意旨对人类福利的支配和照顾。由此,每一异教民族都有他们的天帝约夫(Jove,Ious),即各部落的创建人,其权力在拉丁语中即派生出法律一词ius。希腊人称约夫为Dios,从此派生出拉丁语Sub dio,与Sub Iove同义,意为"在天之下"。为使声音和谐,法律一词diaïon发音为dikaion。所以约夫就是我们讨论法律的出发点,天帝诏谕就是神的制度,各民族都凭此公信力来调节、统合一切人类制度,这正是宗教、结婚仪式、埋葬死

---

① [德]艾迪特·施泰因:《论移情问题》,张浩军译,华东师范大学出版社2014年版,第48—54页。
② [意]维科:《新科学》,朱光潜译,人民文学出版社1986年版,第83—84页。
③ 古洪水是人类童年的集体记忆。如古希腊丢卡利翁和皮拉的神话,(赫西俄德《劳作与时日》,另参见柏拉图《蒂迈欧篇》22A−23D、《法篇》677A−B中的传说)《圣经·创世记》中的洪水之罚,中国的女娲补天、共工怒触不周山等传说(《淮南子》的《览冥训》和《天文训》)均涉及于此;在《山海经·海内经》《尚书·禹贡》《史记·夏本纪》《汉书·武帝本纪》中也提到鲧禹治水的史诗;当代科技也证实了这一灾异,部分成果有夏正楷、杨晓燕《我国北方4 ka B.P.前后异常洪水事件的初步研究》,《第四纪研究》2003年第6期;张强、姜彤等《6 000 a BP以来长江下游地区古洪水与气候变化关系初步研究》,《冰川冻土》2003年第4期;Huang C C, Pang J L, Zha X C, et al. *Extraordinary Floods of 4100−4000 a BP recorded at the Late Neolithic Ruins in the Jinghe River Gorges, Middle Reach of the Yellow River*, China. Palaeogeography, Palaeoclimatology, Palaeoecology, 2010, 289: 1−9; Kerr RA. *A victim of the Black Sea flood found.* Science, 2000, 289 (5487): 2021−2022.

者（相当于《周礼》中的祭、婚、葬礼）等文物典章的起源。神的制度和人的制度合在一起，构成法学的适当题材。因此，我们对自然法的讨论就从与法律观念同时产生的天神意旨开始。①

说诸神是自然力量的化身，已是老生常谈；但说诸神是社会公信力需要的化身，《新科学》已富有成效。天神意志把人类制度安排成这样：从人用肉眼观照天象开始，诗性神学同步作用，即用某些可感知到的符号来象征由天神送给人们的神旨，并借以调节人类制度，如"诗性的伦理""诗性的经济""诗性的政治""诗性的物理（自然和社会科学）""诗性的宇宙"，等等。通过编织想象而有"天神"，如约夫、荷马等符码，且通过天神符码而范导共同体和人的制度想象。就如拉康"镜像阶段"一语的说明，神他者确证了人自我的存在。且拉康说："镜像阶段是一出戏剧，它的内在行动是从不足指向预期。"②"不足"乃神人的差异，"预期"是说"镜像"想象成为认同的基础。这种认同是必需的，而认同的自足，维科是这样表达的：天神意旨教给诸民族的准则就是人类的共同意识，③这就是部落自然法的一致性，"是一整个阶级、一整个人民集体、一整个民族乃至整个人类所共有的不假思索的判断"④。

民族共同意识的形成，即民族准则（宗教、婚姻、丧葬等）的诞生与天神想象的生发同时。在自然界中本是野兽，在各民族世界中他们变成人。通过符码——想象性的类概念等诸研究，维科把人（Physis：本性自然）和人工制作（Nomos：法律、契约、成规、人为制度）的区分缩小。至少如亚里士多德把自然和城邦放在一起，而不摆在对立的两边。诡辩派以来，对自然和城邦差别的刻意夸大，并不能解释人类进程中，"人之行动而非人之设计的结果"⑤的这种居间以及融通状态。维科揭示

---

① ［意］维科：《新科学》，朱光潜译，人民文学出版社1986年版，第174—175、220—223页。

② Bruce Fink, *The Lacanian Subject: Between Language and Jouissance* (Princeton: Princeton University Press, 1995), p.17.

③ ［意］维科：《新科学》，朱光潜译，人民文学出版社1986年版，第88、145页。

④ ［意］维科：《新科学》，朱光潜译，人民文学出版社1986年版，第87页。

⑤ ［英］哈耶克：《法律、立法与自由》（第1卷），邓正来等译，中国大百科全书出版社2000年版，第19页。

出人类童年的"无知",通过想象符码的关联,存在和思想是同一的;在存在和思想分化的现代,哈耶克、罗尔斯等人依然重申"必然的无知""无知之幕"等不确定性:理性的限度之外,诗性智慧作用于共同体(礼俗社会),以及其后继"社会"(法理社会)的可能性。这将体现为社会治理中"自然"和"人为"的争论。在维科"想象的民族共同体"的现代表述中,科学技术、知性力量是主体超越蒙昧的自由力量,这种期待成为主体性美学,如技术美学等的理论策源;不过吊诡性在于,想象却是对于科学技术的信心、对于知性的崇拜、对于主体自由的承诺、对于市场和行政体制的信任等世俗化理性的反叛。在维科看来,制度通过早期人类天生具有的某些心理能力的运作而产生;尤其借助想象力按照自我投射的原理,由诗性的人创造出来,如占卜、献祭、婚姻等惯例。① 这显然区别于自然法理学的"公道"和实证主义法理学的契约。维科的超越意义在于反思逻辑主义主宰心灵和文化的理性传统。从柏拉图的知性智慧起始,近代理性主义者已图谋用认知心理建立"人文精神科学的自然系统"②,格劳秀斯把法律知识类比于数学的知识,斯宾诺莎以几何学为榜样建立其伦理学体系……然而历史学或人文科学能够用数学化的方式达致超越吗?维科从人类文化史(历时)上和判断的共时性角度上纠正道:"诗性智慧"优先于"知性智慧"。因此,想象构成对人类的心性进行整体性研究的组成部分,是国家治理艺术化理解③的前提。诗性智慧是对科学意识的严重挑战,即要法律实证主义、历史客观主义,以及国家社会主义和布尔什维克主义等历史工具化研究承认自身研究的局限。德国历史学派的代表人物,如兰克"对万物的同情、共知"、德罗伊森对"同情"的追问,成为维科精神科学传统演进的逻辑环节。对维科立足共通感觉的民政神学的解读,实质是对沙夫茨伯里、哈奇生、休谟,以及康德等人道德感学说出发点的厘清,诗性智慧和共同意识的本体关联成为政治判断力和反思性判断力合一阐释的逻辑关联,这是对亚里士多德

---

① [意] G. 维柯:《维柯著作选》,利昂·庞帕编译、陆晓禾译,商务印书馆1997年版,第46页。
② [德] 卡西勒:《人文科学的逻辑》,关子尹译,联经出版事业公司1986年版,第46页。
③ [英] 霍布斯:《利维坦》,黎思复、黎廷弼译,杨昌裕校,商务印书馆1985年版,引言。

第二章 符码：想象的公共表象

伦理学—政治学传统的回溯，也是对阿伦特政治哲学批判的理论声援。阿伦特没有注意到维科，但维科已经先在地将审美形而上学和共同体理念放在体用交融的理解平台之上。社会学家涂尔干继承滕尼斯对共同体向社会转型的论断，也洞悉"集体意识"对机械团结的整合需要，并欲拓展向想象判断与集体表象的关联。① 在此意义上，朱光潜殚精竭虑地译介《新科学》意义深远。

"天神意志的民政学"②，依维科所处的时代，不免是对基督教神学的讨好，其暗示人们，宇宙中最高明的制度即在于引导人转向天神而且时常和天神交结；依据诸异教民族的起源而论，其却阐明共同意识（常识）的何以形成。作为维科给出的答案：诗性的神学以及天意的历史化史观，依现代学科的眼光即可称为宗教起源论。宗教主于真。想象概念，无论斯宾诺莎对其予以"无明"的批驳，还是康德对其以己度物的至善义务论证，在此具有意向性意义的本体地位。想象一次进化，"沿隐以致显，因内而符外"（《文心雕龙·体性》），生发出宇宙实在的切身体认：他们一旦虚构出，就立刻信以为真。词语本身、符号本身的特征不是关键，象征的对象才更为核心，象征功能的执行在于象征由可见融通向不可见，由实致虚，这是想象的二次进化。按康德的理解，想象结合了感性和理性。不仅如此，而且值得提醒的是，想象是主体让客体符合的明证，想

---

① ［法］埃米尔·涂尔干：《社会分工论》，渠东译，生活·读书·新知三联书店2000年版，第240、324—325页；［法］埃米尔·涂尔干：《乱伦禁忌及其起源》，汲喆、付德根、渠东译，上海人民出版社2003年版，第71页。

② 天神意志的民政学即文化人类学，维科使用"天神意志"一词的主要原因是：调和其历史哲学体系与外部天主教复辟势力间的压力。这里要提及的事实是：（1）维科虽然生活在一个外族统治和天主教势力强盛的时代，但是与1695年恢复宗教法庭后的时期相比，他青年时代的社会是"意大利思想最自由的社会"，人们可以讨论原子论与伊壁鸠鲁主义。维科自己曾一度是个无神论者，而且还是"意大利最大的笛卡尔主义者"，只是到后来他才自称是正统天主教徒，并在其自传中隐去了上述事实。（2）从维科的自传中所描述的思想发展过程来看，他只是到写《新科学》时才谈及神意。在沃思（Frederick Vaughan）眼里，维科对荷马的发现实际上是对《圣经》的隐蔽攻击，即对《伊里亚特》和《奥德赛》的批判可以以相同的方式运用于《旧约》和《新约》的分析。参见普鲁斯《斯宾诺莎、维科与宗教想象》，载《维柯与古今之争》，华夏出版社2008年版，第62—63页。对基督教的批判，斯宾诺莎早已见出"凭想象窥知上帝启示"的结论，而拒绝神启的可能性；［荷］斯宾诺莎《神学政治论》，温锡增译，商务印书馆1963年版，第25、32页；［荷］斯宾诺莎《伦理学》第一部分命题三十六的附录。

象突破个人"实"的羁绊,腾跃向不可见者,这种意向他我的判断[①]指向共同意识,如图腾,成为集体情感生发的集体表象:在原始社会成为宗教的起源,在祛魅后的现代社会成为国家统治、社会治理的心性基础。这是程序宪政的客体规制下,自由意志抵制原子个体、聚合他者的心能之源。

人依本性使人把自己的本性移加到宇宙的离奇效果中去,把自然界想象成巨大的身躯,感受到情欲和恩爱。原始人的心智完全沉浸在感觉里,埋葬在躯体里,丝毫没有抽象、洗练或精神化的痕迹。天神的世俗化以来,按斯宾诺莎和维科的旨趣,宗教/神学并非只是一套观念,而是一种重要的社会制度,它依托想象性的类概念或以己度物的比喻等心性基础,而习惯化或体制化为文化范例,如耶稣基督。范例满足了社会的感通需要,尽管其有时并不真实或者现在已不实存,尽管初民的诗化想象磨损成日常的知性推论,但是文化范例已成为判断者作为判断的拐杖,感通秩序的心性源泉。基督宗教与启蒙运动的研究[②]表明,夸大启蒙运动的反基督教的倾向并未把握基督符码、《圣经》意象等文化在重新团结方面的普世价值。不过神学激进主义[强调基督行为与日常道德反省的差距,如新教徒巴特(Karl Barth)]和神学现实主义[为布伦纳(Emil Brunner)和朋霍费尔(Dietrich Bonhoeffer)所倡导,强调基督教在规划和维持社会秩序中合作的可能性]的分歧即代表性地表明符码想象中存在和思想间的分化。适宜于"存在—思想""特殊具体—普遍"间弥合的需要,作为符码科学表现形式的艺术,在公元 6 世纪末即已进入宣教的行程。教化(Bildung)处于个体向普遍性提升、分化的较量之中。Bildung 源自 Bilden(形成),即按照 Bild(图像、形象)而造就。Bild 有 Vorbild(范本、模本)和 Nachbild(摹本、抄本)双重内涵。因此 Bildung 即按照 Vorbild 进行摹写(Nachbilden)。基于柏拉图、黑格尔、海德格尔的理论争点,符码在理性分化的时代,能否于可见与不可见、摹本

---

① [德]胡塞尔:《欧洲科学的危机与超越论的现象学》,王炳文译,商务印书馆 2009 年版,第 198、285 页。
② [英]斯图亚特·J. 布朗:《宗教与欧洲启蒙运动》,载赵林、邓守成主编《启蒙与世俗化》,武汉大学出版社 2008 年版。

与原型、图像与真理、能指与所指（索绪尔）、符号与意义（皮尔士）、符号与存在（梅洛-庞蒂）、指号与表达（德里达）、词与物以及赋形物（福柯）之间达到融通，如何融通。与神启思想相对，宗教信仰领土化（私人化）、古典王朝家族衰落，现代人的心智因知性的增长已不再受各种感官的限制，已很难体会与想象"具有同情心的自然"这位诗神的广漠形象了；"神的时代""英雄的时代"的想象性实在感在"人的时代"已体验成非实在的实在感，它体现为历史符码的文化关联，也被把握为、被摆置成新媒介时代的图像世界。① 一切宗教或伦理，凡臻于精神境界的实在感，即可表达为范例、符码的真实，并表现为文化符码的争夺。刀劈《秦香莲》中的陈世美、找古装戏中的包公告状就是与圣像邻接的孑遗。而现代性以来，即人的时代，想象性的共同体已经成为民族"客观特征"的障碍，转而与历史文化变迁相关。如国家方言的发展，印刷资本主义、互联网（"地球脑"）等多媒介同时共在性的催眠等，是对民族主义想象的构筑。② 民族的亲缘性可能较多地借助于颂扬共同祖先和共同文化传承的神话—史诗等艺术形式（符码）来表达，从而使血脉相续的实然质证逐渐演变为感受形式的生存体验。③ 民族多元想象的核心不在真实与虚妄，而指向人类符码想象的建构、交往和理解之道。

第二节　阿伦特论想象力、范例说服与交往：共同体心性秩序的生成及其公共性

希腊人称想象（eikasia）为幻象，意思就是假象。④ 基督宗教神学认

---

① ［德］海德格尔：《林中路·世界图像时代》，上海译文出版社 2014 年版，第 84 页。
② ［美］本尼迪克特·安德森：《想象的共同体：民族主义的起源与散布》，吴叡人译，上海人民出版社 2003 年版；［法］塞奇·莫斯科维奇：《群氓的时代》，许列民等译，江苏人民出版社 2003 年版；［以］尤瓦尔·赫拉利：《人类简史：从动物到上帝》，林俊宏译，中信出版社 2017 年版。
③ ［法］马克·布洛赫：《封建社会》（下），张绪山等译，商务印书馆 2004 年版，第 693—694 页。
④ 《理想国》，511D – E. Philip P. Wiener（ed），*Dictionary of the History of Ideas*（3）（New York：Charks Scribner's，1973），p. 210.

为想象是不依靠幻象的真实实在，是上帝生气的吹入（《旧约全书·创世记》2：7）被高贵地敬称为精气灵。霍布斯作为自然权利的阐释者，对"灵气灌入"的神授说论而不辩，而认为想象是因障蔽，而渐次衰退的感觉，等同于记忆。① 霍布斯揭示想象的衰退，而阿伦特等人直承康德，强调了想象的重现。何以重现？早先的艾迪生曾以建筑等艺术为例谈及"一切伟大、新奇或美丽的事物容易引起想象的快感"的见识，试图揭示想象的快感来源于视觉对象的快感②的动因。哈奇森又将其细化为五种天然能力之一的"内在感官"③。这种经验论虽然仍弥漫着神秘，但却正与阿伦特由先验转向经验的努力方向同功。

康德认为，借助于想象力，感性和理性因此具备先验的综合功能。概念与对象合拍形成知识，概念没有对象时仅构成可思维之物。④ 康德既展示鲍姆加登对具体虚构力的关注，也展示了沃尔夫对形式抽象力的强调。《纯粹理性批判》对此论述为"人类心灵深处隐藏的一种技艺"（《纯粹理性批判》B181、882），直至《实用人类学》第31节对想象的三分，具综合能力的先验想象力作为一种盲目的但却是规则指导下的综合，要么成为解决感性和知性关系的第三种能力（中介）（Albert Willian Levi，Rudolf A. Makkreel，Christopher P. Long），要么成为解释感性和知性的"共同根"（源始）（Martin Heidegger，Sarah L. Gibbons）。但阿伦特的论述则由普遍综合性的想象走向作出判断和行动的想象。"同一种能力，

---

① ［英］霍布斯：《利维坦》，黎思复、黎廷弼译，杨昌裕校，商务印书馆1985年版，第7、8页。维科认为想象和记忆同属一回事，想象不过是扩大的或复合的记忆。参见［意］维科《新科学》，人民文学出版社1986年版，第104、428页。

② ［英］艾迪生：《想象的快感》，载《缪灵珠美学译文集》（第二卷），缪灵珠译、章安祺编订，中国人民大学出版社1998年版，第35、36、41页。西文的"想象"概念，源自希腊文的"Phantasie"一词，即与视觉有关。亚里士多德曾说过，"想象这个名称（phantasia）是从光（phaog）这个词变化而来，没有光就不能看"。参见［希］亚里士多德《灵魂论及其他》，商务印书馆1999年版，第139、460—461页。胡塞尔在《逻辑研究》中把想象（imaginatio）称作"图像意识"，"像"（image），指一种纯粹的精神图像。梅洛－庞蒂在考察绘画的时候也同样是用"精神图像"（image mentale）的概念来标识图像客体的。

③ ［英］哈奇森：《论激情和感情的本性与表现，以及对道德感官的阐明》，浙江大学出版社2009年版，第5页；［英］哈奇森：《论美与德行观念的根源》，浙江大学出版社2009年版，第7页。

④ ［德］康德：《纯粹理性批判》，邓晓芒译，人民出版社2004年版，第97—98页。

想象力,为认识提供了图型,为判断提供了范例。"① 想象具有实践的范导功能,在知识机能上,想象力是一种对不在场事物的直觉本能(或根基、根源),图型使概念赋有造型功能,并且也是理解特殊的能力;想象力不仅成就了知识,更重要的是促成了交流。《康德政治哲学讲演录》论述道:

> 2. "桌子"图型为所有桌子的根据。没有它,我们将被纷繁殊异的客体所包围,我们将仅说,"这"、"这"、"这"。不仅不可能有知识,而且不可能交流——"给我搬一张桌子"(不管是什么)——都将不可能。
>
> 3. 所以,没有命题能力说"桌子",我们将不能交流。我们能描述华盛顿大桥是因为我们都知道"桥"。假设没有"桥"概念,我将不能分辨也不能发音。我可能描画桥图型的形象,当然它已经是一特殊的桥,正好它提醒我们,我们拥有该图型,即"它是从河的一岸到达另一岸的交通枢纽"。
>
> 即使特殊可交流的原因是(a)在我们心灵支撑下(或者在我们的心灵的深处)的理解特殊的能力,是图型使这些特殊赋有造型功能的性质。(b)造型能力是众多不同的人在心灵包孕下的能力。这些图型的造型是想象力的结果,即使"并非所有图型都能带来如其所是的形象"。但所有单数的赞同或否定都预设我们正在谈论同一事物——我们,作为复数,交互同意,达成共识。即在某一件事上,独体一个和我们大家一致。②

阿伦特在《想象力》的研究中,仅从"知识"一脉展开了论述,而就"上帝""意志""灵魂"等可思维之物而言,图型的能想象、可交流

---

① Hannah Arendt, *Lectures on Kant's Political Philosophy* (Chicago: The University of Chicago Press, 1982), p. 80. 在与"德行法则的模型"(Typus)的对分中,康德已提到想象力的一种普遍的运作方式:感性图型。[德]康德:《纯粹理性批判》,邓晓芒译,人民出版社 2004 年版,第 322—323 页。

② Hannah Arendt, *Lectures on Kant's Political Philosophy* (Chicago: The University of Chicago Press, 1982), p. 83.

性于实践理性可能更为紧要。这是尼采、海德格尔继续工作的学术平台。在《判断力批判》的批判中,阿伦特发现了"图型"的相似物:"范例"。"范例是特殊,它蕴含在自身之中,也包含概念或普遍的规则。"①阿伦特认为,只要我们涉及特殊,范型在反思性判断力和规定性判断力中都起作用。故而判断力可以在实例、历史事件、故事、诗歌等学步车中得到训练、磨砺,继而达到提升。罗蒂、努斯鲍姆等人正是在此理论基准上,区别于哈贝马斯的"非历史性"商谈,而寻求人类团结的历史性想象与创造的。阿伦特的范例是在与图型类似的方式下获得"范例有效性"的。这种类似是一种非客观的感觉,想象者私人单数的官觉,通过内在感官,形成维科所言之"想象性的类概念"。范例于特殊中见出普遍,形成"意象",阿伦特有时使用"精神的眼睛"——内在地、非功利地、无偏见地重现曾经的愉悦感性,以期待并要求他人赞同或者否定,而达到可传达性和公共性的访问效力。

阿伦特不可避免地处于德国哲学以"情"对知、意的整合潮流之中,她对康德的思想进行了改造。在康德,对人存在的担忧体现在人内在的调和:不仅仅是一种德性力量的彰显,同时还关联于人身上的感性存在方式。《实践理性批判》"纯粹实践判断力的模型论"一节即觉识到"德行法则的模型"(Typus)与"感性图型"二者间的冲突。席勒是致力于将感性冲动与理性冲动融为一体的游戏之人,而关注到康德的第三批判。黑格尔运用正反合的辩证法,在绝对精神的纯思中展开并终结这一本该是现实的历史过程……由于德国当时历史条件,德国哲学在思的幻象中看到人性统一的契机,这与他们在现实历史中的整体性期望何其相似!而阿伦特身处资本主义体制亟待修正的时代,尝试着由哲学真理演进为经验实践,即通过"范例"的方式,② 由康德的理性真理转向了政治行动

---

① Hannah Arendt, *Lectures on Kant's Political Philosophy* (Chicago: The University of Chicago Press, 1982), p. 84.

② Hannah Arendt, *Lectures on Kant's Political Philosophy* (Chicago: The University of Chicago Press, 1982), pp. 76 – 77, 84 – 85. 另见 [德] 阿伦特《真理与政治》,载《在过去与未来之间:政治思想8篇》,中文版参见阿伦特《真理与政治》,田立年译,载《西方现代性的曲折与展开》,贺照田主编,吉林人民出版社2002年版,第322—323页。

的事实真理（意见）；由康德的抽象立场、概念思辨转向情感、感官体会与具体的意见；由康德的哲人想象转向艺术家、史学家的想象。通过在人面前展现的唯一可行的方式，即树立一个范例，继而"说服"众人，他实际上令柏拉图折回"政治洞穴"，开始了交往行动。

分析了想象的机制，我们可以初步推论，影响、助长大众想象力的，倒不是实事本身，而是它们发生的途径（这与共同体、社会的背景相关），以及引起注意的方式（符码制造术）。具象落入一隅一刻，待于想象的生发；抽象远避某隅某刻，屏蔽想象的生发；居间的"范例"则融通二象，形诸为意象。范例为特殊和普遍的和解提供可能，并生殖象外之象（符码）。例如19世纪晚期的人们，因为得不到及时、切实的相关资讯，自以为一艘穿越大西洋的汽轮已经在大海中失事，此事对群众的影响能持续一周。但官方统计显示，仅仅1894年，就有850条船和203艘汽轮失事，而大众因为社会的闭塞，却并未在任何时候都关注这些接连不断的海难。如果让我表明看法，我会说必须对失事进行浓缩，以形成范例，生发为符码，如《泰坦尼克号》，至今催眠着大家。符码制造术掌握了影响群众想象力的技艺，也就掌握了统治群众的诗艺。安东尼让民众反对谋杀恺撒的人，采用的办法不是机智的说理论证，而是用手指着恺撒的尸体，即指向了崇高的行动乃至安德森式"想象共同体"的构造。言不尽意时，立象以尽意；言不行事时，立象以行事。"象"的亲在感和对实事的绽现已优越于第三人称的说教和推理。

巫术宗教时代，对非实在的实在性想象成就了共同意识，其思想与存在成为理解的同一用语；祛魅的现代社会，想象的交往性质凭借范例而给社会的自由联合带来希望。在自足共同体转向开放社会的进程中，陌生成员间的认同，除了乡土亲友的留恋之外，"我们"更依赖于信息机制而选择具有较为稳固的符号化组织。资源的流动性、成员供给者和选择权的多元性、社会结构的流变、瞬间性，等等，将人与人之间的识别成本增值到昂贵。为克服此"交易"障碍，符号[1]（如商标、公司、品

---

[1] 邓正来、亚历山大主编：《国家与市民社会：一种社会理论的研究路径》，中央编译出版社1998年版，第213—215页。

牌等等）成为降低识别成本的替代。符码经由国家对具体人的控制转化为对特定符码提供者（组织）①的信息控制，进而公共权力等外部监督成本内化为符码提供者自身的管理成本；个人信息变为隐私。从人类文明之口传文明、印刷文明到电子文明的转化而言，传统符码的公共在场就是理性内化，却又是更趋私人化的历程。现今对个人的共识已变为最低限度的法治；固然组织成员间难以达成共识，但成员却更易形成对组织本身的认同。符码化主体的自我认同和他者承认是单位、学校、公司等生存需要的内在要求，也是个人信息产生的基础，乃至交易价值的基础。"符码"和"组织"共识的技术安排，比如私人的新闻传播诉求，既降低了私人监控（识别、搜寻、交易等）的信息成本，也降低了国家监控的信息成本和惩罚的执行成本。国家对私人的监控代之以组织的符码。据此，符码化主体或组织等社会符码（单位人、社区人、行业人等）成为公私权力协同共治的玄关，继而成为符码或组织的治理平台，并诱发符码组织平台的评价与追责机制。这由心性的感通进入了公共秩序的机制议题。

　　对于以上符码化组织的公共批判，也必须看出"符码"的意义在热媒介（High definition）蓬勃的现代社会将思想—存在的同一关系改写。"热"依据的是人的感知：界定清晰、鲜明、实在、详细的"世界4"无须接受者深度的卷入、参与以及信息填补，②当然也无助于对"不可见×"的想象。当今社会，我们被报纸、广播、电视、互联网等新媒介环绕，正如麦克卢汉所言，它们是身体部位的延伸。延伸之一是媒介的"热"性已经将范例图片化、表浅化，而令想象低能；延伸之二是距离的缩减，想象的短路。"距离"作为共同体防御能力中最为可怕、最难克服的东西，在信息传输技术出现后，视觉假肢给共同体理解的"自然而然"（滕尼斯、雷德菲尔德）以图证复制的意义。媒介延伸得过广则意味着信

---

　　① ［美］彼得·德鲁克：《功能社会：德鲁克自选集》，曾琳译，机械工业出版社2009年版，第61—95页。
　　② ［加］马歇尔·麦克卢汉：《理解媒介：论人的延伸》，何道宽译，译林出版社2011年版，第36页，戈登序第5页。在计算机网络、通信虚拟技术的支撑下，"世界4"是卡尔·波普尔自然物质、主观精神、客观知识等三个世界理论的延展。参见孙慕天《论世界4》，《自然辩证法通讯》2000年4第2期；张之沧《从世界1到世界4》，《自然辩证法研究》2001年12期；王伯鲁《世界4问题的根源与解决途径剖析》，《中国人民大学学报》2004年第6期。

息的泛滥和质量的下降，这是"洞穴时期"哲学家王远离群氓、神授时代信使秘传的考量所在。在新媒介时代，我们为了保持接收信息的能力，势必要将海量的信息快速地抛弃，以便更新。这导致后现代文化"我关注，故我在""我叫喊，故我在"的情况。① 第一，纳克索斯（Narcissus）之镜以亮相电视取代永恒的牧灵修持；第二，我们的目光就像在超市的货架上滑过，有时会做出停留，但基本上不会有人停下来聊天闲谈。在热媒介的支撑和阻隔下，关键是保持高速，正如"冲浪运动"，永不沉潜于想象的海洋里。一如电视讲话，根本没有时间思想，或者被迫放弃思想；或者可能懒于思想，而只随口说说"公认的观念"，这些与"符号制造术"② 交相裹挟，不证自明，无助于想象的参与，当然难以思想。此为镜头下难能的"光终结"（Photo-finish），"回头一看被变成柱石"（《旧约全书·创世记》19：26）。想象回到了专项感觉的"不思想"。

以上是现代性的时间于媒介分析中对于想象性范例的屏蔽。下面简述媒介对日常生活的操纵（后极权主义），以此而导致的国家治理对公共的置换。

依赖于通信能力和社会组织体制对遥远地区或匿名他人的认同感，想象所达致共同体的表象决定于人人"平等重要"的现代观念。但是，正如哈贝马斯所见，报纸虽然曾是资产阶级公共领域的参与媒介，但随着报纸成为广告的媒介、沦为营利的工具后，其公共领域的职能就演化成资本家赚钱的秀场。③ 在鲍曼眼里，公共空间已经沦为隐私的炫耀空间，窥私欲的受众将他者视为一种所谓的美学对象，从而，人际交往成为一种体验事件，而不是责任关系。④ 鲍曼的基本看法是，"由'引人注目的事件'产生的公众是一群旁观者，而不是一群行动者。由观看的同

---

① ［英］齐格蒙·鲍曼：《生活在碎片之中：论后现代道德》，郁建兴等译，学林出版社 2002 年版，第 178 页。
② Jean Baudrillard, *For a Critique of the Political Economy of the Sign*（St Louis：Telos, 1981），p. 185.
③ ［德］哈贝马斯：《公共领域的结构转型》，曹卫东等译，学林出版社 1999 年版，第 218—231 页。
④ ［英］齐格蒙·鲍曼：《生活在碎片之中：论后现代道德》，郁建兴等译，学林出版社 2002 年版，第 110 页。

时性和关注的共同性引起的这种'归属',除了引起注意外,并没有其他的行为。这群旁观者无须在旁观之后采取行动。……'公共舞台'适合观看和享受,它并不适合行动"①。媒介观众"存在—思想"的分化、知行分离使哈贝马斯、鲍曼,以及布尔迪尔、吉登斯等人着重思考媒介的政治价值。同时也只有政治批判,才能见出消费社会中"图证"的连带责任。印刷术可以不仅被用来印刷色情图片,也可以用来印刷《圣经》,②媒介本身的中性化驱使我们思考媒介的社会机制,其中媒介之于思想(想象)和行动的关系,将在阿伦特的政治美学批判中得到揭示。

阿伦特所处的时代,启蒙运动早已将古代维系存在与思想合一、天人共在的自然(本体)价值斩断,而孤闭于主体的"心灵";对照于维科"天神意志的民政学",现代契约论以来的"官僚制造"使个人间的联系雾化,处在未来与过去之间的非身份的个人已被知性秩序同质化为原子。其危机体现为现代性的虚无主义。知性取向的"图证"不再配享想象力所达致的诸神救赎或未来的彼岸天国,或者降低为感官享乐主义(如尼采以来的肉身学)、经验实证主义等唯己、唯实取向;或者寄望英雄强力的激活(如阿伦特所论之"德艺绽现"),而无力对抗虚无主义的侵蚀以及官僚政治的符码压迫。无人统治的时代,同质的社会规划,原子个人之间的不判断、不想象,极易让极权主义得手。阿伦特身处于纳粹迫害的水深火热,鉴于现代性的危机中失去原始自然本体论的孤闭心灵,阐述了美之范例于想象运作中,走向感通整体的运作机制。这是她平生思考"判断力"的美妙音符。

第三节　想象符码的共通性分析

由于无知和试错的去除不断,"源始性"想象的理解并非完全清楚,

---

① [英]齐格蒙特·鲍曼:《被围困的社会》,郇建立译,江苏人民出版社2004年版,第180页。
② Ogilvy D. "What is wrong with advertising?" in *Advertising Society Classic and Contemporary Readings on Advertising's Role in Society* (Roxanne Hovland and Gary B. Wilcox eds. Illinois: NTC Business Books, 1989), p. 478.

第二章 符码：想象的公共表象

原始思维的集体表象（布留加）在旁观者看来实属偶然或许甚为怪异；由于理性的限度和人类自然天性的不可超脱，又令"想象"在人类进化中持存。在此存在和思想由同一转向分化的知识进化史中，知识既能被思想也有直观对象者；神、理念、良知等"物自体"虽能被思想，赋予概念（范畴），但却没有对象，因而不是知识。"神""良知""理念"等是知识学不能叩问的，但不可知的"是"并非不能感知，它无声无臭，不学而能、不虑而知，这正是想象绽现"普遍感通"的内在逻辑。美学意味的符码因而是感通的凝聚物，是具体感觉（专项感觉、私人感觉）交互向共通感觉的通道。

符码捕捉的图证如何取消"看见"和"看不见"之间的距离，其为影像和理念、是与应是、离异和共通之间的争夺，这是砥砺"共通性"的张力所在。从柏拉图的理念和艺术之隔到杜尚（Marcel Ducham）的《泉》、沃霍尔（Andy Warhol）的布里洛包装盒、雷尼·马格里特（Magritte Rene）的《这不是一只烟斗》等现代艺术对"生活（现成物）即艺术"的反思，① 推进我们思考想象何以能切近于"看不见"的×。这关乎于符码共通意义的生成和提炼。影像（如摄像技艺）模仿现成物［实是（What is），具体感觉］在图像时代泛滥的已不再"是其应是"（What is as it should be）。在维科的语境，想象是人把民族集体，以及自己熟悉的事物作为权衡判断的标准；接继维科，康德、阿伦特等人均见出以符码、"范例"来说明想象的沟通性质。在维科所规划的"神的时代""英雄的时代"，国家起源于自然宗教，诗性想象服务于天神意志的民政学，主于真。巫术宗教时代，想象的叙事在于寻求一超越性的主体，以至最终置换到民族国家的共同体意识，这是超越性想象的崇高目的，它表现为任何一种权力在争夺合法地位前后的符码话语和崇高美学。② 现代性以来，

---

① ［美］阿瑟·丹托：《寻常物的嬗变》，陈岸瑛译，江苏人民出版社2012年版；［德］海德格尔：《林中路·艺术作品的本源》，孙周兴译，上海译文出版社2014年版。
② 金浪在《审美想象的政治局限——略论崇高美学的两种模式及其对中国的影响》（《文艺理论研究》2011年第3期）中资鉴英国经验主义传统和德国理性主义传统，分疏出优美政治美学和崇高政治美学二元，其历史性地分析政治和审美文化间的关系，对我的启示是强制性的。特此致谢。

契约理论支撑着民主宪政的运作。在此语境下，想象作为实在的非实在，根植于人类深层意识的认知、交流、理解的分享情欲，主于美。而且在审美代宗教/伦理的反思中，也只有美的现象学解读能抵挡住存在与思想在主体哲学之下的分化，成为统合社会的天然之善。在康德有关美学"中介说"的研究基础上，阿伦特言之范例的交往性质，筑基于现代民主宪政的参与意识和行动观，她的目的是借助美的公共外观，激活美学于公民社会的伦理感，在可欲、可感的自治生活中培育共同生活的公共感。当然，在崇高和美被具体感觉化、去政治化的后极权主义社会，重启政治批判，乃至重启超越性主体的想象及其符码，则是政治美学的深度思考。正如康德所析，想象力与知性的自由游戏体验为优美；想象力与理性间的冲突的解除体证为崇高。① 优美与崇高之政治能量的分判话题，暂且不论，但有一点需要明确，美和崇高以其"是其应是"的召唤能量成为想象符码维系共通的公共性维度。"实是"的力量解释了我们共有的世界在时间上的持续性；"应是"（What ought to be the case）的力量解释了我们之觉得世界毕竟是一个值得生存的优异意识；"是其应是"这种范例性解释揭示了我们的世界在时间中经受的变化，解释了新格局的兴起和新路径的展开。② 想象不属于自发，而导源于理性的归纳，在共同体时代，神话、葬礼仪式、崇拜仪式等等符码，是出于对集体情感的需要与应答：Imago（死者面容的蜡质模具）、eidôlon（死者的灵魂）、représentation（表现、展示）等的词源表明，图像的公共均是先祖的权利。③ 随着巫神的祛魅，"不应当从人出发来给人类下定义，相反地，应当从人类出发来给人下定义"④ 的原则行将颠倒。这是对神灵作出人格化论述（泰勒、维科）需要同情性理解的可议之处。

想象之"类概念""图型""范例"等符码表述基于共通感/常识的

---

① ［德］康德：《判断力批判》，邓晓芒译，人民出版社2002年版，第95、97页。
② ［意］A. 费拉雷：《另一种普遍主义：范例的力量》，刘文旋译，《世界哲学》2010年第4期。
③ ［法］雷吉斯·德布雷：《图像的生与死——西方观图史》，黄迅余、黄建华译，华东师范大学出版社2014年版，第7—10页。
④ 列维-布留尔着重赞同奥古斯特·孔德的该社会学见解。［法］列维-布留尔：《原始思维》，丁由译，商务印书馆1981年版，第7、455页。

"明智"（prudence）判断，（亚里士多德《尼各马可伦理学》1141b10 – 20、《论记忆》450a9）包含着人类对生命的强盛及其促成自身达到普遍性能力的确认。无论维科的"宗教"，还是阿伦特的交往，普遍性（美，在此表现为公共性的意象）均基于想象力本身的先验综合判断的性质。想象力是与对象无关而只与对象的形象有关的情感，不可涉及对象的客观实质和意志的实现，因此缺乏个人福祸的感觉力，缺乏伦理目的所具有的普遍价值活动的严肃态度，而只涉及对象的形象的显现形式。故此，在想象的形式中需要探索的是存在于审美判断中的先天综合的基础，这成为共通感区别于具体感觉的逻辑推衍。综合判断区别于分析判断是康德的重要区分。谓词 B 完全外在于主词 A，虽 B 与概念 A 连接，这种判断被称为综合判断；分析判断是谓词 B 属于主词 A，B 是包含在 A 这个概念中的东西。在综合判断中，谓词 B 是对主词 A 的扩展性判断；分析判断中，主词 A 分解出已包含在主词 A 当中的 B。① 综合判断是走向杂多的扩展和普遍的统一，分析判断则是自闭性的说明。康德的"图型"，维科、阿伦特的"范例"均是想象力的先验，综合为一个概念取得它的形象的某种普遍的处理方式的表象，只不过康德在第一批判中，针对休谟难题，处理的是想象力的规定性判断力，范畴通过统觉的统一，形成的是概念；而维科和阿伦特，针对想象力和知性的"自然"（天才）构成，探讨的是反思性的判断力，想象力通过统觉的协调促成的是美的追求和判断力的提升要求。就"想象"综合判断的意向而言，即人的社会性（复数性）；就社会的预演而言，没有他人也就没有美，也难以达到普遍；唯有美的"是其应是"方能超越具体感觉（专项感觉、私人感觉）达成共通共在：想象之"应是"是天人共属（维科）、人人共在（阿伦特）的意向性表述。当然，这种想象与审美共通感的关系只到康德第三批判的探讨中才告完成。在想象的意向过程中，人是发动者，只可能将人自己，仅有人自己将自己推向宇宙万物和群己，并使宇宙万物灌注上或彰显出人类的权能和生命。想象/审美事实成为虚席以待的人与人之间联系的渠道，在此"镜像阶段"，自己通过与他者的差异确认了自己的预期存

---

① ［德］康德：《纯粹理性批判》，邓晓芒译，人民出版社 2004 年版，第 8 页。

在，个体通过"实是"向"应是"的推衍"如其所是"地向整体开放，或者提升。"己所不欲，勿施于人"（《论语·颜渊》《论语·卫灵公》），"己欲立而立人，己欲达而达人"（《论语·雍也》）。意向性想象使人、己的忠恕之道成为可能，正基于此意向性的自明，儒家的价值伦理得以设立，借机为公共性表象的形成提供契机。

通过以上维科等人的个案分析，"想象"由前现代朴素的混沌状态而在现代凸显为臻于醇美的交往行动。借助于想象概念的爬梳，见出"想象性智慧"在建构前现代共同体和现代社会中的意义。相应地，想象符码的争夺（想象的离异性）则为威权性意识形态的政治化逻辑，即替激赏机械同质地服从而否弃个人想象的公共批判，提出可能。中国近代对"典型"的人性——阶级性的争夺、"文化大革命"初期对"形象思维"的讨论即构成对极左意识形态的挑战，而上升为犯忌事件。这见出符码制作——规制权与符码感通、玄想性智慧和诗性智慧有所不同：

> 这条公理就是诗性语句的原则，诗性语句是凭情欲和恩爱的感触来造成的，至于哲学的语句却不同，是凭思索和推理来造成的，哲学语句愈升向共相，就愈接近真理；而诗性语句却愈掌握住殊相（个别具体事物），就愈确凿可凭。
>
> 按照诗的本性，任何人都不可能同时既是高明的诗人，又是高明的玄学家，因为玄学要把心智从各种感官方面抽开，而诗的功能却把整个心灵沉浸到感官里去；玄学飞向共相，而诗的功能却要深深地沉浸到殊相里去（共相是抽象的共同属性，殊相是个别具体事物的形象——中译注）。①

但是，鉴于20世纪80年代的美学新潮，乃至之前的"典型论""形象思维论"的无疾而终，说明美学在20世纪中国与政治哲学的特殊关系并非玄想性智慧和诗性智慧的对立（阿伦特的范例将其兼容）即可完成，也非止于艺术学化美学的"形象思维论"所能替代，它必然扩展向维科

---

① ［意］维科：《新科学》，朱光潜译，人民文学出版社1986年版，第105、429页。

所揭示的历史哲学,方显示出生存形态美学的时代意义。在此补充一点,维科对共通感的界定同时强调"不假思索的判断"的"常识"特征,着重的是共通感在表现体认上具有不诉诸严密的逻辑推论和理智的特征,暗含着与亚里士多德"实践知识"（phronēsis）的相通之处,这也使得后来伽达默尔能够在哲学诠释学的意义上来进一步发掘"共通感"概念的实践哲学意蕴。固然维科以审美的诗性智慧为基点构造出共同体时代人类实践的循环史,但在现代性处境中,历史时间化的公共世界,如何抵御包括程序宪政学在内的知性逻辑（逻辑的共通感）,并回应20世纪政治哲学研究的"行为主义"取向,阿伦特所提示的想象力,以及反思判断力和审美共通感的交往潜能,为现代社会主体的黏合在儒家传统（梁漱溟等）、契约规则（霍布斯、卢梭、洛克等）、货币媒介（齐美尔）、阶级政治（马克思）、语言交往（哈贝马斯）等理论上提供了弥补性预设。这将深化到"政治哲学已死"的另一论域。

借助维科的推衍,诗性智慧（审美）把握住殊相,并非对直接的生存环境以切身的实在为旨归,而是通过审美的想象,腾跃向非实在之实在的把握乃至解放。哲学、玄学可能的偏颇之一是与人的感官隔一层的概念抽象和推衍;偏颇之二是指涉向理性的终极传统。逻辑推理,是抽离主体的认识论,正如哈耶克、伽达默尔的批判:知性的滥用,必然催生同质性世界而导致审美共通感的丧失,乃至成为利奥塔的"非人",这成为罗蒂抛弃理论（如基督宗教、康德的先验方法、共同人性等）,转向小说、民俗、电影等叙述,通过想象而寻求人类团结的历史性创造。[①] 非人乃至无人更甚于麻木不仁,非人继而无法无天,它们不是互为对象。之所以"远离主体""不是对象",是因为逻辑推理的目的指向,与生存直接相关的实用、信息、宪政程序、自然、科技等密切相关,它们拒绝想象的升华,即沦落为不自觉的虚无主义。对象世界的阙如,则"更无人处一凭栏",惆怅和寂寞是充实空无的以太。

想象的起源即人种起源的新科学,维科,特别是阿伦特等揭示了想

---

① ［美］理查德·罗蒂:《偶然、反讽与团结》,徐文瑞译,商务印书馆2003年版,第7、270页。

象在法政国家中的能动性。这也正是晚清以来，中国早期的现代社团以文学为骨干，倡导"小说界革命""文学界革命"的深意所在。这种哈贝马斯意义上的沙龙、美术馆、文学批评团体，基于社会中天然亲和的审美共通感，直接就是现代社会公共机制与公共机构的政治学原型。但若进入历史生存形态的美学视野，即"想象"符码因何内容，特别是在宪政社会，而使法政臻于至善醇美？这只有回到司法条文的相关批判中方能见出。面对现今美的滥用影像与美学过度学科化的趋向，以及美学的社会责任感与政治参与感的终结局面，激活或反思美学的公共能量（想象）才成为问题所在。

第三章 常识：推导向公共治理的道德感秩序
——论苏格兰自然神论对现代法政的贡献

通过对"通感""想象"等语象的描述，可以发现对共同体自然而然的理解——来自人情感的感通，而绝非政府意识形态的决定，也非逻辑他者的推定。此情感的自发自觉要解释一个问题，即本真意义的政治生活是什么。对照于古希腊的城邦理性和中世纪的政教合一，现代意义的主体生活是否需要由共同的力量来塑造？"剩下的道路只有一条：它是。这个'它'有一些标志，即：它是非生成的且不会消失；独一无二且不动；完满无缺。"（残篇 8：1–4）① Ontology，"on""onta"是古希腊语系动词名词形式的拉丁文转写，前者是单数，后者为复数；"logia"为"学问""学科"之义。Ontology，作为"形而上学的科学或者对存在以及事物本质的研究"②，初自日本本体论（ontology）的译名，20 世纪 30—50 年代"存在论"的用法初步取代其用法。③ 希腊文 ὄυ，拉丁文 on，英文 being 等等之间的争议表明，知性意义的常理（如契约政治）不能代替常识之情感秩序的研讨：其一，自然天成（physic，或者译为天然）并不能被科技支配下的 nature 置换；其二，后起之知识论哲学窄化了巴门尼德为代表的教谕之诗的理解。哲学诗于存在的自然性质或许是更新"常识"论述的别样维度。联合体社会的"自然权利"固然得益于"执道者"的

---

① 巴门尼德"残篇"收入辛普里西的《物性论》（78，5），Kirk/Raven/Schofield, *The Presocratic Philosophers*, Cambridge University Press, 1983. 中文翻译参见谢文郁《巴门尼德的ἔστιν：本源论语境中的"它是"》，《云南大学学报》2012 年第 2 期。

② https://www.etymonline.com/word/ontology#etymonline_v_7042，2020 年 5 月 2 日访问。

③ 刘立群：《"本体论"译名辨正》，《哲学研究》1992 年第 12 期。参见杨学功《从 Ontology 译名之争看哲学术语的翻译原则》，载宋继杰主编《BEING 与西方哲学传统》，河北大学出版社 2002 年版，第 300 页。

"自然论证",并外化为法制,但是自然(nature)和社会融通指向下的"常理"同样需要天然道德感的护佑。20世纪,德、意、日法西斯曾在"法制"的旗号下上台,以"法律至上"的口号来为其反人类罪行辩护的惨痛教训,值得那些主张法律是无情的、"善法、恶法都是法"等论调(边沁、奥斯丁)的反思。① 在民主、人权名义下追求自由、开放、多元价值的当代社会,主体间悖论的解决需要"常识"作为其公议性公共的底线。②"法学美学""情感管理"的探讨因Ontology的深化而并非浪漫主义、唯美主义的意识形态所能包容。③

作为对基督宗教的回应和对现代法政的贡献,苏格兰自然神论者探讨内在于法制秩序之中的自然基础:沙夫茨伯里的"常识"与公共治理,隐约注意到"原始情感"于治理秩序的"通情遂欲"功能;休谟作为协议之源的"同情"指明为关涉他人的共鸣情感。……地域划分含义上的启蒙运动只有苏格兰自然神论④、启蒙运动最为流行;而就成就含义上的划分,苏格兰启蒙运动可能不会让人想起音乐等艺术审美,而是沙夫茨伯里、休谟、斯密等伦理哲思;在理论建树上,苏格兰自然神论者之"常识"等"性情体制"的自然天成、原始和谐可能是对现代自然权利论

---

① 格奥尔格·G. 伊格尔斯的视角认为,对于德国,不能说在政治层面未完成民主化。而其受到挑战的根本性在于,德国以民族国家为中心的历史观否定了抽象人性、普遍人权的民主观念。参见[德]格奥尔格·G. 伊格尔斯《德国的历史观:从赫尔德到当代历史思想的民族传统》,彭刚、顾杭译,译林出版社2014年版,第3—4、24—25页。

② 影片《说二不一的数学》(*Alternative Math*),https://www.bilibili.com/video/av625580266,2020年5月16日访问。

③ 对"浪漫主义运动"的批判参见[英]罗素《西方哲学史》(下),马元德译,商务印书馆1982年版,第18章;[奥]波普尔《开放社会及其敌人》,陆衡等译,中国社会科学出版社1999年版,第9章。与柏拉图可对比阅读;[希]柏拉图《理想国》,郭斌和、张竹明译,商务印书馆1986年版,第253—254页。

④ 沙夫茨伯里、洛克、哈奇森、休谟等苏格兰哲学是经验主义的,抑或自然主义的(Henry Sidgwick、N. K. Smith),抑或进化理性主义的(哈耶克),抑或颇为争议的问题。同质性体系是有误导的:划界为经验主义是便于在认识论上与大陆哲学区分;划界为自然主义,是为了在道德哲学上与历史主义进程进行对话和辩难;划界为进化理性主义的,以对抗法国建构论理性主义的支配。我们借用自然神论的名称是为了同情地理解古今辩难中的承继而非断裂。为了简明,我在论述时,也沿用了以上的一般说法,但并不是说它完全恰当,而只是表明这个问题的复杂,在此,笔者还将深入辨析。对于"自然神论"(Deism)的理解可参见 Encyclopædia Britannica, Inc. (eds), *The New Encyclopædia Britannica* (15th ed, 3rd vol. Chicago: Encyclopedia Britannica, Inc., 2005), p. 965.

的超前和超越，借此而提取中世纪对现代法学、哲学所施加的影响。[①] 自然生成与历史神义、道义并不合一。海德格尔还原近代形而上学的本体论神学前提，恢复前苏格拉底的自然本体论；卡尔·洛维特通过还原近代历史哲学的神学前提，力图恢复希腊宇宙神学的历史观，以自然冥想式敬拜原则代替基督教历史哲学的自我原则，解构了近代理性历史道义论。把普遍性的原则指向人类意志及其理性筹划，而不是上帝的意志和神明天意，这从自然神论即已开始。而在 18 世纪，当理性和进步的信念逐渐变得可疑时，常识以及救赎历史、世俗或多或少地在重新界定他的基础与图式。我们且看苏格兰自然神论者的论述与"自然论证"的歧出。

第一节　自然论证与自然权利：德性生成与技艺制造的现代分化

无论中西，自古而言，自然作为一种按本性应是的原则（本原）意义，优越于其作为"物的集合"含义。[②] "本性"获得 C. H. Kahn 考订的发明：Eimi 即 be, exist, 有真、是、存在等含义；词根 es 作为存在动词（to be），在一切印欧语系中均保持着"活、活着"的含义。巴门尼德的 Ontology，作为时间先在性的结构，一与 nothing 对照，二与生成（genesis）、毁灭（olethros）对立。[③] Ontology 作为全称判断（语言学）：1. 柏拉图通过理型论/相论来解决概念界定问题，这影响到康德于思维存在体（noumenon）的界定。万物是始基（arche）、逻各斯（logos）、自然（physis）、习俗（nomos）、思想（noesis）等理型的分有或符合。2. 亚里

[①] 现代哲学忽视了中世纪的影响。部分研究参见 Paul Guyer, "Introduction", *A Philosophical Enquiry into the Sublime and Beautiful* (By Edmund Burke. Ed. Paul Guyer. Oxford: Oxford University Press, 2015), pp. vii-xxxvii. James T. Boulton, "Editor's Introduction", *A Philosophical Enquiry into the Sublime and Beautiful* (By Edmund Burke. Ed. James T. Boulton. London and New York: Routledge, 2008), pp. xi-cxxviii.

[②] ［英］柯林武德：《自然的观念》，吴国盛译，北京大学出版社 2006 年版，第 52 页。吴国盛：《自然的发现》，载《希腊空间概念》，中国人民大学出版社 2010 年版。

[③] C. H. Kahn, Retrospect on the Verb 'to be' and Concept of Being, *The Logic of Being*. 1986 (Vol. 28), p. 14.

士多德从范畴论的角度来处理概念界定问题,"它是"〔ἐστιν; what is (to on)〕转化为"实体是"(οὐσία)。Ontology 和实体(substances)的分歧明显。纳什-亨奇克将基督宗教哲学以前的自然分疏为万物"实在而永恒不变的本性",即亚里士多德所言之"自身运动的原则",以及神律;纳什-亨奇克将中世纪以后的"自然"分疏为"具有规律性并受定律支配的自然进程",自然成了"依从定律之物",自然权利走向了权利实证主义。① 柏拉图的理型论、亚里士多德的实体论均不同程度地弱化了自然生成的生命含义("本根"哲学)并有持续的影响。

《理想国》已有将人为制作的法律与自然禀赋合拍的思想。《蒂迈欧篇》并未否认宇宙的生成之义;《智者篇》发展为"通种(genos②)论"(《智者篇》254C)……在《自然学》(*Physic*,一译为《物理学》)中,亚里士多德区分出"依自然而存在的事物"与"依技艺而产生的事物"。前者包括动物、植物及简单元素等;后者则如房子、衣裳、桌椅、车等。虽然我们马上就会说这是"天然"与"人工"之别,③ 但是用亚里士多德的术语来讲,两者之间根本的差异是"自身运动原则"的有无。依自然而存在的事物在它们自身内部有一种"运动和静止的原则",或者说有一种"变化的自然倾向",这影响到斯多葛学派乃至文艺复兴时期对"自然法"的理性性说明。动植物会生长、衰败、死亡,充分说明了它们具有"自身运动的原则",海德格尔解读为"绽开着的强力以及由这种强力

---

① 纳什-亨奇克:《自然权利理论与政治中的柏拉图主义——试论人权考古学》,参见《柏拉图与天人政治》,刘小枫、陈少明主编,华夏出版社 2009 年版,第 49—50 页。

② 印欧语系词根"gene-""genə-",源出拉丁文动词 genere("生育""当父亲")和名词 gens("家族、种族")、genus("种族、种类"),派生为"生殖、家族、种族的群体"的意思。并且与希腊文的 genos("出生、亲族、性别")亦有间接关系。参见 https://www.etymonline.com/word/general#etymonline_v_40985. 2020 年 4 月 12 日访问。

③ Physis 和 nomos 经历 1. "自然而然的",和"人工制造的"相对应;2. "本性使然的",和"人为约定的"相对应;3. "自然界的",和"社会共同体的"相对应等三个阶段。参见汪子嵩等《希腊哲学史》(第二卷),人民出版社 1993 年版,第 202—245 页;陈康《论希腊哲学》,汪子嵩、王太庆编,商务印书馆 1990 年版;[德]海德格尔《形而上学导论》,熊伟、王庆节译,商务印书馆 1996 年版,第 2 章第 2 节;[德]列奥·施特劳斯《自然权利与历史》,生活·读书·新知三联书店 2003 年版;等等。"自然法"的演进参见[英]戴维·M. 沃克《牛津法律大辞典》(李双元等译,法律出版社 2003 年版,第 787—790 页)"自然法"条目。

所支配的持留""依自己的力量,自然而然地生长、涌现、出现"。① 有这种原则的事物就具有"自然本性",是《自然学》中所说的"实体";即《中庸》所言之天地的至诚之道,"其为物不贰,则生物不测"②。相对地,房子等虽然也是由自然界的简单元素所构成,但是因为其形成动力在生命体之外,不在自身,由此不具有生长变化的原则,只可算作人工产品,不隶属自然。③ 对城邦,亚里士多德"自然论证"(别于柏拉图的"理型论证")为:

> 早期各级社会团体都是自然成长起来的,一切城邦既然都是这一生长过程的完成,也该是自然的产物。这又是社会团体发展的终点。无论是一个人或一匹马或一个家庭,当它生长完成以后,我们就见到了它的自然本性;每一自然事物生长的目的就在于显明其本性(我们在城邦这个终点也见到了社会的本性)。又事物的终点,或其极因,必然达到至善,那么,现在这个完全自足的城邦正该是(自然所趋向的)至善的社会团体了。
>
> 由此可明白城邦是出于自然的演化,而人类自然是趋向于城邦生活的动物(人类在本性上,也正是一个政治动物)。④

这段话言简意赅,其经义之一是认为:人类的社群组合由家庭(《政治学》1252a25-35)演变到村落,再由村落至城邦,止于城邦而自足。其表明城邦这个共同体就像植物、动物等有机物一样,具有"生长、运动、变化的原则"。亚里士多德曾言,人并不以群居于家庭、村落为圆

---

① [德]海德格尔:《形而上学导论》,熊伟、王庆节译,商务印书馆1996年版,第16、70—71、180页。海德格尔的生、活、死等存在论将此哲学意义抓得很紧。To be or not to be。讲人的生死的。"人在事兴,人亡政废。""父在观其志,父没观其行。"杨适先生即从古代文明的对比(杨适:《对于巴门尼德残篇的解读意见——兼论希腊哲学中的συ和ontology》,《复旦学报》2002年第1期)中说明此"本体论"的缺失。
② (宋)朱熹:《四书章句集注》,中华书局1983年版,第34页。
③ 亚里士多德:《自然学》192b10-35、193b1-194a30、199a5-10;《形而上学》101b17-1015a20。
④ 亚里士多德:《政治学》1252b31-1253a3。

满，因为该群居组织只能解决日常生活的一些需要，还未能达到完全自足的境地。要达到完全的自足，即幸福美满的生活，人必须生活于城邦之中。"凡隔离而自外于城邦的人——或是被世俗所鄙弃而无法获得人类社会组合的便利或因高傲自满而鄙弃世俗的组合的人——他如果不是一只野兽，那就是一位神祇。"（《政治学》1253a28－125a30）在这个意义上，城邦乃满足人的社群本能最重要、最完整的集体结社。城邦既然具有这样的自然本性，当然是一种自然的存在，并充分实现了自然的目的（良善）和所为（《自然学》194a25－30、199a5－10）。亚氏的技艺（art）观继承了柏拉图的德性①（aretē）理型观，并将德性指向德性的生成。在此，技艺是不是德性的外在表现（礼貌等），还是德艺的绽现（阿伦特）则待制造论式或生成论式的展开。那么，善邦单靠其内在的运动法则就能像树苗长成参天大树，就无须立法家的睿智（《政治学》1332a28－33）、社会繁复的分工，以及理性言说（《政治学》1253a7－15）吗？或者，这些技艺就是亚里士多德的自然，那是何种自然呢？

中世纪的"自然法"，源自神法，成为神法的一部分；现代性以来，城邦、宗教、伦理等建立于共同体自然论证取向的努力似乎成为不可挽留的事实：社会联合筑基于契约规则之上成为一种必要，我们正沿着从马基雅维利、霍布斯、洛克到孟德斯鸠的法政理性制造世界。基于对人类和宇宙中的幽暗势力（如基督教的原罪意识）②的警觉，马基雅维利开启现代政治技艺对于美德和善分殊的先声。马基雅维利以降，霍布斯等坚定不移地将政治置于排除了信仰乃至道德的领域，把现代政治行为的主体和客体界定为存在于本能状态中纯粹、赤裸裸的个体。霍布斯阐发的道德和政治语言，就是用个人权利代替了古希腊善的事物，即以心理学化、个体化的权利欲（《利维坦》第8、11章）代替古典"政制"：人工的契约权利代替事物本身运动的自然本性，这是古今不可通约之善的

---

① aretē，苏格拉底首先用于"狗""马"等动物以及技艺的优越。（《理想国》335b）西塞罗等思想传统以 virtue 作为 aretē 的翻译，而将"事、物、人的卓越"含义窄化为道德或政治的理解。

② 张灏：《幽黯意识与民主传统》，载《市场逻辑与国家观念》，刘军宁等编，生活·读书·新知三联书店 1996 年版，第 80 页。

分殊表达。这缘于霍布斯选择了人人为战之"自然境遇"(Natural condition of mankind)中的幽黯意识。诸神相争的个人不仅仅拥有权利,还拥有本能自然。洛克对人的自然状态(State of nature)进行了再简化:人的第一需求,即人的基本权利就是对个人生命的保存。那什么是生命的威胁呢?不是战争,而是饥饿。顺延而下,契约论下的安全、财产成为自然权利的底线,独立于他人、法律、习俗的同意,权利先于权力。洛克的自然状态本质上不是战争状态,却处于持续的威胁之中:每个人都是被他人诉讼的法官。自然状态终止于战争状态,这是洛克学说中的"霍布斯时刻"。立法权是个人自保欲望的直接延伸,保存财产是政治协议制度的起源,三权分制则是人权、自主的进一步要求。……洛克、卢梭等的"技艺"可以直接被看作"霍布斯之结"的解决方案,然而他们的反驳众所周知:将人的所有权利让渡给绝对主权并不意味着离开战争状态,有时却使整全主义式城邦变得更糟。在17—18世纪,城邦正名的焦点可以放在"自然权利"的反思之上。

如果聚焦于霍布斯、洛克、卢梭等人,依列奥·施特劳斯的论断,现代"自然权利"说部分地是对于托马斯主义等古典自然法学吸纳的一种反动,[①] 其自然权利必然导致现代灵魂中最为根深蒂固的特征,就是对善的怀疑,对优越性(高贵性)的轻蔑和嘲笑,以及对清白情欲的丧失。"利益就是真理。"[②] 经验主义将政治和经济作为社会的纽带,进而倡导个人主义和功利主义,此技艺颠覆了封建政治所依赖的特权与德性,同时为资本主义的发展正名。区别于宗教禁欲原则以及理性主义的批判,基于英国经验主义哲学内部的检讨,霍布斯的城邦论证起步于利维坦的神经——想象;洛克、卢梭等自然论证起步于个体的生命本能;休谟哲学以及边沁的立法原理立基于人快乐(同感)和痛苦(反感)的情感……这些政治学、哲学根基的清理不吝是"自身运动原则"等自然法的体制溯源;同时与商业社会的竞争意识(文雅)、信用文明等精神诉求(荣

---

① [美]列奥·施特劳斯:《自然权利与历史》,彭刚译,生活·读书·新知三联书店2003年版,第167页。

② J. A. Gunn, "Interest Will Not Lie: A Seventeenth-Century Political Maxim", *Journal of the History of Idea*, Vol. 29, No. 4 (Oct. – Dec., 1968), pp. 551 – 564.

誉）相匹配。① 倘若我们对"经验主义"等专名保持审慎，进一步考察到沙夫茨伯里、哈奇森、休谟等人，古典派的道德原则将在自然神论的自然主义教诲中反思亚里士多德的知性主义传统。"自然法"本身的意义将在"德性"的技艺证成向度上确立其治理的心性基点。"技艺"认知何以区别于工具，劳动者等受动生命的循环何以获得超越的意义？"常识"论述成为康德先验历史哲学之前，回归"自然生成论式"的最新成果。城邦的自然本性以道德感本心区别于神启而为世俗公共的心性策源，区别于理性制造，或者先于理性制造的心性缺失，常识（常情）立基道德感本心而为秩序表征。

历史回转，早在古希腊，普罗塔哥拉斯（Protagoras）以降，面对希腊诡辩学派一度散布"法律、正义，乃至城邦本身都归人为制定"的契约论调，斯多葛学派坚信"国家不是人们的意志达成协议的结果，而是自然的创造物"的宇宙理性；亚里士多德对城邦刻意追求的"自然论证"亦谓良苦用心。然斯多葛学派侧重理性"信仰"的天成和亚里士多德主义侧重知性探求视野下的 physic 被科技支配的 nature 置换。在17—18世纪的英国，沙夫茨伯里等人作为"时代的转折点"② 或桥梁，理论表征为"道德本心"（Moral sense）的探求。

其一，是适应宗教改革的要求，自然神论将上帝落实在人内心里，而为自然本性留出地盘。其时代的经验论哲学、机械论世界观，以及君主立宪制均是该神学观在世俗的主体性表达及其公共形态。沙夫茨伯里的论文《德性与价值的探寻》（*An Inquiry concerning Virtue or Merit*），其"探寻"（Inquiry）界定为我们天然的倾向，而非神启的福音，更警戒于时下的人工制作。"道德本心"即对斯多葛学派的自然宇宙一体观、爱德华·赫伯特勋爵所谓天赋自然本能——"共同观念（common notion）"等思想的继承。

---

① Peter France, *Politeness and its Discontents: Problems in French Classical Culture* (Cambridge: Cambridge University Press, 1992), pp. 99 – 101. ［英］休谟：《论政治与经济》，张正萍译，浙江大学出版社2011年版，第90页。

② Jerome Stolnitz, "On the Significance of Lord Shaftesbury in Modern Aesthetic Theory", *The Philosophical Quarterly*, Vol. 11, No. 43 (Apr., 1961), p. 98. Henry Sidgwick, *Outlines of the History of Ethics* (Indianapolis: Hackett Publishing Company, 1988), pp. 184 – 185.

其二，随着宗教的宽容和启蒙运动，教会和教皇易帜为自由政府和平等法律。英美法系自有根深蒂固的"公共神学"底蕴，或者说有普遍悠久的道德行为传统。其法系伦理的选择，在自然神论看来，同时被看作道德（情感）与政治技艺的宣言。英国自然神论之所以能对18世纪整个精神生活产生不同寻常的影响，主要就是它较完满地实现了从纯粹理智领域到"实践理性"领域的转型；从建构的自然神论向"道德的"自然神论的过渡。程序宪政学以来，"为了解答有关性格的真实形成过程以及法律如何控制内在的个性世界的结构的问题"①，沙夫茨伯里等人需要现代意义的伦理生成理论。先于"审美共通感"的理论形态——"道德感"／"常识"，即从情感和秩序上重写公共领域，以弥补霍布斯和洛克等人在政治、经济、法律体制上对中世纪封建专制所取得战绩的努力。英国常识学派正是以自然神论和世俗政治为背景来获取学术滋养的，或者说，以他们为论敌来砥砺其学术思想的。

第二节　沙夫茨伯里论"常识"的情感体制与公共治理

一　常识之情感体制的自然天成与公共感通

"自然"是如何论证的？17世纪，霍布斯、洛克所雄辩的自由主义和个人主义在启蒙运动中高歌猛进，他们从利剑与国家、权与法、政治和经济体制的角度出发为个体自由辩护，以为失却共同体的"造物"摇旗呐喊，这指向理性秩序的制造与博弈——制造论式；但同时也促使人们从宗教、道德、情感（美学）、自然等角度来重新思考群体和个体、秩序和心性的治理关系——生成论式。民间法、常识、风俗等"无须法律的秩序"及其生成论价值观将重新得以审视。

洛克"摧毁了所有基本原则——秩序和美德，还有上帝，使这些观念都成为非自然的、在我们头脑中失却了基础"②。……作为霍布斯、洛

---

① 恩斯特·卡西尔的评述，转引自［英］伊格尔顿《美学意识形态》，广西师范大学出版社1997年版，第31页。
② Shaftesbury, The Life, Unpublished Letters, and Philosophical Regimen of Anthony, *Earl of Shaftesbury* (edited by Benjamin Rand, London: Routleghe Thoemmes Press, Tokyo: Kinkuniya Company Lid., 1992), p. 403.

克思想的解毒剂，沙夫茨伯里、哈奇森等人对英国君主立宪的思考是从生命生成论式的自然倾向切入契约论政治之"自由"观念的；而作为宗教变革的接替，古典德性则是以"道德情感"来自我论证的。

> 可是，是不是自由审视，谁能够充当合适的判官呢？哪里应该行使自由，哪里又不应该行使呢？总体说来，究竟应该开出哪一种药方呢？人们对自由时有微词，但谁能够找到比自由更好的东西来吗？假如人邪恶、任性或滥用权力，治安官兴许能予以纠正；可是，假如他们在理性上发生错误，那也只有理性才能促使他们有更好的行为。思想与风格的正当、风化的文明、良好的教育以及各式各样的礼貌之举，这些都只能来自对绝美事物的尝试与体验。让我们放开手脚大胆探寻，这样才能找到各样事物的准确尺度。以幽默开新启端的无论什么东西，假若失之自然天成，那总还是难以长久的；嘲讽揶揄之举，假若一开始就放在了不合适的地方，最终必将是失之妥当、得不偿失的。①

在沙夫茨伯里的视野中，治安与审美、推理与理性同列，甚而审美心性处在社会治理的深层，而是自由的尺度。这段话的本意是倡导用"幽默"情性来疗治、反击庄重但却虚假的宗教的，可却一并击中了政治与法治。教皇、教会是中世纪的政治，君权神授；沙夫茨伯里的世纪，君权民授。"民"需要别于天启的常识来厘清，"常识论"成为反驳宗教而变革易代的话语体系。② 承上，针对宗教的两个世界；启下，呼应于主体哲学的多元世界。在实在要争论，为树立可供质疑、批判，或辩护的一般标准之前，趣味（口味）无争论。该古谚本并非反思性判断力的

---

① 沙夫茨伯里：《论宗教狂热》，参见 Shaftesbury, *Characteristics of Men, Manners, Opinions, Times* (Volume Ⅰ, Indianapolis: Liberty Fund, Inc., 2001), p.7.

② 除沙夫茨伯里的论述，潘恩关于常识的著述指向斗争精神、民主社会的论证（[英]潘恩：《常识》，马清槐译，商务印书馆1960年版）。托马斯·里德对常识初始基础（五觉）和心灵原则的探讨，成为反对怀疑论的最初贡献，并因此而区别于康德先验哲学 [Thomas Reid, *Selections from the Scottish Philosophy of Common Sense*, edited, with an introduction by G. A. Johnston (Chicago: Open Court, 1915)]。

"个人性",而是表明趣味的当下自明性、私人又共享的性质。这种原始自然性,是区别于抽象人性的现象学绽现,区别于历史观的具体而又普遍,以及区别于理性主义的抽离。即18世纪的趣味传统,或称之为融会知情意的常识理论。

在沙夫茨伯里看来,虽然道德感、自然的情感、经启迪的自利等多元联合拧成一股绳,才能实现社会的公序良俗,但是人的心性治理对政治才是根源性的。"思想与风格的正当、仪态的端庄、良好的教育以及各式各样的礼貌之举"成为文雅(politeness)之自由事业,犹如"治安"法律的正直、公平、均布等审美精神的绽现。以"常识""常情"为话语的审美感通学就是心性—秩序合一论证的最后自然。"法治"回应自身的人工机心而回归于本性运动的根据在于人的情感基础。

沙夫茨伯里等自然神论者将天启观着陆到人的情感运行,此即审美学运行的生命本能:"审美关系首先是一种现实的关系。但它并非人对自然和社会的关系,而是伴随对自然、社会发生关系的同时,人对自身的一种特有的关系。它主要不是人对自然和社会客观规律的认识(真),也不是人对外界利益目标的追求(善),而是人在依照'真'以实现'善'时对主体自身的肯定(美)。"① "法治美学"因此而应成为沙夫茨伯里的"自然论证"。审美情感以自我肯定的运动而推及于人,审美学成为治国理政的训练,这甚于治安官的权力和程序强制。立己达人因此成为审美感通学的"准确的尺度"了吗?沙夫茨伯里首先就已注意到善恶等德性价值与情感之间的联系,宗教理论中人向神的信靠转向美善与自我的同一②。

> 因此,趋向自利的情感,要么是善的情感,要么是恶的情感。③
> 因为,只要哪个地方还有任何一丁点善的情感,就一定还有某

---

① 尤西林:《关于美学的对象》,《学术月刊》1982年第10期。
② Shaftesbury, *Characteristics of Men, Manners, Opinions, Times* (Volume Ⅱ, Indianapolis: Liberty Fund, Inc., 2001), p. 21, 223, 232.
③ Shaftesbury, *Characteristics of Men, Manners, Opinions, Times* (Volume Ⅱ, Indianapolis: Liberty Fund, Inc., 2001), p. 14.

种善或美德存在。……德性的本性（如已经解释过的）在于理性造物趋向正当与不正当的道德对象的某种公正性情或相称的情感……①

对美德之幸福的这种看法主要基础及支持，一定源自这深刻的道德情感的强烈感受，以及对其力量与力度的知晓。②

理性将"启示"宗教推进为世俗的感觉、想象、体验，继而推进为孟德斯鸠、边沁等的立法原理和功利原则。在此治理的知性原则之外，沙夫茨伯里提取的情感不是超自然的启示神学，也不是非自然抽象理性般的义务原则，而是来自制约一切自然的自爱之心与爱他之情。通过展示人类社会情感的自然性，以证实经反思的自爱与人的社会情感之间的沟通性。基于沙夫茨伯里，以及哈奇森、边沁"最大多数人的最大幸福"等立法原则的暗示，美德却只存在于享受正确的事物（与人为利）而非错误的事情（于己私利）之上。谴责占有性的个人主义和资产阶级的功利，此情感的认同（常情）而非反感，亦即良知的发现和审美共通的生成。"情感"成为道德、公利、自利、幸福生发的动力所系以及训化世俗激情的切入点。沙夫茨伯里将情感管理界定为善—恶与正当与否，这与主体对自身的肯定与否相适应。自然地趋于社会之善的自我情感与人人情感间的平衡，同样有助于个体幸福情感。审美、"道德感"因此成为沙夫茨伯里的伦理美学词汇。基于审美的自我肯定，沙夫茨伯里的"美善同一"论因此也成为服务于社会治理的情感运动；同时，审美关系到他人的认同，公利和情感合论、③人的内在和谐和道德体制紧密关联。此"美美与共"的情感运动作为"准确的尺度"将审美情感置于道德、知性等训练的基础地位。秩序与完美成为公正和智慧治理的结合，此即为审美共通感走向审美共同体的理论先导。

---

① Shaftesbury, *Characteristics of Men, Manners, Opinions, Times* (Volume II, Indianapolis: Liberty Fund, Inc., 2001), p. 23.
② Shaftesbury, *Characteristics of Men, Manners, Opinions, Times* (Volume II, Indianapolis: Liberty Fund, Inc., 2001), p. 40.
③ Shaftesbury, *Characteristics of Men, Manners, Opinions, Times* (Volume II, Indianapolis: Liberty Fund, Inc., 2001), pp. 50, 56, 98.

第一,补论情感技艺(art)。沙夫茨伯里的心性治理需要关注公民传统的程序技艺,以及情感体制的外化——常识。① 对于礼貌之举的文雅风俗而言,古典德性本身诚然转化为对社交技艺的关注和对爱的激情。此可名之为"德艺"。德艺是诗艺的孪生近邻。一个背影、一声叹息,以及你我的眼神……均可入诗。它就是诗。唯诗可以化人于自然,为常识。

在商业阶层的核心价值观中,从野蛮到文雅的进步论是对道德衰败退化论②的逆转。"文雅"绝非我在同胞面前的优越,而是通过自己的谦逊和对同伴的迎合得以体现的。在《蜜蜂的寓言》中,一位绅士在追求一位小姐时殷勤款款、彬彬有礼,但他的这种曲意逢迎并不是要消除爱欲,相反,爱欲正是他这一切行为的动因——唯诗可以正名。文雅不过是将他赤裸裸的爱欲加以隐藏,使之更为得体。③ 一位商人要想卖出更多的商品,他就必须学会站在顾客的立场上,在顾客面前表现得彬彬有礼,知道如何逢迎和取悦对方④——唯诗可以化人为善良。在《道德原则研究》当中,文雅属于"直接令他人愉悦"的品质,或"有利于交际的美德",而有别于正义和仁慈这样的于他人有用的品质,或伟大和崇高这样直接令自己愉悦的品质等⑤——唯诗艺可以包容你我,化俗。

在18世纪的英国,文雅作为对宫廷礼仪文化的转化而体现为德性的技艺。与自足或遗世独立的德性不同,文雅是对人世俗激情的训化,但绝非古典德性观所需的克制甚或禁欲。文雅话语转化为商人阶层(商业社会将在休谟、亚当·斯密的时代发展为事实)外在的社交规则或荣誉

---

① 波考克将"常识"阐释为风俗。参见[英]J. G. A. 波考克《美德、权利和礼俗:政治思想史家的典范》,载《美德、商业和历史》,剑桥大学出版社1985年版,第48—50页。
② [德]诺贝特·埃利亚斯:《文明的进程:文明的社会起源和心理起源的研究》,王佩莉、袁志英译,上海译文出版社2013年版,序言第1页,正文第2—3页;[法]卢梭:《论科学与艺术》,何兆武译,上海人民出版社2007年版,第23—25页。
③ Bernard Mandeville, *The Fable of the Bees or Private Vices*, *Publick Benefits* (vol. 1, Indianapolis: Liberty Fund, Inc., 1988), pp. 72 – 73.
④ Bernard Mandeville, *The Fable of the Bees or Private Vices*, *Publick Benefits* (vol. 1, Indianapolis: Liberty Fund, Inc., 1988), pp. 350 – 353.
⑤ [英]休谟:《道德原则研究》,曾晓平译,商务印书馆2001年版,第112—113、114—115页。

法则,① 需要谦恭得体,品位纯良,幽默有趣。此常情正欲作为绅士阶层的核心内容,亦即一种对于世俗生活的申辩。正如霍布斯、洛克所由"政治生活"转向的文明社会,重心不在主权者的有无,而在社会风尚的粗鄙与润饰。

沙夫茨伯里对常识有别于经验的风俗、经验的程序之"常情"界定已隐约指向了德性何以可能的"先验"条件的阐释(或许是与先验哲学不同的视角),并体现为公共主体的绅士风范。对于情感技艺的推论而言,常识实即情感—体制的融会。第一,常识绝非古希腊事、物、人等德性的完善,而集中指向主体自身;第二,沙夫茨伯里因弥补霍布斯、洛克的程序弊端,并未关注到情感的程序要求。

对程序等技艺之爱的理解,不是限制他人,而是约束你我;不是绕过程序制度,如田忌赛马式的自作聪明,而是维护人与人间的平等等信用精神。这是存在于市民社会、商品经济中的契约精神和内在原则,一种诚实、守信,乃至自由、平等的信用文明。霍布斯的主体与康德相比仅仅是个体法权,洛克、孟德斯鸠等人倡导的程序体制是一种程序选择,但程序选择的是契约精神,这是诚信等共通文化结出的果实。该共通精神关涉到我与他人的认同,而非私利的算计与裂散。同沙夫茨伯里、哈奇森等一道,反驳于宗教的禁欲原则,回应世俗主义的国家治理,边沁分辨、提炼出立法者、理性人快乐或痛苦②的自然法基础(功利原则),认为道德感、常识、理解力、永恒的和不变的规则、自然法等均将成为情感法律(规则)概念下的基础概念,即情感成为这些概念的普遍规则。边沁即将此情感法律统筹于同感和反感的原则之下,据此,立法即意味

---

① 苏光恩:《从美德到文雅——曼德维尔论现代社会的气质》,《政治思想史》2013 年第 2 期。笔者曾就教于苏光恩。苏光恩曾以《美德、文雅与荣誉——18 世纪英国的伦理话语辨析》等未发表的思想开示过我。

② 亚里士多德已将人类政治天性溯源于痛苦或快乐的感受之中。(《政治学》1253a9 – 18)基于对"情"任性的认识,边沁提到"想象"的因素。参见[英]边沁《道德与立法原理导论》,时殷弘译,商务印书馆 2000 年版,第 69、72 页。休谟在《论鉴赏的标准》中即已认识到感觉和想象力的双重作用。参见 David Hume,*Of the Standard of Taste and the Other Essays* (Boston: Allyn and Bacon, 1918), pp. 9 – 13.

着气质、想象力和趣味等情感的立法。①……基于此情感社会学的历史性批判,情感技艺成为诊断(个体)情感体验的时代视角。埃利亚斯的情感控制,霍克希尔的感受规则,雷迪的情感体制等②成为反叛实证主义研究倾向,而指向新社会运动的情感革命。

第二,论常识。利益的自然状态指向人人为战。如何从战争状态、管制状态进入到治理状态是沙夫茨伯里关切的重大议题。③造物的治理归旨为"常情"的界定。"一旦剥离这造物的任何其他感觉或情感,也就是剥离了他趋向社会以及彼此相像的可能。"④在沙夫茨伯里看来,常情这种"公共精神只能够来自社交感觉或人类的一种伙伴感"。别于知性的逻辑同质和道德意志的训导,社交感通成为法权主体以及人性认同的情感训练。常情因此成为接替宗教祛魅、伦理衰退后的现代性选择。也别于利维坦的强权,社交品质和道德感天性合一,以真致美、美善相乐,且美政化俗,成为宗教和市民社会的疗救。在暴政的反思中,沙夫茨伯里认为公共利益既不是国家的治理尺度,也不是宇宙的治理法则,而是指

---

① 柏拉图:《法律篇》,第631—632、644页。[英]边沁:《道德与立法原理导论》,时殷弘译,商务印书馆2000年版,第73页;边沁:《立法理论》,丁露等译,中国人民公安大学出版社2004年版,第8—13、47—49页。边沁将道德感和常识区别对待,而非沙夫茨伯里的合一论。当然另一种批判依然存在:"当一个人皈依伟大的功利原则之后,他在边沁的眼皮底下("全景敞视型监狱",笔者按)时会被迫工作,但是一旦离开了边沁的视线,他还会照样工作吗?"(William Hazlitt, *The Spirit of the Age*: *Or Contemporary Portraits*, London: Colburn, 1825, p. 20)正如菲莉丝所言:"黑兹利特反对全景敞视型监狱,其最终目的是想说明社会的凝聚力并非来自'惩罚与规训',而是来自'同情心'。"(Weliver, Phyllis, *The Musical Crowd in English Fiction*, 1840—1910: *Class, Culture and Nation*, Houndmillls: Palgrave Macmillan, 2006, p. 33)黑兹利特与边沁之争是公共凝聚力的形成,是依靠监视、规训和惩罚等刚性力量,还是信念、情操、爱心和想象力等柔性力量?穆勒后期与边沁渐行渐远,原因之一是边沁的幸福观缺少"情感文化"。穆勒以音乐、华兹华斯的诗歌为范例,阐述情感文化中人和万物一体同仁的共享愉悦与感通(John Stuart Mill, *Autobiography*, London: Penguin Books, 1989, pp. 119, 121)。

② [德]诺贝特·埃利亚斯:《文明的进程:文明的社会起源和心理起源的研究》,王佩莉、袁志英译,上海译文出版社2013年版,序言第1页。A. R. Hochschild, "Emotion work, feeling rules, and social structure", *The American Journal of Sociology*, vol. 85, no. 3 (Nov. 1979), pp. 551-575. William M Reddy, *The Navigation of Feeling: A Framework for the History of Emotions* (Cambridge: Cambridge University Press), 2004.

③ Shaftesbury, *Characteristics of Men, Manners, Opinions, Times* (Volume Ⅱ, Indianapolis: Liberty Fund, Inc., 2001), pp. 174-181.

④ Shaftesbury, *Characteristics of Men, Manners, Opinions, Times* (Volume Ⅱ, Indianapolis: Liberty Fund, Inc., 2001), pp. 176-177.

向与公共利益相关的情感的自然论证。此不断接近于感性动机的情感运动即"常识"。其经义有三。

一是自然天成的原始性。沙夫茨伯里《人、风俗、意见与时代之特征》的运思、行文学习了苏格拉底（柏拉图）精神助产术的批判模式。苏格拉底模式认为真理（包括美和善）是在接生婆的帮助下出生的，但接生婆并不占有也不拥有真理。然而沙夫茨伯里则坚持认为，接生婆自己是拥有美和善的常识的。

> 那么，存不存在一种天生的形体之美，有没有天生的行为之美？眼睛一接触到形体，耳朵一听到声音，径直就会产生一种美感；即在同时，魅力与和谐也会为人所确认。人的行动一旦被看见，人类的情感与激情一旦被发现（大部分在被人感觉到的同时即已被分辨），人的内在的眼睛就会区别开来。并且看到美好与标致的东西、可爱与值得赞扬的东西；而不是那丑陋的、可恶的东西，讨人厌的或恶心的东西。①

面对柏拉图"美诺悖论"的探究，先于康德的先验综合判断，沙夫茨伯里的这种"内在感官"构成一切经验的基础并且属于理智本性本身，是天生就有的机能，随缘而化的天成。此自然天成以及宇宙和谐观与技巧、培植或训导无关。② 在沙夫茨伯里看来，习俗、教育误导、败坏了道德感的天性，③ 这显然与洛克的知性理解大相径庭。沙夫茨伯里等人的"天生"免除了个人的自主：他认为社会生存的自在，既不是出于康德意义的责任，也不是由于边沁所言之功利，而是愉快地实现了天性。"自然天成"可以说是抵制现代性的人工制造的本体性概念，它不是主体对象

---

① Shaftesbury, *Characteristics of Men, Manners, Opinions, Times*（Volume Ⅱ, Indianapolis: Liberty Fund, Inc., 2001）, p. 231.
② Shaftesbury, *Characteristics of Men, Manners, Opinions, Times*（Volume Ⅱ, Indianapolis: Liberty Fund, Inc., 2001）, pp. 229-230. 另参见［英］哈奇森《论美与德行观念的根源》，浙江大学出版社2009年版，第61、65、70、97、171页。
③ Shaftesbury, *Characteristics of Men, Manners, Opinions, Times*（Volume Ⅱ, Indianapolis: Liberty Fund, Inc., 2001）, p. 28.

第三章 常识：推导向公共治理的道德感秩序

化意义下的"nature"，而是希腊文里的"φύσις"（physis）——此为莱布尼茨、里尔克所言的原始始基，是存在者开物成务的基础。① 沙夫茨伯里对常识天然的界定已推导向自身运动的当然层面；托马斯·里德针对怀疑论，而认定"常识"（五官觉）的心灵原则为哲学的第一原则；若反思到"何以可能的"思考，则有待边沁立法原理的规制，或康德先验层面的拓展，甚或现象学的回转。

二是公共的。"常识"自然天成，但却与霍布斯的"自私"假设针锋相对。② 沙夫茨伯里的公共精神来自自然状态的一种社群运动：社交感觉或与人类的一种伙伴感。该原则，如信任、公义、诚实以及文雅、荣誉等美德令私利趋向于公众的利益，因此是公共的（公利性公共③）。哈奇森将此天生能力系统化为与道德感官、荣誉感官等五种感官并列的"公共感官"，即"我们的决定会因他人的幸福而快乐，因他人的苦难而不快"④。公共感官、道德感官、荣誉感官作为直觉感知的联合体形式，合力推进公共善。⑤ 利公为德。所以战争激情是规范公民并引导他们走出个人主义的有效方法，而派系之风则是社会之爱和共同情感的滥用或失常。⑥ 这是相反相成的平行例子。

三是情感的，一种指向公共的自然情感。这是本质的一条，它关系

---

① [德] 马丁·海德格：《诗人何为？》，载《林中路》，孙周兴译，上海译文出版社 2014 年版，第 266—267 页。

② Shaftesbury, *Characteristics of Men, Manners, Opinions, Times*（Volume Ⅱ, Indianapolis: Liberty Fund, Inc., 2001), pp. 46, 176, 180.

③ 李河成：《公利性公共与公议性公共："公共"话语研究的两个要点及其范式转型》，《东岳论丛》2016 年第 10 期。

④ Francis Hutcheson, *An Essay on the Nature and Conduct of the Passions and Affections, with Illustrations on the Moral Sense* (ed. Aaron Garrett, Indianapolis: Liberty Fund, 2002), p. 17.

⑤ Francis Hutcheson, *An Essay on the Nature and Conduct of the Passions and Affections, with Illustrations on the Moral Sense* (ed. Aaron Garrett, Indianapolis: Liberty Fund, 2002), p. 100. 哈奇森在先前的著作《论美与德行观念的根源》即将以上三种感官笼统地称为超越自爱和私利的道德感官。

⑥ Shaftesbury, *Characteristics of Men, Manners, Opinions, Times*（Volume Ⅰ, Indianapolis: Liberty Fund, Inc., 2001), pp. 71 - 72. "友"与"斗"是恩培多克勒实体哲学引出的两仪思想，"斗"亦用作事物结合的原因。（亚里士多德：《物理学》卷 4、《形而上学》卷 1985b25）共同体区分盟约之内的友爱，盟约之外的敌意，如宗教的兄弟与异教徒间的敌意，已成为统合研究的警戒性议题。可参见施密特《政治的概念》、德里达《友爱的政治学》等研究。

神性、道德律、政治等的生成。在知情意的三分中，是情感推动主体去选择、去行动，而非意志或知识本身的能动。意志或知识与情感结合方才能动，否则仅仅是实存。常识是植于天性的自然情感。因为指向公众的利益和社会之爱，故为善，哈奇森称之为仁爱心；否则公众情感太弱、自利心太强则为恶。因为常识情感的感通性，故而整合了真善美圣。

二 绅士品格与常人治理

常识的公共感通如何交互运行，美善何以同一，是理性、感性、肉体，还是反思性判断力的？沙夫茨伯里指向了自然天成的隐晦。哈奇森将此人性本能的情感称为"激发性理性"（Exciting reason），派生出以道德感官为前提的"辨明理性"（Justifying reason）。① 这是否期待康德"判断力"论述和物自体——审美共通感的追问？常识的界定首先超越于宗教的条目，其次才超越于知识论的理性推演，此整体判断属于诗化的直觉。② "在贵族和宫廷等级的人中，常识是极少见的。……常识指公共福利，也指共同趣味；或者指对共同体或社团的爱护，一种自然的欢喜，人性的、亲和的或从人的共同权利的恰适感里升华出来的那种礼貌之举，还指我们同类里存在的一种天赋的平等观。"③ 否则是失常、反常。

"苛刻""迷信""孤僻""嫉妒""鲁莽""无人性""懒惰""怪物"等不自然情感的分析，以及"情爱""快乐""良知""殷勤"等价值分析均关涉造物常识的天赋及其协同治理。沙夫茨伯里觉得物质性的幸福（公共福利）能量和德性价值间因情感而是无缝对接的，此即"常识"、边沁的道德立法、波考克的"风俗"。道德感的缺失即用公利等审美情感的正当与不正当来界定，此即常识。沙夫茨伯里对常识的界定属混沌式的包容，具有多元兼容性的精确。常识的厘定体现为商业文明挑

---

① Francis Hutcheson, *An Essay on the Nature and Conduct of the Passions and Affections, with Illustrations on the Moral Sense* (ed. Aaron Garrett, Indianapolis: Liberty Fund, 2002), p. 138.
② Shaftesbury, *Characteristics of Men, Manners, Opinions, Times* (Volume Ⅰ, Indianapolis: Liberty Fund, Inc., 2001), p. 91.
③ Shaftesbury, *Characteristics of Men, Manners, Opinions, Times* (Volume Ⅰ, Indianapolis: Liberty Fund, Inc., 2001), pp. 65–66.

战基督教文化所激起的反映，并凝练为文明和文化的和解。基督教文化是不必特意传授的带有群体特征的价值标准和精神气质；文明则是传统特色逐渐减少而趋普遍的行为和成就，文化"前进"为文明。① 文化守成，有古今转型；文明与文化虽有优劣、褒贬的评判，但是文明创新、扩展，以形成民族意识的文化总和。"常识"一语即文化凝练的内核。在古希腊德性技艺化的视野下，社会关系于个人能够形成的能力并不能称为"德性"，而被称为常识，德行是常识的实践及其主体心性的精致化，常识同时也襄助或毁坏德性。常识如神在不知未来为何物的立场上，以"永恒的当下"创造了时间；"德行"总结出与祖先的连续性或中断，而导向"习俗"。习俗强调了起点之无，同时又是对"永恒的既往"之前发生的一切事情的完美继承。常识—习俗哲学的悖论帮忙产生了历史主义的文化哲学。

常识关涉公共福利（共同利益）与主体心性之间的感通，指心性、责任、荣誉、文雅等，展现为"礼貌之举"，界定为绅士行为。绅士以常情为亲在（dasein）的良心绽现，体现为普适性的常识公共观——绅士是为公共的主体。"politeness"即优雅的礼仪和有教养的交往所形成的惯例，始则转俗成真，终乃回真向俗，译作"文雅"，即为常识等核心价值的凝练——风俗—常识是为公共的母体。绅士是常识的公共动力，情感、感通、公共、天成等特征均依托绅士而得以展现，其公共阐释的路径之一是话语；常识则是绅士的风格所系，意味着对自然的约束而将道德变为作风与风俗，其内在品格是幽默。绅士和常识即体即用，核心指向自由治理。

沙夫茨伯里对人"常识"天然的定性，歧出于道德的宗教来源；同时也回应了洛克的德性论的经验教导和人工制造；并对霍布斯自私和反社会的人性论提出反驳。在"常识"及其公共秩序界定的基础上，社会治理之公众的共同体如何避免激进的武装共同体或者狂热的原教旨主义

---

① ［德］康德：《世界公民观点下的普遍历史观念》，载《历史理性批判文集》，何兆武译，商务印书馆1990年版，第15—16页；［德］诺贝特·埃利亚斯：《文明的进程：文明的社会起源和心理起源的研究》，王佩莉、袁志英译，上海译文出版社2013年版，第2—3页。

的心智世界，沙夫茨伯里论辩共同体的文雅成为抵制治安不佳时代的药方，此议题成为治国理政的转型话语。

话语交往的幽默是自由的品格。"所有的礼貌之举，都因自由而起。"① "压迫过甚，人就想起用诙谐方式达到同样的目的，没有了真正的自由，也就不会有真正的礼貌端庄……"② "美善自身无论是什么，也同样取决于幽默，正如它取决于命运。"③ 情感的教化、良好的教养将磨去我们粗俗的地方。幽默躲避粗俗而向风俗推进，幽默、礼貌是"文雅"之性。沙夫茨伯里所倡导的高雅趣味隶属传统贵族的精英文化，伊格尔顿指出，"作为辉格党一名创始人的孙子，夏夫兹伯里坚决主张市民自由，在此意义上，他是18世纪英国资产阶级共和实体的雄辩的代言人。不过，他又是个著名的传统主义者，一个强烈地反对资产阶级的功利和自私自利的贵族新柏拉图主义者"④。这是英国在光荣革命后，于贵族精英文化的立场上引导和规制商业文化模式的价值取向。

常人、常识、常情等的道德感之自然天成如何持存？沙夫茨伯里似乎误认为绅士缺乏"有产"，文雅的交谈依然可以运行，这同样适于对哈贝马斯交往伦理学的批判。在沙夫茨伯里道德情感天成论和社群感通论中，美德可成为政治姐妹，⑤ 而"审美的政治话语"⑥ 则需将常识常情常人推导向"如何可能"的论述。休谟关涉他人的共鸣情感即成为下一节

---

① Shaftesbury, *Characteristics of Men, Manners, Opinions, Times* (Volume Ⅰ, Indianapolis: Liberty Fund, Inc., 2001), p. 42.

② Shaftesbury, *Characteristics of Men, Manners, Opinions, Times* (Volume Ⅰ, Indianapolis: Liberty Fund, Inc., 2001), p. 46.

③ Shaftesbury, *Characteristics of Men, Manners, Opinions, Times* (Volume Ⅱ, Indianapolis: Liberty Fund, Inc., 2001), p. 128.

④ ［英］伊格尔顿：《美学意识形态》，王杰等译，广西师范大学出版社1997年版，第24页。

⑤ Shaftesbury, *Characteristics of Men, Manners, Opinions, Times* (Volume Ⅱ, Indianapolis: Liberty Fund, Inc., 2001), p. 143.

⑥ 董志刚：《夏夫兹博里美学思想研究》，中国社会科学出版社2009年版，第159、186页；董志刚、张春燕：《审美化的政治话语——夏夫兹博里的美学解读》，《哲学动态》2010年第4期。但"审美—政治"的结合并没有伊格尔顿、托尼·本尼特的"自由（审美）治理"说得通透（［英］伊格尔顿：《美学意识形态》，王杰等译，广西师范大学出版社1997年版，第21—32页；［英］托尼·本尼特：《审美·治理·自由》，姚建彬译，《南京大学学报》2009年第5期）。

的主要议题；鲍桑葵因为康德的地位而贬低了沙夫茨伯里等人自然神论的美学价值，① 而这似乎只有对照阿伦特对康德审美共通体的阐发，② 才可能得到通透的理解。

第三节 常识的运行逻辑：休谟论"同情"作为协定之源

沙夫茨伯里反拨洛克，且其"向内转"的哲学走向影响到哈奇森，但其"道德感"本心并非哈奇森的消极功能。③ 与沙夫茨伯里相反，休谟承认洛克等"试图把推理的经验方法引入到道德科学"的路径，且以解释人类本性的原则提出完全的科学体系，即心灵科学。在此意义上，索利并未把休谟归类到"自然神论者"的范围。④（鲍桑葵、伊格尔顿将沙夫茨伯里称为"新柏拉图主义者"）然而休谟却是本末倒置的霍布斯，用内在世界的生命和本性自然去解释外部的或物质的世界。"这是一个事实；但是这个事实是感情的对象，不是理性的对象。它就在你心中，而不在对象之内。"⑤ 休谟反唯理性主义的道德学（政治哲学）的出发点即情感，同时，针对洛克基于同意政府的难能疑虑，将沙夫茨伯里"常识论"的自然天成推进为以"同情"为主题概念的协定与运作。同情以人心本性和自然倾向构成为经验的核心，休谟把希腊传统思想中的德性生成论注入情感自然论中，并将中世纪基督教神学的心灵（情感）救赎开辟出一个公共社会的道德哲学。

休谟的知识论、因果论、信念论、情感论、价值论理论首先植根于自然的人性。对于社会而言，"没有人是与他人的幸福和苦难绝对地漠不相关的。他人的幸福有一种产生快乐的自然趋向；他人的苦难有一种产

---

① ［英］鲍桑葵：《美学史》，张今译，商务印书馆1986年版，第239、334页。
② Hannah Arendt, *Lectures on Kant's Political Philosophy* (Chicago: The University of Chicago Press, 1982).
③ Donald M. Borchert, Ed., *Encyclopedia of Philosophy* (2nd edition, volume 9, Farmington Hills: Thomson Gale, 2006), p. 3.
④ ［英］索利：《英国哲学史》，段德智译，山东人民出版社1992年版。
⑤ ［英］休谟：《人性论》，关文运译，商务印书馆1980年版，第509页。

生痛苦的自然趋向"①。对于自然而言，对象间的相似、接继关系也是独立于知性活动之外的自然作用。② 人与神性的动物、政治的动物、理性的动物、劳动的动物相比，人就是动物，是自然的产物；基于此，洛克的天赋观念或者后天经验等普遍原则才能转化为休谟的"同情"议题：支配自然过程的原则怎样在个体心理上发挥作用。自然倾向为习惯和情感留出空间。

在此，亚里士多德的"自然论证"，列奥·施特劳斯意义上"原初的自然权利"将找到情感这一块基石。第一，常识的道德秩序以休谟的"同情说"来展开社会的团结。此肉体感觉不是纯粹的主观幻想，而是秩序良好的关键。该探析动向影响到鲍姆加通的审美学（感性学）以及晚近的商谈伦理学。第二，同情能力不能被感性学永久遮蔽。沙夫茨伯里、休谟有关自然天成的论述将在康德"审美共通感"的先验分析中予以保留。然而，康德人类意义的"纯粹范畴""物自体"固然排除了怀疑论，但直到现在其晦暗不明依然不能被知性穷尽；劳动是理解全部社会史的锁钥。马克思在《1844年经济学哲学手稿》中称，自然天成即"五官感觉的形成是以往全部世界史的产物"，且私有财产的废除，意味着一切属人感觉和特性的解放……"自然主义"作为休谟个人人性精神的根本，依然是怀疑主义（"破"）所"立"的一面。

从常识治理的本体而言，亚里士多德的"协定"基于一致同意所决定的言辞，而区别于神律、自然法，也区别于命令的意志。③ 休谟在《自然宗教对话录》中驳倒了对宗教信仰的各种理性证明，而将宗教信仰的根基建立在个人的良知和情感之上。休谟认为道德某些方面的"协定"（convention）源于"同情"——基于同情的自然协定可谓"法"秩序的另一种自然测定，且对立于纯粹理性能力的决定论。休谟赞同孟德斯鸠"法的精神"与国家自然状态、生活方式、政治制度、宗教信仰、先例、风俗习惯、癖好等恒常的关联，但对其建基于理性之上，抑制所有情感

---

① ［英］休谟：《道德原则研究》，曾晓平译，商务印书馆2001年版，第70页注①。
② ［英］休谟：《人性论》，关文运译，商务印书馆1980年版，第194页。
③ ［英］霍布斯：《论公民》，应星、冯克利译，贵州人民出版社2002年版，第144页。

的抽象做法不以为然。① 休谟称理性只能区分真假，而不能区分善恶，而"道德准则刺激情感，产生或制止行为。理性自身在这一点上是完全无功的，因此道德规则并不是我们理性的结论"②。休谟的时代区分出"知性"常理，且注意到意志以及知性（"准则"）与情感间的交互作用：情感也能产生物质性的能量，作用于知性、意志、行动。

正如休谟所见，德与恶借助于情绪和印象，"同情"有增减变化。那何以确立"协定"的稳定和一般的观点呢？"同情"怎么产生的呢？休谟要求我们在责备和赞美人时，一要杜绝"同情"中类比、接近等关系，即"相识，还是陌生人，是本国人，还是外国人"对人的影响——这先入为主的是知性的推理关系，只能产生逻辑的共通感而掩盖自然倾向的同情；二要在判断中忽略我们自己的利益③——无功利是扩展向天地物我人己的现实根基和感通的精神策源。可见这种正义的自然法则虽然是人为的，但不是任意的。那么休谟的道德"同情"会赞同"道德义务和责任有赖于习俗"的社会协定吗？④ 哈曼之群体习俗的公度仅在同一部落，或有限的联合体中得到认同，从而取得"作为政治的道德"的伦理论证，缩减了休谟"人性论"的普遍范围。缩减之一即忽视了"同情"的非习俗性质。

风俗是心性感通的功能表征。"同情"虽然在风俗中发挥作用，但其并非习俗，而是一种情感，人心天然具有的一种情感。情感规定道德。休谟总结说：德性是"凡是给予旁观者以快乐的赞许情感的心理活动或品质，而恶行则相反"⑤。此赞赏或谴责的感情依赖于同情。同情别人或乐或苦被设定为一个终极事实。"同情"本质是一种与他人的同胞感（沙夫茨伯里称为"伙伴感"），⑥ 一种为着人类幸福的感情，或者毋宁称作

---

① ［英］休谟：《道德原则研究》，曾晓平译，商务印书馆2001年版，第48页注①。
② ［英］休谟：《人性论》，关文运译，商务印书馆1980年版，第497页。
③ ［英］休谟：《人性论》，关文运译，商务印书馆1980年版，第625页。
④ ［美］吉尔伯特·哈曼：《约定论》，载《当代社会契约论》，包利民编，江苏人民出版社2008年版，第78页。
⑤ ［英］休谟：《道德原则研究》，曾晓平译，商务印书馆2001年版，第141页。
⑥ ［英］休谟：《道德原则研究》，曾晓平译，商务印书馆2001年版，第11、81页。

人的"人性"或"人道"。①"道德这一概念蕴含着某种为全人类所共通的情感，这种情感将同一个对象推荐给一般的赞许，使人人或大多数人都赞同关于它的同一个意见或决定。这一概念还蕴含着某种情感，这种情感是如此普遍如此具有综括力，以至于可以扩展至全人类，使甚至最遥远的人们的行动和举止按照它们是否符合那条既定的正当规则而成为赞美或责难的对象。"②同情依托此情感体制而为治理征候，并依此获得作为公共性德性的价值，成为单子个人与单子个人之间，单子个人与社会之间达成沟通、和谐秩序的先定基础。这可谓康德审美共通感的在先表述。可惜休谟的时代，审美并未代宗教而让位于伦理。

同情是一种共鸣的情感。按休谟的解释，"同情"是别人感觉到的满足和快乐在我们经验中的一种繁殖。因为"憎恨、愤怒、尊重、爱情、勇敢、欢乐、忧郁，所有这些情感，我大都是由传达、而很少是由我自己的天性或性情感觉到的"③。所以"同情"倾向是通过感情观点的外在标志传达的（参见前文对"情感技艺"的说明）。这些平行情感或原则的发现在于心灵结构、身体结构、天性、举动、性格、国籍、语言等类似关系，距离等接近关系，血统等因果关系，相识关系，④原因或结果的推断关系⑤的促进。同情情感是关涉他人的情感。旁观者只有借着同情才能发生兴趣，这一点被斯密进一步展开；⑥同时也凭借想象与人分享。休谟指明，这些情感中最重要的一种就是别人的爱或尊重的情感。⑦

在现实社会中，不管每个人的范围是否受到种种限制，都不存在每个人都有理由接受的实质性的道德义务。对于这种要求，你并不总是能说服一个人做一个有道德的人，而这很大程度上有赖于先前的利益和原

---

① ［英］休谟：《道德原则研究》，曾晓平译，商务印书馆2001年版，第11、82、126页。
② ［英］休谟：《道德原则研究》，曾晓平译，商务印书馆2001年版，第124—125页。
③ ［英］休谟：《人性论》，关文运译，商务印书馆1980年版，第353页。
④ ［英］休谟：《人性论》，关文运译，商务印书馆1980年版，第354页。
⑤ 休谟的"习惯"是与习俗相区别的。习惯是知识和概念推断的内在机制，它因因果关系的恒常而养成，因接近或类似关系而加强。参见《人性论》第一卷第三章第九节的集中论述。
⑥ K. Haakonssen, *The Science of a Legislator* (New York: Cambridge University Press, 1981), pp. 45–82.
⑦ ［英］休谟：《人性论》，关文运译，商务印书馆1980年版，第401—402页。

则。得逞的罪犯、撒谎的政客、造假的商人……但美善、同情的自然倾向是先于罪犯、政客、商人的。这种朴素的同情，他可知可感，切乎己身，而达于他人，取得美善和乐的沟通潜能。在"同情"机制中，个体不再被视为古希腊自足的德性主体。同情的道德性是在与他人的互动关系中确立的。离群索居的德性人可能是野蛮人，在休谟、斯密的道德体系中，文雅交往的社会人才有普遍同情的效力。同情建构着美德、文雅、荣誉的现代模式——德性的技艺（art）规划。同时提醒注意的是，"同情"之德对立于理性主义的先验范畴，其经验性质便利地促成了"同情"的法政阐释；而理性主义的"道德论的形而上学"认定，出于爱好（Neigung, inclination）的天然情感是难以给善恶统一的标准的，① 故设立普遍法则强制主体来接受，结论曰："同情的感受完全是义务。"② 柏拉图、康德式道德建构的高远（城邦是目的、人是目的）确能令人称赞，可我们却没有理由否认道德要求的现象学根源：对他人的天然同情（卢梭则将这种同情关系的对象扩展为其他有知觉的生物），这种人与人间先天一体的关联塑造了主体的情感。"恻隐之心，仁之端也；羞恶之心，义之端也；辞让之心，礼之端也；是非之心，智之端也。人之有是四端也，犹其有四体也。"③ 孟子"根于心"而四体不言而喻的"四端"，不学而知之、不习而能之，反映的是另一种历史结构：血亲共同体关系先于并塑造了个体的主体道德。舍勒（Max Scheler）的《伦理学中的形式主义与质料的价值伦理学》等著述提出与康德的形式伦理学相对的质料（情感）伦理学，是切中于现代性问题要害的。其《同情的本质和形式》深入价值感共同体的"在体"基础，可与儒家身体观相发明；并以此而时时敲打近代契约论政治，较理性主义，则更见出"同情体制"的现象学根基。

---

① ［德］康德：《道德形而上学原理》，苗力田译，上海人民出版社2005年版，第64页。
② ［德］康德：《道德形而上学》，载《康德著作全集》（第6卷），李秋零主编，中国人民大学出版社2007年版，第467页。
③ 《孟子注疏·公孙丑上》，参见阮元校刻《十三经注疏》，中华书局1980年版，第2691页。另参见《孟子注疏·梁惠王上》。

第四节　常识的"同情"逻辑及其契约政治的超越

按科斯为代表的新制度经济学派的观点，法律不是那种"强行法"的立法，也不是天赋；而是对习惯、对"合乎情理的人"或"常人"规范的认可。风俗、民间法的自发组织即可能是关涉共同利益而主体感通的同情。该"常识"自然天成而无须借助知性推理、权威的洞识来说服人，至少可以较少借助知性和权威。埃里克森借助博弈论成果，颠覆了国家和正式法律是社会秩序的唯一源泉。他确信了民间法、民间规范是社会之根本的命题。借《无需法律的秩序》[①] 的启示，常识、常情或常人从先前的人文科学研究转向了社会科学研究。自然法、自然法则、自然权利，向来不是柏拉图—亚里士多德内在的自然法则[②]。"内在"并非智慧、勇敢、节制、正义等城邦的品格，而是知情意划分意义下的主体制造。面对私域内在原子化的形式化公共，天成的情感体制则需要将"向内转"的哲学动向推向社会治理的安排。

社会制度的制造与原始生命的生成协生互立。据休谟的分析，同情的运行逻辑是由人自然状态的合作配享（两性之爱、亲子之爱等）而战胜人自身缺陷的。该情感体制异于霍布斯等人对自然状态之人人为战的理论设计；然而情感以及意志（利益）的冲突势所难免，特别是对财物的偏私，自然的未受教化的道德观念对其补救甚微。[③] 在休谟看来，由同情协议所表现出的"共同利益的感觉"可以补救由人类心灵的某些性质（自私；有限的慷慨）和外界对象的客观状况（自然外物的稀缺）等等纠

---

① ［美］罗伯特·埃里克森：《无需法律的秩序：邻人如何解决纠纷》，苏力译，中国政法大学出版社 2003 年版。

② A. N. Whitehead, *Adventure of Idea*; Leo Strauss, *Nature and Right* (University of Chicago Press, 1953); Francis Oakley, *Natural Law, Law of Nature, Natural Rights: Continuity and Discontinuity in the Ideas*. 列奥·施特劳斯赞同自然法传统的中断信条，Barker 却研究其完全连续的传统。中文版参见"自然法名著译丛"。

③ ［英］休谟：《人性论》，关文运译，商务印书馆 1980 年版，第 528—529 页。

合起来所产生的不便。①

> 协议只是一般的共同利益的感觉；这种感觉是社会全体成员相互表现出来的，并且诱导他们以某些规则来调整他们的行为……当这种共同的利益感觉相互表现出来，并为双方所了解时，它就产生了一种适当的决心和行为。这可以恰当地称为我们之间的协议或合同，虽然中间并没有插入一个许诺；因为我们双方各自的行为都参照对方的行为，而且在作那些行为时，也假定对方要作某种行为。两个人在船上划桨时，是依据一种合同或协议而行事的……②
>
> 但是如果约定是指一种对共同利益的感觉，这种感觉是人人在自己内心里感觉到、在自己同胞身上觉察到、在自己和他人协力时将自己带入一个旨在促进公共的效用的一般行动计划或体系中的，那么必须承认，在这个意义上，正义起源于人类的约定。③

区别于卢梭等其他近代哲学家的契约论中的"约定"理念，该"协议"不仅仅是出自理性为根据的意志，而是出自作为快乐与不快乐的感受的内在感官；不仅仅是以语言或符号的形式明确地表达的法律概念和条文，而是朦胧的预期的感觉，即远避自然知性的常识（common sense）或健全的理智（Good sense）。

正如休谟在阅读孟德斯鸠《论法的精神》所明确认识到的，民法等政治知识体系被承认，除了社会利益别无目的；我们服从裁判官及其法律这项责任本身，除了社会利益之外别无基础。④ 现代契约论的政治知识体系表明，除了义务感之外，我们并没有其他的动机导致我们完成你我的"约"定。然而，如果我们认为"约"定没有道德义务（康德）或其他例如"常识论"的约定，我们便永不会感到守约的任何倾向。在知

---

① ［英］休谟：《人性论》，关文运译，商务印书馆1980年版，第529、534页；休谟：《道德原则研究》，曾晓平译，商务印书馆2001年版，第35—42页。
② ［英］休谟：《人性论》，关文运译，商务印书馆1980年版，第530页。
③ ［英］休谟：《道德原则研究》，曾晓平译，商务印书馆2001年版，第157页。
④ ［英］休谟：《道德原则研究》，曾晓平译，商务印书馆2001年版，第48页注①。

(法理)、情、意(道德)的三分中,当代自由主义正高扬了自主法权,而失去内在律令的本心规范,并极端为法律行为主义。这已非"共性"的唯一判定。"同情"之德认为,作为自然而然的原始情绪(肉体的存在)是先于自私自利的理性,并时刻悬设的感通预期。它在体天生,凌空乍现,不期而信,不谋而成。虽然没有救人于井的义务(甚或落井下石的不端),但是我们的恻隐之心仍会导致我们抵达这种本心绽现的义务;当我们不尽那种义务时,我们感到不道德,这是因为其时其境证明我们缺乏自然的仁爱情绪(同情感)的常识。建筑于理性基础之上的契约论以交互利益为纪律(如夫妻间的财产登记、程序式接吻等),剔除自然的义务,而使鲜活的道德日趋抽象为冷淡的程序。像格劳克斯石像一样,在经历岁月、海浪和暴风雨的侵袭之后,看起来酷似一只野兽,而不像一位尊神。人的本心常识何不如此,在接受无数次真理和谬误之后,在遭受长期的激情冲撞之后,满目疮痍,几乎再也不能识别出他的澄明。源自个人主义的泥淖,甚至法西斯主义的暴行至少需要"常识"论说的原始和谐与绽现。

以同情为运行逻辑的"共同利益的感觉"是我们全体社会成员所共有的常识。由常识而通识,我们自然对他们行为的未来的规则(常识)生发一种信心:常情为自然本性的关联,同情是为常识的运行,常人为其常识逻辑的承载主体……我们的节制与戒律,特别是对利益偏私的补救协议,正是建立在这种期待之上。该反思性判断力产生了公共性的正义观念,随后才发生了财产权、权利和义务的观念。因为财产只有被正义的法则所确认才可以恒常占有的那些财物,这是休谟着力强调的。[①] 正义的起源说明了财产的起源,而非相反;正义的人类协议导源于共同感官。休谟借道设立一种原初的平等,为社会各派在缔结一公正的社会结构或制度原则确立一种公平的起点,同时也竭力消除了契约论传统的道德形而上学的幻想,这可与罗尔斯有关正义论和政治自由主义的论述相对勘。罗尔斯以康德为代表的道德建构主义为假想敌,摒弃超验理性主义的完备性学说,澄清、揭示并立足第一人称的"亲在感",促成公平正

---

① [英]休谟:《人性论》,关文运译,商务印书馆1980年版,第531、542页。

义理论的阐发。由于罗尔斯的"原初状态"坚持原初契约的假设和非历史倾向，① 因而遭到诺齐克等人"非历史主义"的指责。其中一点可能在于罗尔斯忽视了休谟揭示的"同情"经验，而招致"过滤偶然性"的口实。另外，从罗尔斯的政治建构主义而言，"正义的两个原则"试图优先捍卫的个体权利何以达致万邦协同？同情的常识限定及其运行逻辑是不可否定和漠视的，这也是社群主义、共和主义进行现代反思的现象学资源。

当然，常识论是否面临血缘、地缘、巫术、宗教等原始和谐的现代转化，"同情"逻辑因此进入到公共社会的反思。其一，在礼俗中国，"礼"成为习惯法的自然基石，礼（德）和刑结合称为"共同体"私人—公共问题的一体两面。"太上以德抚民"（《左传·僖公二十四年》），"有虞氏不赏不罚，而民可用，至德也"（《司马法·天子之义》）。尧舜传说时期被当作德礼治道的最佳典范。经过郑铸《刑书》（《左传·昭公六年》）晋铸刑鼎，② 乃至商鞅缘法而治的法制探索后，引礼入法已成为中国历代试验和选择的结果。引礼入法的出发点在于矫秦律之失，但重心不在通过法律自身的完善，而是企图引入他力的制衡。法与儒家伦理相冲突，③ 在中古，"引礼入法"实则"抑法崇礼"。这是我们对"引礼"的一个断定。其二，中国在建构新的法治理念时，很大程度上"以古施今"、"混淆刑德"④、以西裁中，而混淆天赋人权与祖赋人权之差异。以礼代法、以礼坏法，以故为新，而不与古俱新。非议现代而夸耀远祖的美德，压制群民而不更新思想资源，此为逻辑缺憾。其三，唯帝王专制、人治统治目的是瞻，而不顾及保护每个人的基本权利，为一现实缺失。这三个方

---

① ［美］罗尔斯：《正义论》，何怀宏等译，中国社会科学出版社1988年版，第16、21页；［美］罗尔斯：《政治自由主义》，万俊人译，译林出版社2000年版，第24、287页。
② 顾颉刚：《顾颉刚读书笔记》，台湾联经出版事业公司1990年版，第8077页。
③ 立契本身与儒家伦理相互冲突，从而影响了中国明朝以前司法体系的完善。参见［美］韩森《传统中国日常生活中的协议：中古契约研究》（鲁西奇译，江苏人民出版社2009年版）第5、75—76、102页。儒家礼制即使充满抗议和批判精神，也仅着眼于圣王主政，期待德性对权力的净化。对如何在现实制度的安排中讨论由上而下的德治，理论探讨从明初朱派学者丘濬的《大学衍义补》开始，经清末立宪风潮、民国立宪实验而下延展。另参见张灏《幽黯意识与民主传统》（载《市场逻辑与国家观念》，刘军宁等编，生活·读书·新知三联书店1996年版），从人性观预设的分析上见出中西冲突的原因。
④ （西晋）陈寿：《三国志·傅嘏传》，中华书局1959年版。

面正是我们亟待在法治建设的今天企图多维展开"常识学""同情说"议题的目的所在。虽然本书以此为切入点来反省当代自由主义法政，但法律的公共性必然参入现代中国的实践中，且为民主所趋。中国文化依"至诚之道"（《中庸》），企图开出"至圣之道"。依"至诚无妄"，我们的祖先见出"不争"和"诚敬"的自然功用，已经形成浓厚的"家国"文明。但作为一种"弱者政治学"却最终表现出"善的脆弱性"，即家国文明不再适宜于公共生活的展开，继而，外王之学的困难和挫败即表明家国文明的停滞。"明分使群"（《荀子·富国》）思想的挖掘是否值得反思呢？对照于西方宪政学，对古代中国"礼与法的完美结合"的溢美论证①是需要现代转型的。

在自然主义的视野下，沙夫茨伯里的常识、休谟的同情与康德的道德义务等完备学说相比较，虽理论论证云泥殊别，但均根于对"自然"的切身理解。同情是自然朴素的亲在经验，也是美的根源所在，②18世纪统称为"共通感官"或"共同理智"。通过《人性论》及《道德原则研究》的自然主义洞见，同情感与契约论的义务感在政治知识体系中是针锋相对的。随着现代性转化的深入，道德代宗教已尘埃落定，而审美代伦理已显峥嵘。由沙夫茨伯里的常识理论、休谟的同情说、边沁立法原理的情感法律和康德的审美共通感学说的脉络可以见出眉目：审美在知性理性和实践理性的中介作用是应当取得原初的定位。这待于时势的继续，此为其一。其二，"道德感秩序"能否实现心性和秩序的融通？先验的审美共通感（康德）可以得到经验的显现，而常识理论却是反击经验怀疑论的另一番论述。前文所述的"公共神学"以及阿伦特的《康德政治哲学讲演录》等做出了审美共同体的演绎。其三，审美共通感在契约政治知识体系的限度何在？是重新审视"自然状态"的基础，如托克维尔、格林以人际理论作为拟真之理论起点，甚至像梅斯特尔（Joseph de Maistre）否定社会契约论的"自然幻想"；是罗尔斯对政治自由主义运行

---

① 曾宪义、马小红：《中国传统法的结构与基本概念辨正——兼论古代礼与法的关系》，《中国社会科学》2003年第5期；张晋藩：《中国民法通史》，福建人民出版社2003年版，第1页。
② ［英］休谟：《人性论》，关文运译，商务印书馆1980年版，第401页。

中的"分外行为"存而不论;还是如列奥·施特劳斯、麦金太尔等人对往古的批评以取得对现代的替代?公共治理的"道德感体制"需要常识、常情、常理、风俗等研究议题的推进。

结　语

　　缘于教皇和教会的腐败,宗教改革运动中的自然神论,作为中世纪启示神学和新教正统神学向近代泛神论、无神论、道德神学转化的关键性中介,怀想上帝过上道德的生活,以作公共楷模。基督教组织体制和行为方式的改变,最终展现为世俗契约社会的形成。世俗精神的常识、常情、常理,作为宗教改革和文艺复兴的目的,不得不导向基督教基本信仰和精神实质的宽容与留念。霍布斯的"君权民授"理论(社会契约论)下的"利维坦"——世俗化的上帝之城,洛克的宗教宽容下的公民权等以及人类合乎理性的理解论,边沁禁欲原则之外的功利原则,乃至英国的君主立宪制等,是理性最初从信仰的控制下要求独立权利的表现形式;站在旧时代的门槛上,爱德华·赫伯特的"共同观念"、沙夫茨伯里的道德感、休谟的同情说以及后来居上的康德、施莱尔马赫即可看作自然神论等公共神学在常识、常情等内心世界以及治理秩序方面为公共人(常人)重新寻求安身立命之地的故事了。

　　面对中世纪宗教共同体向现代联合体社会的现代性转化,常识学(我们→我)的自然天性论当仁不让地成为现代性的公共话语。而寻求自由、平等的现代契约思潮则成为自由主义思潮的启端形式,它从自我独立的权利出发来规划民主社会,是否能完满地由"我→我们"呢?由"自然法"推进为"自然权利"的探讨,特别是霍布斯、洛克等人对人与人之间的本能所作契约程序的制造,去除了对自然法含混、难以证明的先验理论的怀想,而走向对权益科学的实证调查。功利主义者囿限于直接的利益成为道德衰落的关节点。只对直接生存环境有实在感的现实主义、实用主义、程序实在法就是不自觉的虚无主义。这促成"自然法"在20世纪的复兴。自然法帮助僵固的罗马市民法转变为更广泛、更公平的法律制度,培育了自然权利概念,并演进成基本权利(人权)。而在苏格兰自然神论的探讨中，英国常识学派吸收自然神论的成果，特别是道德感的在体天成性，反其道而行之，将上帝、教会、《圣经》、理性种在本心常识、常情、常人里，由"我们→我"，这就是我们研讨"常识学派"的目的所寄。

常识学派的感通旨向根源于理性制造—德性生成、自然科学—社会科学的分裂及其所及的抽象人性、历史观念、理性主义等等的偏颇。人的道德感，在古希腊，由柏拉图的迷狂说、灵魂回忆说而言，表明它是自然的，其源于本性的完善；在中世纪基督教的灵肉思想而言，表明它是在体性的；经历知性社会而成为第二本能：自然规律和社会规范在康德那里残存着微弱的类比（象征）关系；黑格尔自然哲学和精神哲学的辩证逻辑并未消除其分裂；狄尔泰的人文科学的分别无疑也加剧了自然与社会科学的分割；海德格尔对自然的召唤依然处在技术时代的张力之中；[1] 马里翁、列维纳斯朝向给予性的他者。自然与社会的关联在现代苏格兰常识学派看来，它是初始自然的，并非理性的刻意发明。即使经历文化进化[2]的洗礼，亦表征为习俗或形诸成传统，但它依然是人类共通的本性和趋通的黏合剂，即常识常情。常识试图打着"德性"的旗号使政治技艺合理化，而这种心灵习性的根本性在于将道德感和秩序的融合。常识学派从事公共批判的私人对专制统治的批判过程并不认为自身具有政治意义，此"无需法律的心性技艺"是其前现代性的特征所在。殷鉴沙夫茨伯里、哈奇森、休谟提请的"道德感/共同感觉"理论对契约论社会的警醒意义，这对公共领域的"原子论"社会是有针砭之效的。"常识"作为"原初状态"的设计指向康德审美状态的设定及其不偏不倚的判定与审美共通体的预测。"共同感觉"论的直觉本性接洽于审美共通感学说，为判断实在法提供标准，替现代国际法提供依据；继而展望它与"审美共同体"的差限。审美共同体成为理论和实践值得期许的将来。同时，该"无知之幕"的遮蔽为平等意志间的合理性选择提供了正义支撑和意义视角。

---

[1] Immanuel Kant, *THe Critique of Judgment* (Oxford University Press, 2007), pp. 178 – 179. [德] 黑格尔：《自然哲学》，梁志学等译，商务印书馆1997年版，导论第XXII—XXVI页，等等。

[2] [英] 哈耶克：《大卫·休谟的法律哲学和政治哲学》，载《哈耶克读本》，邓正来主编，北京大学出版社2010年版，第288页。

曾经有生之初：

> 自然既把眼泪赋与人类，
> 就表示出：
> 它曾赐与人类一颗最仁慈的心（《鸠微涅尔诗集》XV，131—133）。

而现今启蒙者（康德的理性、哈耶克所言之"建构论理性主义"）深情地呼唤人的成人状态，而将不可避免地衰竭与败落消沉于矢量时间的地平线；同时，自然的善根因"进步"而被弱化，因历史主义的进程而被抹平。"自然"遭遇"历史"在列奥·施特劳斯表现为现代性的三次浪潮，而审美的初始本心对治理秩序而言又何去何从？这只能由康德的先验批判，席勒、马克思、阿伦特的德艺与经验取向给出条条岔道。

第四章 审美共通感：主体间性与同理心生成的心性基础

——康德"审美共通感"议题述评

对康德认识论哲学的关注，并不能因此而贬斥对康德实践哲学（道德哲学、历史哲学）的研究；对康德实践哲学等等公共性的解读与重视，并不能因"道德哲学""伦理社会主义"等学说而忽视康德审美公共性思想的挖掘，而将康德哲学片面性地挑选。对康德自由主义政治哲学而言，因其对当代程序宪政原子化弊端的批判而使其边缘化的理解①充溢为现实的针对意义。

在对康德政治哲学的阐释中，乔治·乌拉克斯使我们洞见到康德政治思想的起源与发展线索；② 赖斯（Reiss）编辑的《康德政治著作选》其"前言"就自由、平等、独立，以及分权、政体、世界公民等权利理性作出说明；③……康德法律哲学、政治哲学，因黑格尔《法哲学原理》的取代而淡出——《权利学说》没有可拟比于前三大批判的"哥白尼式"的思想革命。康德法律哲学、政治哲学，因罗尔斯的《正义论》的阐释而复兴④——结合对政治行为主义的批判，如果反思自由主义的基础，我

---

① Ronald Bainer & William Janes Booth ed., *Kant's Political Philosophy*, the Contemporary Legacy, Foreword. D. Manning、R. Aris 认为康德属于自由主义传统（R. Aris, *History of Political Thought in Germany from 1789-1818*, London: Frank Cass, 1965, p. 104. D. Manning, *Liberalism*, London: Demt, 1971, pp. 75-78）。

② Georges Vlachos, *La Pensée Politique de Kant. Métaphysique de l'ordre et dialectique du progrés*, Paris, 1962, pp. XX, 590.

③ ［英］H. S. 赖斯编：《康德政治著作选》，H. B. 尼斯贝特英译、金威中译，中国政法大学出版社2013年版。

④ ［美］杰弗里·墨菲的《康德：权利哲学》；［美］罗尔斯的《正义论》《作为公平的正义》即有康德式的理解；［美］罗纳德·德沃金《认真对待权利》亦受惠于他。

们会从中发现在霍布斯、洛克，乃至卢梭身上所不具备的道德情感，而康德为这种道德情感提供了理论证明。① 考镜黑格尔法哲学（比如承认议题）源头，薛华、张雪魁仅将康德的承认议题集中于实践哲学；② 无视审美共通感议题本身③实是对康德"承认暗道"的窄化。此为席勒、阿伦特对审美国家、审美感通能量的解读贡献。

现代政治哲学的主流是自由主义的"程序宪政学"，其公域形式化、私域原子化弊端可望通过康德道德哲学的"理念"等极限概念、自由主义取向的努力获得改善。此自然—自由等矛盾的化解，可以挖掘"反思性判断力"的审美共通功能，而共同促进实践哲学的完善。④ 此即以康德"审美共通感"等核心概念的综述与展开。

第一节 判断力与先验的方法

一 反思性的判断力与主体之"我"和"我们"

在亚里士多德以及在中世纪的含义里，共通感以其普遍性（共同体）的含义存在于一种判断之中，但这一判断能力还是以普遍性为依归的，判断的理性结果导向主体的情感能力之外。柏拉图、普罗丁等通过狂迷与灵魂回忆说的途径，是解释共通感的尝试。维科的想象共同体，苏格

---

① 康德三大批判最终指向道德学。马堡学派之柯亨的《纯粹意志伦理学》、伏尔特曼的《历史唯物主义》（参见刘放桐等《现代西方哲学》，人民出版社1981年版，第134页）等为代表的"伦理社会主义"即将康德的伦理学政治化。另见杰弗里·墨菲的《康德：权利哲学》（吴彦译，中国法制出版社2010年版）；罗尔斯的《正义论》《作为公平的正义》（［德］列奥·特劳斯、约瑟夫·克罗波西主编：《政治哲学史》，法律出版社2009年版，第583—585页）；李梅的《权利与正义——康德政治哲学研究》（社会科学文献出版社2007年版，白钢序言）即持此论。

② 拿坦·洛藤施特赖希《合法与展示》的观点。转引自薛华《黑格尔、哈贝马斯与自由意识》，中国法制出版社2005年版，第327页；张雪魁《古典承认问题的源与流——从康德到马克思》，中国社会科学出版社2013年版，第7、28—30页。

③ ［德］库诺·菲舍尔：《青年黑格尔的哲学思想》，张世英译，吉林人民出版社1983年版，第114页。

④ 雅斯贝尔斯认为康德政治哲学于经验和自由等矛盾的解决存在于"反思性判断力"中。参见卡尔·雅斯贝尔斯《大哲学家》，李雪涛等译，社会科学文献出版社2012年版，第487页。Hannah Arendt/Karl Jaspers, *Correspondence*: 1926-1969 (ed. by L. Kohler and H. Saner, New York: Harcourt Brace Jovanovich, 1992), pp. 318, 320—321.

兰自然神论者的"常识论"也可作如是观察：我们的天神想象、道德感本真等是先于我的判断的，自然天成是一切可能的根源。为清理形而上学的教条主义和经验论怀疑主义的哲学基础，康德普遍性的依归发生了变化，关注的中心在于判断主体的判断力，重心在于先验地思考。在此，康德转换了美学的提问方式，即从古希腊"美是什么"议题转换成"审美判断何以可能"的问题。个性主体的特殊判断如何达致普遍［我与城邦如何类比（《理想国》368c - 369a）］？康德对这一"先验审美"的解答，只有通过对审美共通感的探讨才最终使间性主体获得安顿。

一般判断力是把特殊思考为包含在普遍之下的能力。在康德的哲学体系中不仅有"规定性的判断力"，而且着重提出与之区分的"反思性的判断力"；不仅有思的能力，而且还有反思的能力。规定性的判断力是据先验的判断力与实践的判断力而获得研究的，即以已给定的范畴与道德命令为依据、为规则（客观的先天原则），而指向人的认识能力与欲望能力。规定性判断力的"练习"，因"反思性的判断力"的深入研究，而益见现代性的难度。

先说"判断力"。人的精神生活可化分为知性、判断力（Urteilskraft）和理性三个层面，一般知性则讨论概念、判断（Urteil）和推理。① 显然，

---

① 《纯粹理性批判》A131；《判断力批判》导言第 IX 节；《实用人类学》第 40 节。判断力（Urteilskraft）、判断（Urteil）在古希腊哲学中混同为"明智"（prudence）名下的论述。柏拉图将明智规定为对普遍的思考，（《斐多》79b）把明智等同于智慧。亚里士多德区分了明智、科学和智慧三义，但明智关联于普遍与具体的思考（亚里士多德《尼各马可伦理学》1141b10 - 20），亦即关联着幸福和德性的实践。明智虽然不是幸福和德性本身，但其预防着德福堕落为聪明、狡猾。在亚里士多德的眼中，明智与政治学具有同样的品质，明智应当拒斥着政治学变成理财学；明智是保持幸福和德性的"正"能力（《尼各马可伦理学》1144a20 - 30）。基于区别于具体感觉的共同感觉（亚里士多德《论记忆》450a9），明智将我们定位在共有的世界之中，这是"实践"需要研究的课题。在知、情、意三分的语境中坐实为美学的研究内容，在阿伦特的回归中表达为政治判断力的研究。

在 Meiklejohn、Werner S. Pluhar、Paul Guyer 等人的英译本中"判断力""判断"分别译为"judgment""judgments"；"power of judgment/the power (or ability) to judge""judgments"；"the power of judgment""judgments"，等等。参见 Immanuel Kant, *Critique of pure reason*, with an introduction by translator J. M. D. Meiklejohn (New York：The Colonia Press, 1899), p. 97. Immanuel Kant, *Critique of pure reason*, translated by Werner S. Pluhar, introduction by Patricia Kitcher (Indianapolis：Hackett Publishing Company, Inc., 1996), p. 204. Immanuel Kant, *Critique of pure reason*, translated and edited by Paul Guyer and Allen W. Wood (Cambridge：Cambridge University Press,（转下页注）

第四章 审美共通感：主体间性与同理心生成的心性基础

判断力和判断是有分别的。① 正如康德的区分，判断是把感觉所接受的"现象"适用于"识别"规则的机能。康德在《未来形而上学导论》中说"判断，在仅仅被视为提供出来的表象在意识里结合的条件时，就是规则；规则，在把这种结合表现为必然的结合时，就是先天规则；在上面再没有更高的规则可以由之推出时，就是原则"②。知性是解释规则的能力，判断就是原则、规则、先天规则。判断力是把事物归摄到规则之下的能力，（《纯粹理性批判》A132－133、B304）分辨某物是否从属于规则之下，或者表达为把直观归摄到概念之下的能力。（《纯粹理性批判》B177）基于第一批判可知，判断集中于规则的结果，判断力关注于规则之形成过程。或许基于亚里士多德关于明智（prudence）区别于几何学、数学的判定（《尼各马可伦理学》1142a10）前提，康德通过出色的医生、法官和政治学家的例子，表明即使他们能抽象出共相，但现实中运用规则的能力——将具体运用于共相时，却见出困境。这是判断力如何作出的困境！

> 判断力就是把事物归摄到规则之下的能力，也就是分辨某物是否从属于某个给定的规定之下。……但这条规则正因为它是一条规则，就再次要求对判断力作一个指导，而这就表明，虽然知性能用规则来进行教导和配备，但判断力却是一种特殊的才能，它根本不能被教导，而只能练习。③

虽然在第一批判中判断力处于康德的认识论范畴，但康德称之为天

（接上页注①）1998），p. 267. Werner S. Pluhar 在译本第 204 页注③中说明了 Urteilskraft 和 Urteil 在第一和第三批判中混用、侧重的情况，继而导致英译的含混。李秋零认为此区分是康德从根本上无法消除的逻辑瑕疵。参见李秋零《启蒙的第三要义：〈判断力批判〉中的启蒙思想》，《中国社会科学》2014 年第 2 期。伽达默尔认为康德后继的规定性判断力和反思性判断力的区分，因为根源于一种判断力，是没有意义的。参见［德］汉斯－格奥尔格·伽达默尔《诠释学Ⅰ：真理与方法》，洪汉鼎译，商务印书馆 2010 年版，第 54 页。

① 邓晓芒似乎将此区分混淆。参见邓晓芒《康德〈判断力批判〉释义》，生活·读书·新知三联书店 2008 年版，第 61、108—109 页。

② ［德］康德：《任何一种能够作为科学出现的未来形而上学导论》，庞景仁译，商务印书馆 1978 年版，第 73 页。

③ ［德］康德：《纯粹理性批判》，邓晓芒译，人民出版社 2004 年版，第 135 页。

赋的机制，是不可教导的，（《纯粹理性批判》A133，B172；《实用人类学》第42节）需要代际练习、传承、发挥，这影响到康德对理性需要练习的断定。① 因为判断力是不能还原为识别和知性的一种能力。在第三批判中，康德将之区别于规定性的判断力，而称之为反思性的判断力。"这朵花是美的。"不是通过三段论式的推理而得出的判断，而是批判力"把规律自己给予自己"②。此于意图有利的"侥幸"或"偶然"原则，既非自然概念，也非自由概念，此为其一；其二，当人们注意的不是判断力的反思，而毋宁说只是它的结果时，它极可能是一种感觉、直觉，或者感觉的感动？这是不是"感性学""肉身学"的美学定义呢？而当注意到判断力的反思时，它处在事物与规则（概念）的归摄之间，而并非理论理性和实践理性的概念。这个"之间"，原初隐含着终结，即"是"的当中，在"去曾在"而又"尚未"之瞬间之中，其从不媚时反走在时间之前。起念唯微，起念唯危，每一次起兴，都影响了修行，这是不是海德格尔意义的"存在"呢？存在不是东西，而是自在本身。对"是"的研究表明，海氏的"存在"已经超越了认识论，然而，个体意义和私人意向的"是"能否改变高度社会化的时间观呢？

在康德的语境中，判断力定义力求通过形式的合目的性而在主体中产生出情感追问，《判断力批判》继承康德知识论的传统，而对判断力进行精密的分析。鉴于判断力的"当中"意味，《纯粹理性批判》中"知性在逻辑中的机能"或知性概念或范畴，而在《判断力批判》中被侧重于对契机的条分缕析。契机，即 Moment，德语的意思是：1，中性名词："①［物］矩，力矩"；"②［转］契机，（重要的、决定性的）情况，因素，要素，观点，特征"。2，名词："①瞬间，片刻，一会儿"；"②（某一）时刻"。"契机"分析的精细旨在有效地沟通了知性和理性二域，判断力因

---

① ［德］康德：《世界公民观点之下的普遍历史观念》，载《历史理性批判文集》，何兆武译，商务印书馆1990年版，第4页；康德：《道德形而上学》，载《康德著作全集》（第6卷），李秋零主编，中国人民大学出版社2007年版，第487、490页。佛法似乎将判断和判断力区分为"有情"和"觉有情"，而成为众生、菩萨和佛的区隔。参见（明）朱棣集注《金刚经集注》（影印本），上海古籍出版社1984年版，第22页。

② ［德］康德：《判断力批判》，邓晓芒译，人民出版社2002年版，第14页。

第四章 审美共通感：主体间性与同理心生成的心性基础

此在康德哲学中成为中介。然而契机分析所得的优美和崇高等审美范畴始终贯通着主体与自身的关系，这种关系即判断力的"瞬间"，处于矢量时间对生命循环节律（自然）的强制，以及境界升华的"刹那"体验对人生超拔（自由）的肯定之间，这就是审美关系。"审美关系首先是一种现实的关系。但它并非人对自然和社会的关系，而是伴随对自然、社会发生关系的同时，人对自身的一种特有的关系。它主要不是人对自然和社会客观规律的认识（真），也不是人对外界利益目标的追求（善），而是人在依照'真'以实现'善'时对主体自身的肯定（美）。"①

若按量的普遍性和模态的必然性而言，判断力预设出审美共通感的（先验）存在。并且，"一切美的艺术的入门，就其着眼于美的艺术的最高程度的完善性而言，似乎并不在于规范，而是在于使内心能力通过人们称为 humaniora 的预备知识而得到陶冶：大概因为人道一方面意味着普遍的同情感，另一方面意味着使自己最内心的东西能够普遍传达的能力；这些特点结合在一起就构成与人性相适合的社交性，通过这种社交性，人类就把自己和动物的局限性区别开来"②。

审美不仅是现代社会亲和性的公共中介心理，而且成为现代社会制度和自然知识的心性基础。第一，就社会制度而言，阿伦特在《康德政治哲学讲演录》中提醒我们，政治判断力的思考成为反思"二战"恶果的关键所在，当判断"从0生长到1"的瞬间（量），即进入政治判断力的质的决断过程，此为人类心性的迷宫之一，这导向公共心性的难题。第二，就自然而言，"瞬间"如何区别于卢卡奇对资本主义的物化（现在）界定，避免消费时代（后极权主义）的同质魅惑？就此，审美共通感与审美共同体的交互成为推向心性秩序的思考。

再说"反思"。"反思"在西方近代哲学中的原本含义是指人们反观自身的一种思维活动。洛克在《人类理解论》中将一切知识建立于感觉的经验和"反思的经验"而来的简单的观念之上。③ 洛克的反思局限于人

---

① 尤西林：《关于美学的对象》，《学术月刊》1982 年第 10 期。
② ［德］康德：《判断力批判》，邓晓芒译，人民出版社 2002 年版，第 204 页。
③ ［英］洛克：《人类理解论》，关文运译，商务印书馆 1959 年版，第 69 页。

类的心理活动或在时空中存在的事物,是经验性的。莱布尼茨将"反思"与实体相联,立足于逻辑规律。面对洛克的"感性化/科学化"和莱布尼茨的"智性化"反思,一方面,康德以"纯粹"概念过滤感觉,且置换沙夫茨伯里、休谟提取的"自然"观念;另一方面,康德的反思概念,针对认识能力的纯粹知性对象或是感性直观的对象,给予规定,康德称之为分派方位的先验。① 反思不是知性的本体或感性现象的比较,而是普遍一般和特殊杂多、知性概念和感性直观的综合。这种出于哲学体系完备的反思,不仅仅是形成逻辑的反思,而且是追溯到反思的先验逻辑,将先天综合判断显示出来。在自然和道德领域,康德称之为先验的演绎;在情感领域,先验的反思显现为个性主体自身的能力。

反思是于主体自身的关注,洛克的感性方式在反思中并未获得承认;康德把反思与判断力结合,关注主体自身无所依傍的能力:"思"和"感"能力同时得到承认,且"感"获得先验的界定。黑格尔的反思则定位为思辨的辩证环节(中介)。胡塞尔注意到"特殊"之反思的本质直观与构造的能力。该路向由主体导向了生活世界(间性主体?),倒逼着我们对康德的解读。

如果只有特殊被给予了,判断力必须为此去寻找普遍,那么这种判断力就只是反思性的。②

反思性的判断力只能作为规律自己给予自己(主观的先天原则),而不能从别处拿来,否则就是规定性的判断力了;更不能颁布给自然:因为有关自然规律的反思取决于主体自己。区别于地缘、血缘、人种、巫术、宗教等"共同体"时代的统合依据;同时也别于阶级、契约规则、货币媒介等"社会"规划,各个独立的个体不假外求如何经由"反思性判断力"获取"我们"的联合? 康德在权威面前力挺个体的独立,以实现自由,成为自己的主人,因此而被海涅、恩格斯恰如其分地称为法国大革命的哲学家。同时也深刻地认识到此现代性的颓废趋向,一方面,康德的"判断力"和"理性"作为知性的调节性(邓晓芒;regulativ,李

---

① [德]康德:《纯粹理性批判》,邓晓芒译,人民出版社2004年版,第241页。
② [德]康德:《判断力批判》,邓晓芒译,人民出版社2002年版,第14页。

第四章 审美共通感：主体间性与同理心生成的心性基础

泽厚译为范导性）原则，能为主体知性（知识的构成性原则）划界，限制主体的越权和妄自尊大，并以完整性的原则来引导知性本身；另一方面，康德自己给予主体自己的"普遍"反思，区别于柏拉图式客体理念的实体统合，亦超越于《实践理性批判》的超验设定，尤其认识到主体"I"联合的迫切性和理论建构的可能性。该"普遍"似乎与海德格尔在《艺术作品的本源》提到的"本源或源—跳（Ur-sprung）"[①] 有衔接之处。有人缘此"普遍"而感到个体感通的可能，该审美共同体的议题被席勒、阿伦特所注意到。"反思判断"之力（power or ability）据此只能求于己（I），为反思性判断力和规定性判断力分别的关键点。

对于反思性判断力的历史批判，康德在道德律的建构中，"目的论判断力"批判企图将人作为自然界的最后目的，且以道德目的（绝对律令）"偷偷地"补充自然目的，而建立一种道德论的历史神学，这期待"永久和平"等宇宙论的深化。区别于马克思劳动实践基础上的历史自然观，康德反思性判断力借此只是主体给主体自己，而不是给自然界提供一个规律。自然的合目的性的能动性是就自然中按照经验性的规律已给出的那些现象的联结而言来反思这个自然的，它是一个特殊的先天概念，并在反思性的判断力中有其根源；而且按照和这种合目的性的类比来思考实践的合目的性，反思自身并未进入实践历史的进程中。

规定性的判断力在其现实化的判断过程中，以显示客观有效性的纯粹化存在样态为主，即通过图型法而使综合过程纯粹化为知性法则；通过信仰说而使综合过程纯粹化为德行法则。反思性的判断力，不仅如规定性的判断力是行判断的一个过程，而且在判断的同时还应发现判断的决定根据。反思性的判断力本身没有客观的依据为其标准，也不能为此意图奠定任何认识客体的充分基础，而仅就是对某一对象进行反思。他通过并依自身而获得的只能是一个主观的依据。

鉴赏判断是我直接在这个对象的表象上直觉到愉快，而这种愉快是

---

① ［德］海德格尔：《柏拉图的真理学说》，载《路标》，商务印书馆2000年版，第250页；［德］《存在与时间》，陈嘉映、王庆节译，生活·读书·新知三联书店2006年版，第37—39页；［德］《林中路·艺术作品的本源》，上海译文出版社2004年版，第28、46—47、69页等。

任何论证根据都不能向你、我、他奢谈的。和概念推论相比，我们不能期待从论证根据的力量中，而只能从主体对他自己状况（愉快与否）的反思中，来获得他们自己判断的规定根据，而排除一切知性规范和规则。因此用一个普遍通用的公式，如科学，来阐明一类审美判断的规定根据是不可能的，我们只能通过艺术等范型来分析这种交互的主观自然表象的合目的性。它属于形象思维的问题，决定的根据不落言筌，也不涉理路。这就是康德向我们指明的主观依据，以情感中介来沟通自然和自由间的桥梁。

不论规定性的判断力和反思性的判断力之间的分列有多么大的模糊性，① 康德将反思性的判断力的主体性原则的特异性着意突出，正敏锐地见出现代性主体人格的张扬，而迎来真正批判的时代。宗教的神圣、立法的权威等教条主义无疑难逃判断力的批判，② 而自身、别人等主体间的关系如何要求交互主体间的不加伪饰的敬重？现代程序宪政学能否经受这种敬重并获得自由而公正的检验？第一，康德论述中有关反思的判断力的主体性的阐释正暗示由神权向人权转型的契机；第二，康德有关"反思"的强调也深刻意识到"我"特殊与"我们"普遍间的矛盾，并用鉴赏判断的四大契机来处置判断力的这一悖反。在反思资本主义社会"合理化"的弊端时，尤其显示出德国知识界审美现代性的历史针对性。反思性的判断力的自在能力揭示了审美判断在礼俗社会向法理社会转型过程当中承上且启下的繁殖能力。虽然沙夫茨伯里等人的"常识"论、道德感等表述中即已存在"情"的判断能力，但是他们的研究并未认识到"情"能力在地缘、血缘、人种、巫术、宗教等核心要素中的独立性。这直到康德为代表的主体哲学才有针对性地提出。复数主体，甚或原子间的沟通难题仅有"审美共通感"的推进才有补救的希望。审美代宗教（伦理）据此而是一种现代性的事件。以沙夫茨伯里对洛克等政府管理学的"天然"论证为基础，鲍姆嘉通等人18世纪于政治哲学领域的"感性

---

① ［德］汉斯－格奥尔格·伽达默尔：《诠释学Ⅰ：真理与方法》，洪汉鼎译，商务印书馆2010年版，第54页。
② ［德］康德：《纯粹理性批判》，邓晓芒译，人民出版社2004年版，第一版序第3页注①。

第四章　审美共通感：主体间性与同理心生成的心性基础

学"推进；席勒让美的自律对抗于商业文化的自私，而让美丽精神承担起调配高贵人性的目的；阿伦特震慑于现代私人主体对公共自由的放弃，接继康德对"判断力"的思考，并推进为美于交往性中的尝试，等等，均可在康德此处找到切实的原创性资源。

二　共通感与先验的方法

主观的鉴赏判断，虽然必然被看作多元性的，但同时也必然是无私的。在康德这里，美的先验评判预设了反思判断力的公共感通性（共通感）。"如果人们把它评价为可以同时要求每一个人应当对此加以赞同的这样一个判断：那么它就必须以某种（不管是客观的还是主观的）先天原则作基础，这种先天原则人们通过对内心变化的经验性法则的探查是永远也达不到的；因为这些经验性的法则只是让人认识到判断是如何作出的，但却不是要求判断应当如何作出，因而这要求是无条件的；这类要求是鉴赏判断预设为前提的，因为鉴赏判断所感兴趣的是把愉悦和某种表象直接地联结起来。所以尽管对审美判断的经验性的说明总是成为开端，以便为某种更高的研究提供素材；对这种能力的先验的探讨却毕竟是可能的，并且是本质上属于鉴赏力的批判的。因为如若鉴赏力不是先天地拥有这些原则的话，它就有可能没有能力判定别人的判断，并对此哪怕只是借助于某些表面的权利来作出赞成或是拒绝的表示。"① 康德的"有理性者"是包括人在内的非人类的"人"，凡是有理性者都有这一理性结构。另外一种生物如果一旦有了理性，也会照同一方式来思考。黑格尔的一般意识即为此逻辑结构，胡塞尔的"意向性""意向对象""现象学的还原"作为超越的现象学亦是如此。凡是有意识的存在者均符合这一意识的结构，否则仅是心理学。审美共通感诸先验概念的探讨，由此不是指人类的意识，而是一般意识。

先验的（transzendental）与经验相对，"先验的"用来描述先于经验

---

① ［德］康德：《判断力批判》，邓晓芒译，人民出版社2002年版，第119—120页。

而使经验成为可能的必要条件。① 先验的及"把一切与其说是关注于对象,不如说是一般地关注于我们有关对象的、就其应当为先天可能的而言的认识方式的知识,称之为先验的。这样一些概念的一个体系就叫作先验-哲学"②。先验哲学不能称之学理,而只能称之先验的批判,其意图不是扩展知识,而是校正知识;不涉及对象的知识,而仅涉及知识的先天的知识形式,而充当一切先天知识有无价值的试金石。面对独断(演绎法的极端形式)和怀疑(归纳法的极端形式)的挑战,先验的方法是康德为揭开先天综合判断的可能之谜而创立的方法,以为形而上学配享"科学"之名,成为普遍有效的综合知识。其原则是一种工具论的准备,属于知识认识论的法则(方法论、建筑术)。在先的/先天的(a priori)与在后的/后天的(posterior)相对,而先天的和先验是同一系统的分属论(知识对象论和知识方法论),交叉之外的区分是明显的。"先验"从来不是指我们的认识对物的关系说的,而仅仅是指我们的认识对认识能力的关系说的。③"并非任何一种先天知识都必须称之为先验的,而是只有那种使我们认识到某些表象(直观或概念)只是先天地被运用或只是先天地才可能的,并且认识到何以是这样的先天知识,才必须称之为先验的(这就是知识的先天可能性或知识的先天运用)。因此不论是空间,还是空间的任何一个几何学的先天规定,都不是一种先验的表象,而只有关于这些表象根本不具有经验性的来源,以及何以它们还是能够先天地与经验对象发生关系的这种可能性的知识,才能称之为先验的。同样,若把空间运用于一般对象,这种运用也会是先验的;但若只是限制于感官对象,这种运用就是经验性的,所以先验的和经验性的这一区别只是属于对知识的批判,而不涉及知识与其对象的关系。"④ 先验作为方法论表明:先天知识,一是超越经验,不能为经验所证明的理性原则

---

① [德]马丁·海德格尔:《存在与时间》,陈嘉映、王庆节译,生活·读书·新知三联书店2006年版,第504页。
② [德]康德:《纯粹理性批判》,邓晓芒译,人民出版社2004年版,第19页。
③ [德]康德:《任何一种能够作为科学出现的未来形而上学导论》,庞景仁译,商务印书馆1978年版,第57页。
④ [德]康德:《纯粹理性批判》,邓晓芒译,人民出版社2004年版,第55页。Immanuel Kant, *Critique of pure reason* (New York: The Colonia Press, 1899), pp. 47–48.

第四章　审美共通感：主体间性与同理心生成的心性基础

有效性的普遍性和必然性的，二是限于个人的类的知识，对于先天原则，个人虽然难以从经验探究，却可以思维，中国文化称之直觉，人不得不承认。

包括鉴赏判断，实例的共通感征求着每个别人的赞同，因为人们对此有一个人人共同的根据，康德称之为先验的原则，先天就有。首先鉴赏判断是宁宙共同体的遗留，康德早已指明，对于美的惊叹以及被大自然如此多种多样的目的所引起的感动，是进行反思的内心还在对世界的有理性的创造者有一个清晰的表象之前，就有能力感到的。它由"自然的形式的合目的性原则"给出了事实上的说明。康德列举了没有任何含义、不依靠任何确定的概念，却令人喜欢的花，自由的素描，无规律地相互缠绕、名为卷叶饰的线条，雪花、蜂巢的工致形态，锦雉、贝类动物、昆虫身上的颜色组合，不是通过偶然，而仿佛有意地按照合目的性的安排和作为无目的合目的性，表现为美/艺术。……表明"自然的合目的性这一先验概念既不是一个自然概念，也不是一个自由概念，因为它完全没有加给客体（自然）任何东西，而只是表现了我们在着眼于某种彻底关联着的经验而对自然对象进行反思时所必须采取的唯一方式，因而表现了判断力的一个主观的原则（准则）：因此当我们在单纯经验性的规律中找到了这样一种系统的统一性，就好像这是一个对我们的意图有利的侥幸的偶然情况时，我们也会高兴（真正说来是摆脱了某种需要）：尽管我们必定将不得不承认，这是这样一种统一性，它并不是我们所能够看透和证明的"[①]。鉴此，无须立足于心理学的观察，审美的共通感作为普遍可传达的前提而被预定，在每个别人那里预设，[②] 并强调这种共同的情感，不是私人的情感，而具有基础的位置，它存在于自然与艺术的类比、德行的象征等鉴赏中。康德视之为人性的超感官基底的东西，它将理论能力和实践能力以共同的和未知的方式结合成统一体。它是不存有任何鉴赏而应当具有这种鉴赏力的人的公共本能和共同根据。

先验的也不是超验的（transzendent）。在"§22. 范畴在事物的知识

[①] ［德］康德：《判断力批判》，邓晓芒译，人民出版社2002年版，第19页。
[②] ［德］康德：《判断力批判》，邓晓芒译，人民出版社2002年版，第46、75、76、106页。

上除了应用于经验对象外没有别的运用"中，康德称：

> 所以，思维一个对象和认识一个对象是不同的。因为认识包含两个方面：一是使一个对象一般地被思维的概念（范畴），二是使这对象被给予的直观；因为，假如一个相应的直观根本不能被给予概念，那么概念按照形式也许会是一个思想，但却没有任何对象，且它将不会使有关某个事物的任何知识成为可能；因为就我所知将没有，也不可能有任何东西，能够让我的思想运用于其上。既然我们可能有的一切直观都是感性的（见"感性论"），所以在我们这里，通过一个纯粹知性概念对某个一般对象的思维，只有当这概念与感官对象发生关系时才成为知识。感性直观要么是纯直观（空间和时间），要么是对于在空间和时间中直接通过感觉而表现为现实的东西的经验性直观。通过前一种直观的规定我们能得到关于对象的先天知识（在数学中），但只是根据这些对象的形式并作为现象；是否可能有必须在这种形式中被直观到的事物，这在这里却仍然还未确定。"①

此节区分了思维和认识的不同。认识对象，即知识的真是直观（认识的经验对象，质料）和认识的先天范畴的符合，并且这种相符是认识质料符合向认识的形式，这种转向的贡献是范畴，即认识的先验形式，如时空等感性的先验因素，质、量、关系、模态等知性的先天因素，保证了知识（真）的可能性。康德回应了怀疑论哲学，将知识可能的先验因素突出出来，并且康德重申，真理的质料（知识的质料）有逻辑形式不及的一面。② 思维者，虽有先验形式的运用，但是缺乏经验的对象。这种在主观上充分，在客观上不充分；可以思维，而绝不能感知的思维者，康德称之为信念。出于实践理性的关系，要么指向随意、偶然的目的（实

---

① ［德］康德：《纯粹理性批判》，邓晓芒译，人民出版社 2004 年版，第 97—98 页。
② ［德］康德：《纯粹理性批判》，邓晓芒译，人民出版社 2004 年版，第 56—57 页。

第四章 审美共通感：主体间性与同理心生成的心性基础

用信念），要么指向绝对必然的目的（学理上的信念），而做出预设。① 至此，康德的洞见在于，能将所有的目的关联起来，并且具有实践效力的是宇宙星空下的道德律：上帝、意志自由、灵魂不朽等先天概念，与现象领域的范畴一致，该信念——极限概念/界限概念使道德确信成为可能。

时光倒转，达芬奇曾冒着被宗教审判的危险，独个在墓地解剖男人、女人、老人、小孩之后的自述，奇怪！该解剖的部分我都解剖了，怎么没有找到上帝？"自在之物"在朗格的《唯物主义史》看来势必被黑暗笼罩——逻辑知识的真实世界，唯得有道德上的真理方能指引出光明的知识学道路。或许，康德所谓"自在之物"（上帝、意志自由、灵魂不朽等超验概念）并不在遥远的、不可企及的彼岸，而就在此岸："自在之物是什么呢？就是意志。"② 古留加在谈到康德的自在之物的概念时，这样写道："叔本华也嘲笑了这一点。他把康德比作一个在化装舞会上为了找对象而去向素不相识的美女献殷勤的人。在舞会结束时这位舞伴摘下假面具，原来就是他的妻子。"③ 尼采更甚，对物自体等信念作出"编造"的认定。④ 叔本华、尼采的经验阐释并未能回应主体哲学的间性困境，这是康德先验理念的意义所系。针对康德自由意志的个性实现（其历史哲学有共同体主义的特征），费希特的"共同体"理念即坚持相对于个体的优先性；⑤ 黑格尔实现了从个体主义向共同体主义的转型，相互承认理论和共同体主义成为家庭、市民社会和国家的基本立场。此为德国古典哲学的现代性展开。针对单称命题如何得出全称命题的思考，除了实验（笛卡尔《谈谈方法》）、常识/习惯（休谟）、反证（卡尔·波普尔）、范式

---

① ［德］康德：《纯粹理性批判》，邓晓芒译，人民出版社2004年版，第623—624页。亦参见第256—257页康德对"无"的分析。
② ［德］叔本华：《作为意志和表象的世界》，石冲白译，商务印书馆1982年版，第177页。
③ ［苏］阿尔森·古留加：《康德传》，贾泽林等译，商务印书馆1981年版，第168页。
④ ［德］尼采：《反基督》，陈君华译，河北教育出版社2003年版，第78页。科耶夫认为康德引入"自在之物"等黑暗概念，是为了使话语"封闭"而体系整合——以"似乎"的模式封闭。参见［法］科耶夫《康德的先验方法论》，载《康德与启蒙》，刘小枫、陈少明主编，华夏出版社2004年版，第25页。
⑤ ［德］费希特：《自然法权基础》，谢地坤、程志民译，商务印书馆2004年版，第37页。Gunnar Beck, *Fichte and Kant on freedom*, *Right and Law* (Lanham, MD: Lexington Books, 2008), p. 7.

转换（托马斯·库恩）以及先验的主观保证，"物自体"的设定，隐含了可以反证的未来的他者。①

三 "先验"的演绎

"我把对概念能够先天地和对象发生关系的方式所做的解释称之为这些概念的先验演绎。"② "先验"这种可以演绎的"无知之幕"是一种比社会和历史"原型""潜意识"等更为基本的东西，早先的自然神论者沙夫茨伯里、哈奇森、休谟都从不乏神秘的自然天性的意义上对此进行了经验的描述。而"人择原理"则预防了自然神学、先验理性和经验科学的混淆，"人择原理"所确认的"一体感"是人与宇宙原初感情和原初的态度。舍勒通过原始民族的图腾认同、宗教的神秘仪式、催眠术、性虐待、母爱本能，以及"昆虫的记忆"（如黄蜂对于毛虫生命过程的某种原初"知识"的占有）等典型例证而认定，"一体感是一种模棱两可的情况，在这里不仅他人的、有限的感觉过程被不自觉地当成自己的感觉过程，而且他人的自我恰恰（在其所有基本行为上）与自己的自我被认同为一体。这里的认同既是不自觉的，也是无意识的"③。这种本能的一体感，并非筑基于认识论的思想动机和（形式上）机械的触知，而是来自宇宙进化过程中天人合一感的孑遗。文明人几乎丧失原始人的一体感能力，成年人丧失了孩提时的一体感能力，人则丧失动物尚存的一体感能力。这种"一体感"的能力只能在有机生命过程的机体知觉中去感应。"尽管在无数银河系所组成的各类不同的宇宙中，存在着不同的物理参数和初始条件，但是由于人类只能存在于这些物理参数初始条件取特定值的宇宙中……这一切都以人类生命存在这一目的性为界限。"④ 高尔太的著作当时定价1.11元，我不敢确认高尔太先生是否看过康德的著述，但他的对原始生命力的科学探测和康德第三批判中的"自然目的论"原则

---

① ［日］柄谷行人：《跨越性批判：康德与马克思》，赵京华译，中央编译出版社2018年版，第52页。
② ［德］康德：《纯粹理性批判》，邓晓芒译，人民出版社2004年版，第80页。
③ ［德］M.舍勒：《舍勒选集》，刘小枫选编，上海三联书店1999年版，第292页。
④ 高尔太：《现代美学与自然科学》，载《论美》，甘肃人民出版社1982年版，第229页。

（别于"机械论"的）一样让人神往。

中国的文化已从感应理论上对人择原理的形迹有所揭示。董仲舒从发生学上提示物与天相感通、相应和的表征和潜质。

> 故天地之化，春生气，而百物皆出；夏气养，而百物皆长；秋气杀，而百物皆死；冬气收，而百物皆藏。是故唯天地之气而精，出入无形，而物莫不应，实之至也。①

"物莫不应天化"，《春秋繁露·王道通三》中人作为宇宙之所出，必然对先于个人的宇宙本体保持敬畏之心。《易传·同人·象》曰："君子以类族辨物"，《墨子·小取》说："以类取，以类予。"然而董仲舒质疑道："天道各以其类动，非圣人孰能明之？"（《春秋繁露·三代改制质文》）天人相分以来，异类之间是否有感，能否因感而动，以及如何因"感"而动呢？

董仲舒在《春秋繁露·郊语》中，以自然科学的常识，如"磁石吸铁"等，说明"感"的存在，但在知性发展的今天看来，却并不能完满地解决异类相感的问题。特别是在今天，目中无人、非人，人之间由类沦为异类、他者的社会，董仲舒有关祥瑞谴告、命和神的理解已失去了感通的解释效力，这依然集中于"度"的方式的探讨。

荀子说："故以人度人，以情度情，以类度类，以说度功，以道观尽，古今一也。类不悖，虽久同理……"② 董仲舒说："以身度天。"（《春秋繁露·郊祭》）《诗》云："他人有心，予忖度之。此言物莫无邻。察视其外，可以见期内也。"③《韩诗外传》强调说："圣人以己度人者也。以心度心，以情度情，以类度类，古今一也。类不悖，虽久同理。"④度的发生与操作，必定是靠心与心的感通而实现的。在西方知识论的论证中，这源自"统觉"（Apperzeption）本原的综合。裴顿认为其主要的

---

① （清）苏舆：《春秋繁露义证·循天之道》，钟哲点校，中华书局1992年版，第446页。
② 《荀子·非相》，参见梁启雄《荀子简释》，中华书局1983年版，第54页。
③ （清）苏舆：《春秋繁露义证·循天之道》，钟哲点校，中华书局1992年版，第41页。
④ （清）苏舆：《春秋繁露义证》，钟哲点校，中华书局1992年版，第15页。

问题似乎是知识的起源归之于心灵的问题，①该评论是与康德哲学的哥白尼转向相贴切的。联结是先于我、你、他的宇宙遗存于心的表象能力，"类"于"度"中，不可避免地趋近于无限制地推至整个宇宙的可通约性。康德不可知论的"物自体"强硬地区分了本体和现象，并将认识严格限制在现象界，为近代科学的发展扫清了道路；对于本体，不强求去知，但却承认去感。康德从判断力的普遍意义中挖掘这种沟通的可能。"共通感"虽然是一种主观性原理，但是其必须在被视为一种"共通感"下，审美才有可能进行。"（共通感）在自己的反思中（先天地）考虑到每个别人在思维中的表象形式，以便把自己的判断仿佛依凭着全人类的理性……"，"以鉴赏来作判断的人……可以把主观合目的性、即把他对客体的愉快要求于每个别人，并可假定他的情感是普遍可传达的，而且并不借助于概念"②。康德不仅将共通感置放于情感（感性）中来同知性概念相区别，而且把"共通感"从知性（理智）那里夺回给了感性。

在《对优美感与崇高感的考察》（1763）中，康德对审美的探究与先验的方法并无关联。在《纯粹理性批判》（1769）中，康德还认为审美的原则带有经验的性质，鲍姆加通将美的批判纳入理性原则的努力是白费力气。③直到1787年康德正从事《鉴赏力批判》的构思时，意识到美的领域的根本意义，先验批判的一般图式才在脑海中确立起来。④这说明，一方面由于沟通的需要，认识能力、评价能力（愉快感觉的能力）和意志能力（愿望的能力）三者的整体性逼迫，都使人发现了情感的中介作用。另一方面，由于先验的阐明，现象和本体之间、自然和自由之间的中介桥梁要求一种更深层次的开显。

审美共通感的预设作为先验的批判的一个建筑术，以自然的形式的合目的性原则在知性和理性的立法间达到联结；同时也因美而在复数的

---

① [英] H. J. 裴顿《康德的经验形而上学：〈纯粹理性批判〉上半部注释》，韦卓民译，华中师范大学出版社2009年版，第204—206页。
② [德] 康德《判断力批判》，邓晓芒译，人民出版社2002年版，第136、135页。
③ [德] 康德：《纯粹理性批判》，邓晓芒译，人民出版社2004年版，第26页注②。
④ 致许茨（1787.6.25）、致雅可布（1787.9.11）、致莱因霍尔德（1787.12.28、31）的信，参见 [德] 康德《康德书信百封》，李秋零编译，上海人民出版社2006年版。

第四章 审美共通感：主体间性与同理心生成的心性基础

人之间达到联结。在美和崇高的"契机"分析中，美成为人们的共同的根据而被期待。类比于普通人类知性的三原则：1. 自己思维；2. 在每个别人的地位上思维；3. 任何时候都与自己一致地思维。① 相较于 18 世纪风靡全欧洲的时髦字眼，由伏尔泰和洛克等人大力提倡，以反对经院式的玄思冥想而主张贴近普通人的日常知性的"常识"或"健全理智"，第二条判断力的准则有更多的权利可以称为共通感。共通感（Sensus Communis）双关有普通感觉的含义，在主体性解放的现代，个性被视为庸常倒并不显得是种功劳或优长。但若我们思考为一种反思能力，先天地考虑到每个别人的思维中的表象方式，以便把自己的判断仿佛依凭着全部人类理性，并由此避开原子个人主义的恶意；置身于每个别人的地位，而挣脱个人的局限和孤闭，将反思加到这种普遍的共通之上，正见出反思判断力准则普遍传达的能力。在人类诸种认识能力（知性、判断力、理性能力）的比较中，反思判断力在试图沟通自然和自由二域中，体现出独有的传达能力。康德是这样总结的，"所以鉴赏力是对（不借助于概念而）与给予表象结合在一起的那些情感的可传达性作先天评判的能力"②。那么我们就免不了把鉴赏看作我们甚至能够借以向每个别人传达自己的情感的东西的评断能力。每个人期待和要求着每个人对普遍传达加以考虑。

　　康德和我们对于美的鉴赏判断，以审美共通感作为预设：在那些特殊的（经验性的）自然律中对于人的见地来说是偶然的东西，却在联结它们的多样性即为了一个本身可能的经验时仍包含有一种我们虽然不可探究，但毕竟可以思维的合规律的统一性。因而不是假设，而是通过观察不得不承认的；也并非无知之幕，而是直接可感的。但我们如何能够看透和如何证明，康德注意到主体间沟通的难题性，但其提出的"演绎方法"未能承担起实证解决的责任。有无必要去证明？如何证明？伽达默尔在对维科"共通感"概念的改造中并不赞同维科将"共通感"归结为"天神意旨"的结果，他更倾向于在人类社会的历史具体中来解释

---

① ［德］康德：《判断力批判》，邓晓芒译，人民出版社 2002 年版，第 136 页。
② ［德］康德：《判断力批判》，邓晓芒译，人民出版社 2002 年版，第 138 页。

"共通感"的演进及其培育。先验演绎的方法最终指向康德的历史哲学，政治哲学是其中的描述部分。在此意义上，"共通感"是被社会地"教化"出来的，它与人类生活共同性的关联。在此实践哲学的哲学诠释学之外，李泽厚等实践美学学派接续并发展出马克思主义的历史积淀理论，对审美的先验批判进行了历史勘探。①

第二节 多元主体与审美共通感

一 共通感与主体他人

如果没有别人（个体乃至共同体、公共生活）也就没有美的普遍。反思判断力因为是"别人"的缺席而被体现为"感通"不足。"闲敲棋子落灯花""梨花小院怀人""酒意诗情谁与共"，等等，审美事实成为虚席以待的人与人之间联系的渠道，我向你开放，个体向社会整体开放。

"星河秋一雁，砧杵夜千家。"[（唐）韩翃《酬程近秋夜即事见赠》]

"共看明月应垂泪，一夜乡心五处同。"[（唐）白居易《望月有感》]

"玉阶生白露，夜久侵罗袜。却下水晶帘，玲珑望秋月。"[（唐）李白《玉阶怨》]

"海上生明月，天涯共此时。"[（唐）张九龄《望月怀远》]

这些人间的悲秋离愁，参与了此时此地月色（自然美）的创造。通过月亮，"我"走向了"你"。通过你，个体走向了整体，走向愁怨的解放。

唯己、利己主义不是审美的，无情是非人的，当然也是非审美的。审美必同情、交流。因为美的力量有时不可抵抗。但因何而难以抗拒？

---

① 李泽厚：《批判哲学的批判：康德述评》，生活·读书·新知三联书店2007年版，第397—398、427页及以下。

第四章 审美共通感：主体间性与同理心生成的心性基础

且见以下几段故事：

> 桓宣武平蜀，以李势妹为妾，甚有宠，常著斋后。主始不知，既闻，与数十婢拔白刃袭之。正值李梳头，发委藉地，肤色玉曜，不为动容。徐曰："国破家亡，无心至此。今日若能见杀，乃是本怀。"主惭而退。①

李势的妹妹的故事使我们想起古希腊美女芙丽涅的遭遇。希腊雕刻家普拉克西特最著名的雕塑作品《尼多斯的阿芙洛蒂忒》（《尼多斯的维纳斯》）即以芙丽涅为模特。虽然在希腊运动会上裸体已经成为习惯，可是人们还是不能容忍用女裸体模特做雕像。因此，芙丽涅受到法庭的传讯。在法庭上，为她辩护的律师突然扯下她的衣服，她美丽丰腴的胴体裸露在众人面前。法官们为她的美所震慑，一致宣布她无罪。19世纪法国画家席罗姆根据这个题材作了一幅精美的油画《法庭上的芙丽涅》。油画中裸体的芙丽涅头微微右侧，光洁的手臂遮住面部，因为她被出其不意地扯去衣服而感到羞涩和无奈。处在芙丽涅身后的法官们对芙丽涅胴体优美的曲线、柔软白嫩的肌肤和局促不安的姿态惊叹不已。

审美是唯己和虚无主义的否定。雨果、狄更斯和陀思妥耶夫斯基等人也从不同的角度，都描写过凶手在看到美丽景物时的惊叹——审美意识到自己与人类隔离而产生的羞耻、恐怖和绝望的心情，并非偶然。由美感/艺术所唤醒的这种"隔离意识"，是他人与人类重新取得共通的契机。

隔离出来的寂寞、忧伤、空虚、失落、无力、无意义等是人区别于动物的显著特征，这些是由于"对象世界"的缺失，或者说"我"和"我的世界"的疏离所致。在孤独、寂寞、困苦中仍能保持美感，是一个人精神力量强大的标志。弱者只有通过"有意识的自欺"，才能与之相

---

① （南北朝）刘义庆：《世说新语校笺·贤媛》，刘孝标注，杨勇校笺，中华书局2006年版，第623页。《妒记》中同样有这则故事："温平蜀，以李氏女为妾，郡主凶妒，不即知之。后知，乃拔刃往李所，因欲斫之。见李在窗梳头，姿貌端丽，徐徐结发，敛手向主，神色闲正，辞甚凄惋。主于是掷刀前抱之，曰：'阿子，我见汝亦怜，何况老奴！'遂善之。"另敦煌本《残类书》第二种亦载此条，叙事较《世说新语》及《妒记》更为详赡。

安。敏斯特堡的"孤立说",弗洛伊德的白日梦,布洛的距离说等为代表的理论,可谓平庸的我们由弱趋强的努力。如道家清虚,佛门空无,将艺术作为在历史命运面前无能为力的人们,逃避异化现实的虚拟家园。强者则不能与之相安,唯有无意识的自觉。留在历史上的人物,都不免寂寞。无爱是内在的寂寞,无所爱是外在的寂寞。但他们不甘寂寞,找出自己的对象。屈子向往山灵水神,司马迁在《史记》笔法中慷慨悲歌;席勒遁迹古希腊罗马的黄金时代,卢卡奇在《狱中笔记》中超脱……"相乐也,已而相泣。"他们的所做,是他们对寂寞的超越,是对自由的展现。① 艺术静观可令私人感加强,而行动美学则让人的公共使命感倍增。

他人不能成为私人自由的障碍或限制,而恰是一切个体实现其自由的机会。"肯定的自我关系的可能性取决于其他主体的切实承认,只有在个体的特性、特征同时也得到了他的互动伙伴的认可和支持的程度上,个体才能真正实现自我同一。"因此,作为自我的发现、自我实现的个体自由之增长过程,同时也体现为作为主体间相互承认、相互肯定的共同体关系加强的过程。② 黑格尔对主体间承认关系的论述发现了"共通感"这一论域。"自我意识只有在一个别的自我意识里才获得它的满足。"自我意识的产生、形成"纯全是两个自我意识的双重运动。……单方面的行动不会有什么用处,因为事情的发生只有通过双方面才会促成"。作为自在自为的存在,自我意识是"由于,并且也就因为它是为另一个自在自为的自我意识而存在的;也就是说,它之所以存在只是由于被对方承认"③。马克思充分肯定黑格尔的这一发现的"伟大",同时指出其共同体的基本内涵,认为其只停留在互为主体的"自我意识"之间的相互承认上,把人看成一种"非对象的、唯灵论的存在物";④ 而不是在更一般意义上理解为自由劳动或者

---

① 高尔泰:《美和自由》,载《自由面面观》,陈俊伟、谢文郁、樊美筠主编,中国社会科学出版社2009年版,第15—19页。
② [德]阿克塞尔·霍耐特:《为承认而斗争》,上海世纪出版集团2005年版,第21—27页。
③ [德]黑格尔:《精神现象学》(上卷),商务印书馆1983年版,第120—124页。
④ [德]马克思:《1844年经济学哲学手稿》,载《马克思恩格斯文集》第1卷,人民出版社2009年版,第206页。

第四章 审美共通感：主体间性与同理心生成的心性基础

说实践的一种社会形式和条件上。哈贝马斯避开统治和劳动为标志的行动形式，设置了互动与对话为特征的精神重建，似乎较马克思、科耶夫更重视黑格尔世界整体性的精神特点。① 从"应然"②的角度而言，人是一种自由自觉的实践者，其劳动的自由是对本能性活动、功利性、手段性活动的解放；从"实然"的角度而言："人的本质不是单个人所固有的抽象物，在其现实性上，它是一切社会关系的总和。"③ 人应该是自由自觉的实践者，是在实践中追求充分地实现、展示自身潜能，以实现自身的全面发展的存在。但这样的人需要在具有具体的"历史规定性"的实践中来获得自我实现和他人确证。"历史的规定性"标明"应然"之人的实现程度，即人类本质得以实现的实际广度和深度。"历史规定性"，第一是特定历史阶段的生产力发展水平，第二是建基于生产力水平上与别人相关联的"社会"关系。特定的社会关系不仅是实践展开所必需的组织形式，也是人经由实践实现自我确证所必需的途径和方式。正如马克思所言："人对自身的任何关系，只有通过人对他人的关系才能得到实现和表现。"④ 对人而言，社会不是外在的"他者"，而是内生于人的本质属性。社会的存在和人的实践互为因果。"只有在集体中，个人才能获得全面发展其才能的手段，也就是说，只有在集体中才可能有个人自由。"同时，也正因为社会是人们自由实践所必需的条件或形式，"各个个人在自己的联合中并通过这种联合获得自由"⑤。因而，社会就表现为自由个体"自愿的联合力量"，表现为自由的共同体，而不是从外部强加于个体

---

① R. Bubner, *Modern German Philosophy*, trans. E. Matthews, Cambridge: Cambridge University Press, 1981, pp. 194-195.

② "人本质"在其现实上的"实然"形式，可能已经是人（应然）本质的一种"异化"了的表现形式。有关马克思人本质的"实然"和"应然"的解读参见王小章《经典社会理论与现代性》，社会科学文献出版社2006年版；王小章《从"自由或共同体"到"自由的共同体"》，载《社会理论论丛》，（第四辑），周晓虹、成伯清主编，北京大学出版社2009年版，第197—199页。

③ ［德］马克思、恩格斯：《关于费尔巴哈的提纲》，载《马克思恩格斯选集》（第1卷），人民出版社1995年版，第56页。

④ ［德］马克思：《1844年经济学哲学手稿》，载《马克思恩格斯选集》（第1卷），人民出版社2009年版，第164页。

⑤ ［德］马克思、恩格斯：《马克思恩格斯全集》（第3卷），人民出版社1960年版，第84页。

的他者。这是"自由的共同体"在理论上由先验统觉转向实践哲学视角的契机，成为评判实然社会是否合理、正当的标准。马克思对资本主义的批判就坚持了历史性肯定和历史性否定的辩证统一。即实然和应然的辩证统一。

以上阐释了人及社会是什么以及应该是什么的问题，这指向了美的共通，从而为人的自由安顿提供社会基础和历史依据。美是自由的象征，自由是共同体的应然追求。

二　共通感与主体之后

程序宪政学确认主体性原则以来，平等尊重的原则要求我们忽视人与人（我主体）之间的差异，而在主体之后，特殊个体本位之间又在寻求平等价值的实现。"无视差异"即自由主义本身某种特殊文化的反映。文化多元主义、种族关系、性别政治等不过是冒充普遍主义的特殊。社群主义的活跃即可视为对该中心议题的妥协性反应。这一妥协激化个体本位的权利理论与群体权利的冲突、"程序宪政"和"实质性宪政"的冲突。"人权至上"的信条相信，怀疑集体目标的自由主义者坚持将个人权利置于集体目标之前，认为国家组织不能支持任何实质性理念或完备性学说，社会连接的纽带是平等尊重所有人的程序性承诺（Ronald Dworkin），或"政治的正义"（John Rawls）。那么单子主体间如何交互成"我们"呢？泰勒为了避免特殊主义的"认同政治"（politics of identity），而将该问题转向"承认的政治"（politics of recognition）来探讨自由制度中特殊和普遍之间如何可能。"认同"一词表达的是一个人对自己是谁，以及自己作为人的本质特征的理解；而"承认"表明我们的认同部分地是由他人的承认构成的，如果得不到承认，或被扭曲地误认，会影响并伤害我们的认同的。[①] 在此意义上，"社会"建立在对话的关系之上，如果一个社会不能公正地提供对不同群体和个体的承认，它就构成了一种压迫形式。要么就是极权主义的无人统治（阿伦特），要么就是原子主义的非人状

---

① ［加］查尔斯·泰勒：《承认的政治》，载《文化与公共性》，汪晖、陈燕谷主编，生活·读书·新知三联书店2005年版，第290—291页。

态（利奥塔）。当代性别政治、种族关系和文化多元主义的讨论，就应拒绝这种可能的压迫前提。平等的"承认"，首先否定了主体他者的对抗，但"承认"何以从单子之我走向"我们"，还是继承先于"我"的先验方法和先天原则，从"我们"走向"我"？至此，特殊主义是同"审美共通感"思想并肩作战，还是孤军奋战，这就成为一种抉择。

第三节　非功利：走向他者的预设

随着古典共和主义的式微，以及"让上帝的归上帝，让恺撒的归恺撒"①的诺言的基本实现，古典性的共同体由"等级大序"的礼制走向了联合体社会，自由主义成为对现代联合社会做出回应的现代性的政治理论。霍布斯、洛克、卢梭以及罗尔斯等提示人们：社会契约论是国家等公共联合体系起源及其正当性的一种最有说服力的解释。别于"神志论""阶级意志论"等精英主义的社会契约论模式，作为私利博弈的恶之花，把握的是现代性"规则"的一面，而其"质料"可称为功利。《利维坦》明文规定人人因利益而战，为保障安全而设立"开明专制"政体；②洛克的《政府论》补充认为自由、财产权、生命的能力等超出了政府契约的范围，并繁复地规定社会法律要保障财产权③，同时，在认知论上认为人们的道德实践也是对利益的理性算计。④由此可知其取消精英和庸俗之别的"约成"是关于财产的安全机制，反映的是私利的妥协。正如海德格尔所言，实在也是让其"自由"的一种方式。为我之物（质料）成为自在之物（康德的物自体）。但毕竟是"心得义乐，体得利安"。

契约论如何磨合"心"与"体"、"人与人"之间的矛盾，势必成为一种难能的艺术。事实表明，立约的动机是自然（自私），契约启用的前提是

---

① 《新约全书》：马太福音第22章，第21—22节；马可福音第12章，第17节；路加福音第20章，第25节。
② ［英］霍布斯：《利维坦》，黎思复、黎廷弼译，商务印书馆1985年版，第124、260页。
③ ［英］洛克：《政府论》，叶启芳、瞿菊农译，商务印书馆1982年版，第77、85、105、133页。孟德斯鸠时代已进入财产管理、制度优化的阶段。
④ ［英］洛克：《人类理解论》，商务印书馆1983年版，第29页。

人的独立自主、资源分配的正义和平等，等等。不难看出，契约的内在价值是自由，核心在自主。但在庸俗自由主义者看来，即立约前的关系——意义同情等共同体感（集体责任）受到"两可"的处置；守约时，科层制度化—法制化的优先程序，（中立化、非人化，当然也高效、精确、低廉）将具体有关的人、交往的人变为无关，并拒绝为非自主行为导致的邪恶承担个人责任（对道德缺乏自主）；同时，契约论依托程序原则类型的道德，而期待契约持久、内在的自律，这对契约论本身的悖论解法并不一目了然。卢梭即提防了法律程序的僵硬性，并对"公意"者主权的界定同着眼于私人利益的众意针锋相对。该悖论实为自由主义政治纲领的内在矛盾，其积极价值（自主、自由、平等、权利，多元主义和分配正义）内在地导致政治懒惰，乃至公共邪恶和人心缺德等消极恶果。借此推论，现代公共领域的目的和意义一旦被自由主义的政治"道德"蚀空，其契约将徒具工具性职能。法律就是形式理性从社会内容中分离出来而且交互确认的纯粹体制，而切实于践履行动则在于"政治过程"，这正是20世纪行为主义政治学繁荣的原因所在。[①] 但推崇科学实证的行为主义政治学又如何在形式物中聚合意义呢？康德基于人理智占有与感性占有的分化"……即我并不占有一个物品，尽管如此一个他人对它的使用仍然会伤害我"[②]，而指向公共宪政的规划与反思；又如雷蒙·威廉姆斯（R. Williams）所见，美学确认了"统治体系所排挤甚至排除的某些意义与价值"，"它的历史很大部分是在控诉把一切体验都化成功用，把一切事物都变成商品。"[③] 美学蕴含的控诉潜势表明其对自由的承诺非质料（感性占有）所能局限。这可否指向审美公共性的思考？

康德认为，审美鉴赏取决于我们如何评价自己心中的表象，而不取

[①] 戴维·米勒、韦农·波格丹诺：《布莱克维尔政治学百科全书》"政治理论与政治科学"条目，邓正来等译，中国政法大学出版社1992年版，第579—582页。易君博：《政治理论与研究方法》，三民书局1975年版，附论一：政治学：简史、界说、范围、展望；（实引自《云五社会科学大辞典》第三册）附论二："二次大战以后政治学发展的趋向"讨论会议记录。

[②] [德] 康德：《道德形而上学》，载《康德著作全集》（7），李秋零主编，中国人民大学出版社2008年版，第252页。

[③] [美] 王斑：《历史的崇高形象：二十世纪中国的美学与政治》，孟祥春译，上海三联书店2008年版，第2页。

决于依赖对象的实存（质料）。美的鉴赏的无利害和自由的愉悦避免了感官病理的刺激手段和理性的功利手段来对赞许的强迫，必定包含一个使每个人都愉悦的根据，预设它对于每个人的有效性，有权利让每个人都期望这一类愉悦，这一种主观普遍性的要求，不是说，每个人将会与我的判断协和一致，而是说，每个人应当与此协调一致。① 这种赞同的要求以及命令在康德对优美和崇高的质、量、关系、模态等分析中已经得到彰显。我们在此提取的是无功利的"公共性"的意义。

第一，"无功利"被现代主义推向极致。现代主义以荒诞、晦涩、杂乱、扭曲的形式表达了对商业社会、金钱世界的拒绝；以反审美、反形式的方式抗拒一切来自经济资本、市场机制的收买和招安。现代主义的极端自律恰成为抗击商业资本的正统秩序和流行风尚的文化资本。正如伊格尔顿所言：审美的自律成为一种否定性的政治。② 现代主义将审美和政治实践勾连起来，开启了一种审美政治。一旦条件具备，后现代的民族、人种、族裔、地域、身份、性别、生态等问题与审美相摩荡，继而升华为象征性的审美文本，而这恰为一般实践政治所不及。

第二，契约论的程序法则处理的是功利的分配，契约论下的商业精神使民众的境界降低，在康德处已有资可鉴，这在经验主义的魅力、装饰、激动等快适判断中已见出感官病态。个人对感性欲求的对抗表现出无能，而个人与他人的关联则让我们感到一种摆脱感性的潜能。崇高感在自然与道德的冲突中，在无从把握的感性无能中，由自然客体而偷换成对人性理念的敬重。敬重是使利己之心无地自容的价值觉察。③ 在实践理性批判中，康德已把敬重的情感从普遍的道德概念中先天地推导出来，在那里已经跨越经验、实存的界限，并引入某种基于主体的超感官性状之上的原因性，即自由的原因性，来评价自己心中的表象，这在崇高的"消极愉悦"中体现得明显，崇高"并非就其是激起恐惧的而言被评判为

---

① [德] 康德：《判断力批判》，邓晓芒译，人民出版社2002年版，第76页。
② [英] 伊格尔顿：《美学意识形态》，王杰等译，广西师范大学出版社1997年版，第369页。
③ [德] 康德：《道德形而上学原理》，苗力田译，上海人民出版社2005年版，第22页注②。

崇高的，而是由于他在我们心中唤起了我们的（非自然的）力量，以便把我们所操心的东西（财产、健康和生命）看做渺小"①。康德以此而崇敬冒险的战士和战争陶冶出的思想境界；同时对和平时期的商业精神表示担忧：卑鄙的自私自利，怯懦和软弱无能，思想境界降低，等等。② 崇

---

① ［德］康德：《判断力批判》，邓晓芒译，人民出版社2002年版，第101页。

② ［德］康德：《判断力批判》，邓晓芒译，人民出版社2002年版，第102页；康德：《永久和平论》，载《历史理性批判文集》，何兆武译，商务印书馆1990年版，第131页。［德］黑格尔：《法哲学原理》，商务印书馆1961年版，第341页。辜鸿铭资鉴中西对此有同样看法，他将解救群氓崇拜教的方案指向中国的良民宗教。（参见辜鸿铭《中国人的精神》，黄兴涛、宋小庆译，人民出版社2010年版，序言第10—11页、第109—110、116页）17、18世纪把道德善好等同于被启蒙了的自身利益的目标为德国思想所反对，他们鄙视洛克。确实，道德善好和自身利益、高尚和功用、义务和自利等之间存有差异，但德国后来的军国主义将此差异坚持得过分，以至于忘掉人自然的目的是幸福。纳粹分子用"个人（民族）荣誉的观念"取代对上帝虔诚的感知和体验。这种形式以日耳曼血统为标志，借以完成血统、信仰和国家的三位一体。德意志民族协调起教会，限制其政治的范围，但扩大了其意识形态的权力领域。在德国哲学里，幸福、功利差不多成为贬义词，因为"正义、节制、温文、慷慨等等都是有酬劳的；英勇，也就是战死疆场，为国捐躯，绝无报偿：它是自我牺牲之尤者"（［德］列奥·施特劳斯：《德国虚无主义》，载《施特劳斯与古典政治哲学》，刘小枫主编，张新樟等译，上海三联书店2002年版，第763页。另参见希特勒《我的奋斗》，转引自［奥］威尔海姆·赖希《法西斯主义群众心理学》，张峰译，重庆出版社1990年版，第69—70页）。

并且，特别是希特勒，他们憎恨现代绘画、音乐、建筑等艺术缺乏"宏伟""崇高"的气质。他们论说："只要我们当今大城市的特点是高耸入云的百货公司、商厦、宾馆和办公大楼这样一类造型的建筑物构成的，那就既不是艺术，也不是什么真正的文化。"（希特勒："在1935年纽伦堡纳粹党代表大会上的讲演"，转引自赵鑫珊《希特勒与艺术：德国艺术史上最可耻的一章》，百花文艺出版社1996年版，第193—194页。鉴于对现代城市之庸俗、堕落的贬抑，希特勒在为未来的林茨博物馆搜罗艺术藏品中，现代城市生活和工作场景完全没有。参见［德］哈恩斯-克里斯蒂安·罗尔《第三帝国的艺术博物馆：希特勒与"林茨特别任务"》，孙书柱、刘英兰译，生活·读书·新知三联书店2009年版，第169页）

基于类似的理由，德国哲人不禁过分地强调武德的美学价值，其与十字架隐喻着的献身意象极其相似，这在费希特、黑格尔、尼采那里尤其如此，这助长了战争美学的迷狂。马里内蒂的"战争美学"，纳粹主义标榜的"崇尚艺术、摧毁世界"（［德］本雅明：《可技术复制时代的艺术作品》，载《经验与贫乏》，王炳钧、杨劲译，百花文艺出版社1999年版，第291—292页）之所以可能，外在地是倚重了科技的进步，而重要的是内在地盗用了审美的共通意识而向整体施暴，这是美学的极权主义负面。"武德"固然体现非功利的愉悦，但美学的目的是残杀生命于瞬间，还是安顿生命于永恒，这是法西斯主义、虚无主义有待解释的核心问题。它推动我们全面地反思现代中国包括"典型说"等在内的意识形态话语。鉴于20世纪极权主义操纵、利用艺术（美学）的教训，尤西林先生建议同审美与启蒙现代性的基本原则之政教分离一样，实行"政一艺分离"，即艺术传播第一与国家操纵分离，第二与文化工业的操纵分离。参见尤西林《艺术传播的现代性机制及其界限》，《哲学与文化》第卅八卷第十期（2011年10月）。

第四章 审美共通感：主体间性与同理心生成的心性基础

高不在任何自然物中，而超越了任何外在的自然，而意识到我们为我们心中的自然，并因此对我们之外的自然处于优势，已准备违反我们感性的利害。崇高的创造并不悖于鉴赏，因为"鉴赏包含着一种从外部促进道德性的趋势"①，但崇高和鉴赏之于道德的不同在于，道德在于无条件地服从，并不关心由本无所带来的人的无能，而崇高和鉴赏则将人从无能的感性欲望中解放出来，即崇高以及鉴赏将存在由有到无的生成过程展现出来。崇高感和美感所唤起的人格性（关涉他人）绝不看作一种强制，这与人这种终极目的的设定根本不必在自然（欲望专制）中去寻找，而在文化中去寻找一致。这也与培养道德理念和道德情感的鉴赏一致。

第三，无功利都期待和要求着每个人对普遍传达加以考虑，仿佛是由人类自己颁布的原始规约，如义务一样向每个人要求。这种无目的而合目的性的表象方式促进着对内心能力在社交性的传达方面的培养。例如美的艺术、游戏等等本是社交完满性的应有法则，而构成一个趋于合乎目的的共同体，而非趋于合乎手段的共同体，这在自然有机体中有明显的启示。功利很难将人类自己与动物的局限区分开来，契约论自律性之外的自私自利以及快适艺术的享乐目的最终必然导致原子个人主义的自闭，此与促进社交性传达的美的艺术相去甚远。审美的非功利性包含着主体的极端的非中心化，具有走向他人，促进整体的可能性和目的。

第四，无功利却合目的，即自然及艺术的合目的性作为审美判断力的唯一原则是审美鉴赏的先天准绳。从自然及艺术的类比，逼迫我们追求我们的道德使命和终极目的，这是其一。其二，无功利而合目的的审美构造，作为自然的类似物，从自然界的有机体至市政机构，乃至整个国体，可以把每一个成员不应当仅仅作为手段，而同时也是目的，并通过审美立法而促成这个共同体的可能。② 接受自然界的合目的性的关联原

---

① ［德］康德：《实用人类学》，载《康德著作全集》（第7卷），李秋零主编，中国人民大学出版社2008年版，第238页。
② ［德］康德：《判断力批判》，邓晓芒译，人民出版社2002年版，第227页注①。在中国审美和艺术与国家现代化联系起来。蔡元培认为四育（包括美育）不只培养"健全人格"，还透露出发展"共和精神"的使命。参见蔡元培《在爱丁堡中国学生会及学术研究会欢迎会演说词》（1921年5月12日），载《蔡元培全集》（第四卷），中国蔡元培研究会编，浙江教育出版社1997年版，第339—343页。

则，作为自然天意的公共判定，① 毋宁说被我们评判为这种合目的性的原始根据，即取特定参数值的宇宙为什么是这样而不是那样，反过来即说明"我们的审美表象为什么是这样而不是那样"的宇宙根据。应当作为从某种超感性的根据出发来解释的内在自足的审美共通感及共同体，正适合温狄士格莱茨伯爵的悬奖论文"怎样才能缔结契约使之不得有分歧的解释，并且不可能有关于财产转移的任何争论，从而使任何具有这一拟议中的形式的权利文件都不可能出现法律诉讼？"② 的解释。美学的政治潜在作为生生不息的无限就应符合"宇宙全息律"③，而道法自然。

  审美的非功利，即表明个体主体的非中心，而由"我们"来化解单子间私欲纷争的孤闭；审美的非功利，也表明人类主体的非中心，而由此从"宇宙"来理解从自然至国家间的目的连接，从全体的角度达致对主体间"手段""功利"等过激行动的消解。

  人是自然的目的，那么人与人之间谁是目的？社会契约论者认为，上帝"把地给了世人"④，给人类共有，是劳动使它脱离原来共有的自然状态，而开始成为一种财产，⑤ 并诉诸法律保障，建立国家。康德花大气力从自然的合目的性说明人是自然的目的，"自然"表明美的天然性；青年马克思表示要按美的规律来建造，说明美的公共性。美从自然拨归到私人并不乏公共本能，其内在线索在于美是目的而非手段。自然无私，其有机性使外在的存在手段合于宇宙的目的而自呈为目的，自适无碍。社会为公，公众的福利是最高的法律和最终目的，的确为公共评判的根本准则。⑥ 历自然经社会，这些我们都可以以美的合目的性来判定高下。

  在资本主义反对封建主义的叙事话语中，平等、自由、人权等权利

---

① ［德］康德：《判断力批判》，邓晓芒译，人民出版社2002年版，第198、211、217页；［德］康德：《永久和平论》，载《历史理性批判文集》，何兆武译，商务印书馆1990年版，第122页注3。
② ［德］康德：《永久和平论》，载《历史理性批判文集》，何兆武译，商务印书馆1990年版，第107页注1。
③ 张颖清：《生物全息律》，《自然》1981年第4期。
④ 《旧约全书》诗篇第115篇，第16节。
⑤ ［英］洛克：《政府论》，叶启芳、瞿菊农译，商务印书馆1982年版；［法］卢梭：《社会契约论》，何兆武译，商务印书馆1980年版，第28页。
⑥ ［英］洛克：《政府论》，叶启芳、瞿菊农译，商务印书馆1982年版，第89、97—100页。

第四章　审美共通感：主体间性与同理心生成的心性基础

组织形式采用了美学的统治，以美学的同化制造了社会的认同。用人类的文化主张来代替、掩盖现实生活中的具体、少数人的利益、权利。借马克思的逻辑推衍：每个人都接受这些价值，但是只有少数几个人，诸如地主和资本家，可以行使这些权利。日益完备的程序宪政学对人权，特别是个人经济上的私、欲，进行了公共性的定位，而漠视了美研究的问题所在。鉴于洛克时处资本主义的时代背景，财产权成为《政府论》全力维护的自然权利，它与生命、安全同列，成为立法权（最高权力）的目标和尺度，这对推进经济的发展提供了法律保障，但一旦推翻了封建建制后，人人唯利是图地钻营私人权益时，人必然又回到了各自为政的状态，国家法律相应地成为利益转让的工具而失去美的目的和价值。正如经济学家哈耶克所不遗余力的批驳："正义分配"是以原始情绪为基础的返祖现象。① 复活原始本能的平均主义或社会达尔文主义，并非见出马斯洛所擘画的需求金字塔，势必有扼杀文化进化的危险。对商业（商人）公共性的热议，说明经济文明对主体和他人挑战的剧烈，② 具体的冲击将在下一章政治文化—牛仔时尚中予以关注。经济功用是人类历史存在和发展的基石，但并非安顿之所。

用公正的法律，宽容的秩序去改良生活，只能产生程序的正义，而不能产生"完美的"政治。民主需要美，需要艺术。政治生活应当模仿美的艺术，美学应当对程序宪政学贡献力量。面对经济文明的冲击，在新教伦理的天职论之外，康德的自然神论选取了主体性美学的中介。除去爱慕虚荣、自以为是和腐朽的情欲（艺术），除去与自然形式结合着的感性魅力，对自然的关怀有一种直接的兴趣在任何时候都是一个善良灵魂的特征。③ 这大自然在美的产物身上，不是通过偶然，而仿佛是有意地按照合目的性的安排和作为无目的的合目的性，而值得叹赏。在康德自

---

① ［英］哈耶克：《法律、立法与自由·跋文 人类价值的三个渊源》，参见《哈耶克读本》，邓正来主编，北京大学出版社2010年版，第501页；［英］哈耶克："社会公正"的返祖现象》，载《经济、科学与政治：哈耶克思想精粹》，冯克利译，江苏人民出版社2000年版，第309页。

② 有关商人（商业）公共性的讨论资料，可参见《欧美的公与私》，［日］佐佐木毅、金泰昌主编，林美茂、徐滔译，人民出版社2009年版。

③ ［德］康德：《判断力批判》，邓晓芒译，人民出版社2002年版，第141页。

然有机体的研究中，各个成员都不应当仅仅是手段而同时也是目的地促成其整体的可能。自然界的客体合目的性毋宁说被我们主体评判为目的原则而预防着自然科学和神学推导的混淆。从自然的类似物中，如艺术、道德、市政机构等，构成我们存有的终极目的，即人的道德使命。① 故而，对自然界崇高的评断，较对优美的评判而言，首先从文化中产生出来，并预设每一个具有文化教养者都有。在崇高的鉴赏中把自然影响方面是大的东西当作小的东西来蔑视，因而把绝对的伟大建立在主体自己的使命之中。康德在目的论批判力批判中，压制了自然的机械论原则，而高扬了自然的目的论原则，他将最后的目的设定在人身上，认为人的终极目的的根本不必到自然中去寻找，而需到教化中去寻找。② 道德主体的人，作为文化（训练）的结果，把意志从自然欲望的专制中解放出来，就是审美的终极目的。道德主体的人从自然中产生善良的灵魂，就是主体性的终极显现，也是主体性的终极皈依。

第四节　审美共通感的生成性

　　哲学是时代精神的精华。康德晚年以法制为基础的国家学说和永久和平的学说在于他在解释现代生活的道德尊严这一关键性的，以及被马基雅维利和霍布斯传统所蓄意牺牲掉的问题。如果严肃地思考自由主义和民主政治的基础，康德和我们确实能从霍布斯、洛克乃至卢梭身上发现其忽视的道德情感。但是针对现代契约政治的原子主义倾向，道德情感能否达到世界公民的联合？再者，道德教育和道德转变问题是康德政治学说、法律学说和历史学说面临的核心困境：道德学说的存在不允许利用制度办法解决政治问题，而这一学说的性质也禁止道德教育的方法。它涉及道德领域和自然决定领域的相互交流，而康德又极力保持该两个领域之间的分离。他试图引入其间的中介物的尝试必须回到对《纯粹理性批判》和《实践理性批判》的批判。

---

① ［德］康德：《判断力批判》，邓晓芒译，人民出版社2002年版，第144页。
② ［德］康德：《判断力批判》，邓晓芒译，人民出版社2002年版，第288—289页。

第四章 审美共通感：主体间性与同理心生成的心性基础

康德哲学将心之能力剥离为认识能力、欲望能力、情感能力，并体现为自然领域、道德领域、情感领域的三大批判。康德哲学的研究也对应成孤立的疏解，并因为西方哲学传统的知识论取向，而显现研究者著力的失衡。先验心理学（朗格等生理学派）、先验逻辑学（柯亨等马堡学派）、先验价值学（文德尔班、李凯尔特等弗莱堡学派）等新康德主义者即有现实生成论取向的拓展；海德格尔的康德哲学阐释赋予《纯粹理性批判》A 版中先验想象力以更根本的地位，即可作为这种失衡研究的代表。但第一批判的先验感性论与《判断力批判》最具相关性，却足以说明康德哲学的内在系统性。康德哲学研究涉及一个整体的视角。德勒兹的《康德的批判哲学》是从整体性的角度解释康德哲学的代表。传统研究把《判断力批判》共同中介的最高目标指向《实践理性批判》的善，而阿伦特颠覆自古希腊以来，康德集其大成的先验模式，坚持"现象即本质"的存在观，针对现代性以来的原子式境况，深掘康德的"共通感"概念于现代法政的践履性意义。卢春红的《情感与时间》借资阿伦特、德勒兹的思路，依傍康德自身文本的全面梳理，将作为沟通中介的"美"置于本源地位（所谓"生生之流""生活"）。这些是席勒以来，现代西方哲学——美学转向的本体性拓展。对生生之流抽象化的思想取向，在学理上，康德获得剥离出"纯物"和"纯灵"的不朽成就，而提请共通感对范畴（理论理性）与道德命令（实践理性）所包含的纯粹化倾向的消解，而由此展示出对整体性生活过程的生成。共通感正是通过对这一分解态度的消解过程而获得自身的。①

范畴与实践法则的对立，使我思与他思都成为一种单向的存在。这一对立在幸福与德性、自然与自由的冲突中得到了集中的体现。循环时间的唯物并不比线性时间远离自然的节律，其时间循环"枢使得其中，以应无穷"，道枢（如血亲伦理）若环，因缘化生，虚实相生，故可避免虚无。启蒙之后的现代社会，在科学实证对社会学、政治学、哲学等社

---

① Hannah Arendt, *Lectures on Kant's Political Philosophy* (Chicago: The University of Chicago Press, 1982). 卢春红：《情感与时间：康德共同感问题研究》，上海三联书店 2007 年版，第 80—91 页。

会人文科学的影响下,程序宪政学的实在法,使公共世界唯利可见、唯利是图,已是不自觉的虚无主义,这正是道德哲学衰竭的关节。中国美学"境界说"的提出,宗教的出现和复活,正为这一问题而来。

康德处身邦国分裂的国情下,如果用反思性判断力的思想来描述"开国"和"建国"的审美精神,则有崇高和优美的审美范畴,德国知识界不乏重视精神价值的内在气质。15、16世纪以来,随着西欧一些主要国家向现代的突进,德意志政治、经济和社会的发展却进展不大,甚至停滞不前。由于邦国选帝侯、诸侯力量强大,城镇、行会、大学、贵族地主、教会等法团制度牢固,等级社会森严,削弱了中央集权,导致德意志的分裂,影响自由主义现代性的发展。较英法相比,德意志—罗马帝国版图庞大,地方离心力度强;地理和社会多样,相互间语言、风俗、生活方式歧异;缺乏伦敦、巴黎式的经济政治中心等自身内部因素外,加上外国势力的干涉,阻碍了中央集权化,阻挠了德意志现代化的道路。同时,过时的德意志普世一统的中世纪帝国理想成为不利于政治统一的负担。[①] 在这样的时代背景中,康德主义的历史哲学这一豪迈的理想破壳而出。康德的道德理性确立了对战争的绝对否定权,永久和平应当被当作能够实现的东西而加以遵循,因此就应该建立为永久和平所要求的那些国内和国际共和制度。世界主义,对康德来说,调和幸福与道德的尝试与其在人类历史方面有决定性意义,不如说在信仰方面有决定性意义。当英国从习俗,经习惯法到普通法,形成独特的英国宪政体系和法律统治时,法兰西也在激烈的碰撞、革命中建立了大陆法体系,而德国的资产阶级出世太迟,发育不良,只到19世纪40年代,经济资产阶级(大商人、工厂主、银行家、资本家、管理者等)的人数远不如"知识资产阶级"(医生、律师、神职人员、科学家、大学教授、中学教师、知识分子、政府人员、企业管理人员、受过教育的职业阶层等)。恩格斯说:"在英国从17世纪起,在法国从18世纪起,富有的、强大的资产阶级就

---

① 陈晓律:《世界现代化历程》(西欧卷),江苏人民出版社2010年版,第230—238页。

第四章　审美共通感：主体间性与同理心生成的心性基础

在形成，而在德国则只是从 19 世纪初才有所谓资产阶级。"① 不是说 18 世纪早期没有市民和一般意义的资产阶级，而是说，德意志的分裂、帝国政治安排、法团制度和三十年的战争，影响了德意志民族产生出资产阶级的认同。加上封建贵族或邦国对资产阶级的控制，法团性质的资产阶级不免沾上歌德式的官僚气、市侩气。② 固然 18 世纪知识资产阶级在德国仍特别强大、受尊敬和有影响，他们属启蒙中人，希望变革既存秩序，但是，并非反对或消灭政府。这种启蒙社团的浪漫主义战略，让革命的热望先行燃烧在自己的主体结构当中。

康德哲学回应了现代性，见出审美精神的卓然独立，并在晚年于历史批判中表现出高迈的情怀。正如彼得·奥斯本所见，尽管事实上哈贝马斯所捍卫的从根本上来说正是康德的事业，但《现代性的哲学话语》一书没有专论康德，委实令人遗憾到了极点。③ 康德的审美现代性深刻地意识到主体性的问题，并在认识论中消除主体间所带来的怀疑论；尝试用反思性判断力的自然合目的性的先验方法来弥合自然与自由的分裂。……鉴于康德对"实践规范"的蔑视，④ 空中建筑师康德理论部分的纯粹性要求主体间性的弥合止于先验的批判之中。但先验的符合说期待生成与制造。

---

① ［德］马克思、恩格斯：《马克思恩格斯全集》（第 4 卷），人民出版社 1958 年版，第 52 页。

② 相关的研究文献可参见陈晓律《世界现代化历程》（西欧卷），江苏人民出版社 2010 年版，第 248 页注①。其中，歌德的文化普遍主义思想担心德意志的统一会伤害邦国丰富多彩的文化，继而影响德国的伟大。（参见［德］爱克曼辑录《歌德谈话录》，朱光潜译，人民文学出版社 1978 年版，第 176—177 页）歌德"全球化"的智慧是，尊重普遍性——不能以个性、党性、民族/国家来否定普遍价值；维护特殊性——不能以国家强权来压制、取消多样性的社群文化。歌德预见了俾斯麦"铁血政策"对文化的不幸；也警惕于西方以普世文明来对付非西方社会意识形态的游谈。席勒也在国难时期表示，"（我）作为一个不替任何君王服务的世界公民而写作。我早就丢掉了祖国，以拿它换取全世界"（转引自［美］科·S. 平森《德国近现代史》上册，范德一译，商务印书馆 1987 年版，第 29 页）。……德意志知识界无"国"可爱，莱辛、赫尔德、维兰都自称是"世界公民""世界主义者"。他们首先认为自己是人（世界公民），然后才是德国人。当然，古典文化中，费希特较能与"爱国主义"挂钩。

③ ［英］彼得·奥斯本：《时间的政治：现代性与先锋》，王志宏译，商务印书馆 2004 年版，第 293 页注 69。

④ ［德］康德：《判断力批判》，邓晓芒译，人民出版社 2002 年版，第 6 页。

一　席勒

席勒的《人的美学教育书简》是他对法国大革命的表态。席勒在写作时（1795年发表在《时序女神》第一、二、六期上），耳边回响着法国大革命的恐怖之声。从1785年巴黎人民攻占巴士底狱一直到1794年法国革命中，雅各宾派和吉伦特派间及党派间的血腥斗争，上至国王路易十六和王后安多纳德，中至可疑分子，下至无辜百姓，都先后死于断头机下，争取自由、平等、博爱的革命竟以血流成河作为标志，争取人权的革命家，竟成了践踏人权的暴徒。席勒第五封信即针砭时弊：

> 自然国家的大厦摇晃起来了，其陈腐的基础下陷了，物质条件似已具备，可将法则置于统治的地位，人终于可因其自身价值而受到尊重，真正的自由成为政治结合的基础。这是空想！精神的条件尚不具备，慷慨的时刻碰上了麻木不仁的一代。①

"政治的苦难"不仅指下层的粗野和上层的软弱，而且在于时代精神依旧野蛮。

> 让新人类受到这一伤害的是文化本身。一旦一方面扩展了的经验和较为明确的思维需要对科学进行更精确地划分，另一方面，较为复杂的国家机器使更严格地区分等级和行业成为必要，人性的内在结盟也就土崩瓦解，而一场道德败坏的争斗也就造成和谐力量的分裂。直觉的理智和思辨的理智现在互怀敌意，分占其不同的领地，他们现在开始以猜疑和妒忌守卫其边界，有了将其影响局限其中的这块领地，它们也将给自身选定了一位主人，他常以压制其余的天赋而告终。②

现在，国家和教会，法律和习俗被分离；享受与工作、手段与目

---

① [德] 席勒：《人的美学教育书简》，载《席勒文集》（Ⅵ），张玉书选编，张佳钰等译，人民文学出版社2005年版，第178页。
② [德] 席勒：《人的美学教育书简》，载《席勒文集》（Ⅵ），张玉书选编，张佳钰等译，人民文学出版社2005年版，第182—183页。

的、劳累和报酬相互割裂。人永远只束缚在整体的个别的小碎片上，仅仅把自己培养成一块小碎片；他耳边永远只响着被他不停地驱赶着的小轮发出的单调的噪声，永远也无法达到他本质上的和谐，他未能将其天性中的人性表达出来，而仅仅成为其活动和知识的印迹。①

历史发展的机械化、碎片化，使市民陌生化，而不能像希腊人一样是整体的代表。

面对"文明阶级"意志的衰退，启蒙文化的堕落，卢梭选择了回归自然，他与柏拉图一道，都对"艺术净化道德"持否定态度；阿伦特选择了恢复古希腊政治的公共元义，这为现今零碎社会所缺乏；席勒却克服了古希腊的神话：

> 群神悠闲地回到诗歌世界，
> 尘世的凡人不再需要他们，
> 世人已长大，不再靠神的引带，
> 可以自己保持平衡。②

而提出美的中介说，用"活的形象"，或称为"游戏的内在驱力"（第十四封信），分别培植"感性能力"和"理性能力"的"广度"和"强度"，并使二元和谐平衡，而达到整体性的体验，成就完满人性。（第十三、十四封信）省去通向实际之途的繁杂，而选择通向理想之路的设计。席勒通过美的介质，而将"分裂的公众"团结一致，臻于美之最高境界。这在席勒并未现出矛盾，而则现出美既是手段，又是目的的辩证统一。通过美的途径，（第二封信）用其宣示的游戏为牢狱悲惨的四壁镀金，并提供制定政治法则的讽喻文本，正如伊格尔顿所指出的：

---

① ［德］席勒：《人的美学教育书简》，载《席勒文集》（VI），张玉书选编，张佳钰等译，人民文学出版社2005年版，第183页。
② ［德］席勒：《希腊的群神》，载《席勒文集》（I），张玉书选编，钱春绮等译，人民文学出版社2005年版，第44页。

> 感性冲动和理性冲动或自然和理性之间的混乱关系，几乎就是公众与统治阶级或市民社会与专制国家之间的理想的关系的反映。席勒简明扼要地指出了两者的相似性，把（喜欢统一性的）理性和（需要多样性的）自然之间的关系比作政治国家和社会之间的动人的关系。①

于本能与理性之间，席勒即注意到审美国家于康德政治国家的恰切性，②这可看作阿伦特解读"第三批判"政治思想的先声。而审美在伊格尔顿看来就是将理性狡猾地混进感觉，以强制律令从内部把感觉纯化为顺从的领导权策略。不过伊格尔顿对席勒的政治意识形态化的解读，显然与席勒培植完满人性和高远文化、有意排除"国家批判的魔鬼"③的初衷是相违背的。

审美成功地模糊了自然转向理性这一问题，同时又成功地阐明了这一感通问题。席勒在现代性转型中已领先一步，审美应当能够代替宗教，发挥出一体的力量，"因为艺术被看作是一种深入到人的主体间性关系当中的'中介形式'（Form der Mitteilung）。席勒把艺术理解成了一种交往理性，将在未来的'审美王国'里付诸实施"④。这是哈贝马斯的发展，我们将在阿伦特部分予以回应。马尔库塞见出意识的解放必须以感官的解放为其基础，但其"新感性"破除占支配地位的意识形态之后，如何确定审美之维的感通功能，还必须回到席勒的乌托邦理想才能有革命的动力。

二 马克思、阿伦特：审美共通体的生成与困境

公共性的批判如何回到事实本身？审美共同体的生成关系，即由意

---

① ［英］伊格尔顿：《美学意识形态》，王杰等译，广西师范大学出版社1997年版，第104页。
② 另可参见 H. S. Reiss: "The Concept of the Aesthetic State in the Work of Schiller and Novalis", *Publication of the English Goethe Society*, XXVI, 1957.
③ ［德］席勒：《人的美学教育书简》，载《席勒文集》（VI），张玉书选编，张佳钰等译，人民文学出版社2005年版，第193、215页。
④ ［德］哈贝马斯：《现代性的哲学话语》，曹卫东等译，译林出版社2008年版，第47页。

第四章　审美共通感：主体间性与同理心生成的心性基础

识内在的先验回归到经验改造的努力。黑格尔《精神现象学》第四章的分析从意识转向自我意识，即从对事物的单纯的沉思转向人对自我的生命、欲望、行动和斗争的意识，继而转向类、他者和人与人的"承认"问题。黑格尔哲学可能远离认识论的态度，进入到以历史精神为主导的存在论态度。① 马克思对传统哲学的突破即立基于此社会政治方向。黑格尔承认理论的目的在于克服康德"形式伦理"的空洞性。科耶夫在《黑格尔导读》《法权现象学纲要》等论著中演绎出相互承认的法权理论和普遍均值国家理论；福山揭示出承认理论蕴含的历史意识，提出"历史终结论"。然而，皮平在《黑格尔的观念论》中则从康德的先验统觉理论出发来理解黑格尔，"我就是我们，而我们就是我"②的关键是康德的统觉或自我意识。③ 这与哈贝马斯、霍耐特抱守康德的形式伦理路线一致。但若此认识论的解读结合现象学的批判（如胡塞尔的"本质先天"、舍勒的"质料先天"），马克思的感通概念则见出革命论未决的人文意义。马克思若以感性解放，途经物质共产而阶级神圣，则为自由人联合体的批判。这是《马克思的感通概念及其公共困境》的内容。

　　正如马克思的观察，主体性的正常发展是交互主体。如果主体交互膨胀为交互他者，那么在极权主义政治中则是交互冷漠和相互反攻。原子个人主义在极权的摆布下就是放弃了个人的自由；法西斯主义的恶果就是主体性的极端发展。康德反思性判断力的阐释立足于程序宪政学，见出审美共通感至审美共同体的尝试。经身于第二次世界大战的磨难，阿伦特面临着主体性的困境，阿伦特曾就契约政治中公共领域的雾化，反思过康德《判断力批判》中反思性判断力的交往性质，将审美中介置于审美现代性的本体阐释。继而将主体间性的问题指向审美的交往，在实践中体验自然遍布的生命脉搏。且见下一章有关阿伦特政治交往美学的批判。

---

　　① ［法］科耶夫：《黑格尔导读》，译林出版社 2005 年版。
　　② ［德］黑格尔：《精神现象学》（上卷），贺麟、王玖兴译，商务印书馆 1962 年版，第 138 页。
　　③ ［美］罗伯特·皮平：《黑格尔的观念论》，华夏出版社 2006 年版，第 201、205、216—218 页。

第五章 马克思的感通概念及其公共困境

由"红"到"红色"的"觉知",可由柏拉图"精神眼睛"的凝视①、现象学的体验②来获得认识和理论改善。然"红""红色"的社会创造何以利益共享、责任共担、命运与共?"国家掠夺"理论或"剥削"理论,以及契约理论如何避免私域的唯利是图和公域的单边主义?此"关系理性"指向历史的改造。"感觉一体"等审美感通可能是阶级同质、权力均衡、利益"依存"、文化"相似"等社会研究之中心性整合的内核性思考。内群吸引的基础即个体间明显的利益"依存",经济基础、社会体制的批判在马克思共产主义蓝图的设计和雇佣劳动的异化批判中有过丰腴的认知,③ 也是契约手段下利益共同体批判的重要面相。由共产国际推导向人类命运共同体的建构,则是全球命运与共的内在诉求与时局应对的中国方案。文化形塑的"相似性"是群学理论的又一范式:社会吸

---

① [希]柏拉图:《柏拉图的〈会饮〉》,刘小枫译,华夏出版社2003年版,第90—94页。对此知识论的融会,康德的现象与本质分化,且本质不可知;黑格尔的现象学和本质是分裂的,属两回事,但是本质可通过现象去了解,其间有辩证关系;胡塞尔的现象学本身构成本质,现象学就是本质之学。在此提示之中国资源是,道家哲学的"内通"是无(超越感官):"凶德有五,中德为首。""凶德"即心耳眼舌鼻,"中德"指心,即感通。(《庄子·列御寇》)其"凶"是自以为是、贬抑异己。在后现代哲学看来,是认识论批判或主体性批判。钱钟书意义的"通感"是五官互用,而庄子"内通"之本质是弃感官于不"用","内视"也是庄子认识论批判的靶子。"隳肢体,黜聪明,离形去知,同于大通,此为坐忘。"(《庄子·大宗师》)

② [德]埃德蒙德·胡塞尔:《现象学的观念:五篇讲座稿》,倪梁康译,人民出版社2007年版,第50、53页;胡塞尔:《纯粹现象学通论:纯粹现象和现象学哲学的观念(I)》,李幼蒸译,中国人民大学出版社2004年版,第5、241、243、461页;[德]马丁·海德格尔:《存在与时间》,陈嘉映、王庆节译,生活·读书·新知三联书店2006年版,第191—192页。但是,在话语中,共在"现象(学)"(就其自身显示自身者)如何与"现相"(有一东西先行显现,流俗的领会,如康德意义的经验直观)区分,则是《存在与时间》三十三节有关"命题—描述"的论述。

③ 《马克思恩格斯全集》(第30卷),人民出版社1995年版,第107—108页;[日]望月清司:《马克思历史理论的研究》,韩立新译,北京师范大学出版社2009年版,第268、294页。

引假设,被共同体相似的信念(人种、血缘、巫术、宗教文化等元素)证实,并获得以"诗性智慧"为心性基础之国风民俗的提炼(维科)。涂尔干补充滕尼斯而提出共同体时代的群体情感,从"社会分工"的历史变迁窥探出古今社会团结的转型,以塑造现代国家的相似元素(共同意识等)。① 马克思"阶级"之间或主体之间审美共通的"类"反思,见出"劳动"等实践论美学研究的原创性深化,以及其对自由主义私域原子化、公域零和逻辑的针砭性。

心性的共通与社会通性的历史建构交相适应。内群吸引和群性共通的反思在马克思的感通政治学中指向了"审美活动经验""感知结构"的批判,这是我思之知性批判、劳动之实践批判和私有制度的扬弃等逻辑始点的测定。审美活动经验作为对审美意识和审美对象的涵括,以劳动意会的存在经验形态为审美奠基,同时亦超越审美意识心理的学科静观。"我思"等知性、审美经验(意识)批判已被审美活动经验突破。马克思实践论美学亦从认识论上回归到美学的存在论基础,从个人感性的完善转向"类"的完美。鉴于此,审美经验的主客二分和静观将优化为审美活动经验的直接意会以及更为本原的生活世界。第一,实践对文艺美学于可见之美自身(如制度、人性)象征的离异偏向富有纠正意义;第二,马克思之"劳动"等感性活动(实践)的社会批判,由自然—社会的同构性改造,导向传统人类中心立场的超越,以感受"按照美的规律"的美美与共。自由人联合体是"感通政治学"所应提议的人类学动议,并超出人类生命—生物学以及宇宙学的受限前提。

内群吸引的"依存"和"相似"立基经济基础、阶级和价值共识的假设,势必对象化为群体感通的符码、风格、习俗等,② 而构成为"感知结构"研究的方法论环节。感通的"社会批判"无疑丰富着"共通感"的

---

① [法]埃米尔·涂尔干:《书评 费迪南德·滕尼斯,〈共同体与社会〉》,载《乱伦禁忌及其起源》,上海人民出版社2003年版,第331、334页。涂尔干在《社会分工论》中考察的结论是,在集体意识(相似性)逐渐产生非确定性之际,分工变成了机械团结(依存性)的主导因素。[法]埃米尔·涂尔干:《社会分工论》,渠东译,生活·读书·新知三联书店2000年版,第240、324—325页。

② 李河成:《符码:想象的公共表象》,《文艺理论研究》2017年第3期。

审美活动经验理论，可惜马克思并没有精力研究感通体验的内在治理。如果社会共通感的批判成为国家/社会共同意识研究的逻辑环节，其"审美代宗教""审美代民主"意识将对时下公域形式化和私域原子化的孤闭弊端抱有预警意识。马克思关注到经济体制、政治体制的批判，而制度美学①、情感体制②并未充分注意。在此有关马克思感通政治学以及符码研究的深入，试图对唯物—唯心、生产力—生产关系、社会存在—社会意识等分别作出人为弥合性的"通性"阐释。这不仅是对马克思的学科性理解（一总三分格局，即哲学、政治经济学和科学社会主义理论：恩格斯）、辩证法的方法论理解（卢卡奇）、经济哲学理解（卡弗、洛克曼、宫敬才），以及对马克思主义阶级分析模式、交往实践观、弹性生产时代（德里达）、辩证唯物主义人学、存在论本体论③、政治意识精神分析等等研究范式的弥补与深化；而且也将"联合体"理论向感通的人类学维度推进。

第一节　马克思论自然与社会的同构及其感通政治学

宇宙一体，亘古延今；人以类聚，但岌岌有危：有通信工具，但沟通任性向单边主义；有规则可依，却没有把握被遵从；有共同体的统合

---

① 法是善与公正的艺术，是利益平衡的艺术。（Celsus）"音乐贤人政体"即注意到规则均布的特性。（柏拉图：《法律篇》700）标准系统、模式、和谐组织是 Helmhotz 的审美原则；丰富的情感、广阔的眼界与精细的分辨力是吴经熊的"法律的艺术"。参见吴经熊《法律的艺术与其他法律和文学论文》，商务印书馆1936年版，第1—5页。张文伯从词源学的角度推原法律的平、直、均布之意。同时，司法的衡平精神以司法官的平衡人格为其根本、为其动力。平衡人格由知而智而不惑、由情而仁而不忧、由意而勇而不惧。参见［美］庞德《庞德法学文述》，雷宾南、张文伯译，刘晓雅勘校，中国政法大学出版社2005年版，第155、157页。［英］梅因：《古代法》，沈景一译，商务印书馆1959年版，第15页。

② William M. Reddy, *The Navigation of Feeling: A Framework for the History of Emotion*（Cambridge: Cambridge University Press, 2004）；另霍克希尔德称之"feeling rules"；Rosenwein 称之为"情感共同体"。"礼乐刑政，四者达而不悖。"我快乐（痛苦）故立法，边沁注意到"情感法律"的立法原则。参见［英］边沁《立法理论》，丁露等译，中国人民公安大学出版社2004年版，第8—13、47—49页。

③ 吴晓明：《超感性世界的神话学及其末路》，中国人民大学出版社2011年版；吴晓明、王德峰：《马克思的哲学革命及其当代意义：存在论新域的开启》，人民出版社2005年版；戴劲：《马克思的感性存在论研究》，人民出版社2011年版；刘兴章：《感性存在与感性解放：对马克思存在论哲学思想的探析》，湖南师范大学出版社2009年版；李龑君：《马克思的感性活动存在论》，天津人民出版社2005年版。

精神，但不断被祛魅……阶级之间、人—非人—物之间的对抗和依存，与勇敢、节制、明智等德性智慧（亚里士多德），与统治、支配、计谋等统治术（马基雅维利），与烦、畏、死等体验（海德格尔）关联在一起，但此诸论必然是共享的判断力——共同感觉（常识）笼罩下的"循环运动"。感性学的完善因为马克思劳动的完美而获得审美范式的革新。劳动规律的自由境界势必解释感性活动（对象化的劳动及其审美活动经验本身）的感通始源，并揭示经济基础、社会结构、文化范型中特殊"阶级"与一般审美间的感通架构，并对人类命运共同体的主旨规划作出情感秩序的纵深探讨。

任何对象或现实对于我的意义恰好只能以我的感觉所及的程度为限，"感性活动"就是"我思"的对象（宾词）吗？或者说主词超越对象性的分化而回到事实本身的起点吗？人与人之间、人与物之间的感官阈限因交互感觉的丰富、全面、深刻而日趋消解。丰富、全面、深刻的感觉，因是对人本质力量的确认及其感通旨向而具备超越意义——这指向马克思对自由劳动的揭示。那么，感通是超感性的神话吗？在柏拉图将"感觉"划作心识部分（《泰阿泰德》184B4－186A1）的探讨基础上，亚里士多德进一步认为，对任何一个共通可感觉物（如科学概念的产生）的生成机制是，凭借于视、听、嗅、味、触等五种专项感觉，会通向同一事物的"共同感觉"（常识）。（《论灵魂》425a14－16、《论记忆》450a9）哲学伊始就把自己理解为实体的认识，"桌子1""桌子2""桌子3"……之"桌子性"的研究是实体哲学议题，其疑义之一是感官能否"内视""内通"。亚里士多德所谓"万物共同特征"的存在者科学（《形而上学》1003a），开启知识论的五官融会动向。康德称之为不可知的本质，且与现象分化；黑格尔称之为总体性体系，其本质通过现象去辩证地了解。在实体哲学的脉络下，感通被托马斯·阿奎那诠释为各项感觉的"根"与"总根"的分合；吴寿彭对勘法相宗论，译注为"五根对应五尘，而生五识（五种感觉）"，并将"五识"汇通坐实为现成的"第六识"，乃至灵魂机能的第七识（mana），实即亚里士多德逻辑推理而考核的"共同感觉"。[1] 亚氏认定，立足并区别

---

[1] ［希］亚里士多德：《灵魂论及其他》，吴寿彭译，商务印书馆1999年版，第139—140页。

于具体专项感觉的"共通感"是获取"明智"(prudence)的根本逻辑。(《尼各马可伦理学》1142a25–31)现代性以来,由具体(专项感官、私人感觉)而向普遍(共通感)的推进,由"感性学的完善"而发展为反思性判断力等心性—社会的管理理论。康德进入审美共通感、逻辑的共通感、道德的共通感的先验界定;① 胡塞尔关于他人经验的现象学理论,阿伦特对古希腊的回归表达为审美共同体的治理取向。……这种反柏拉图主义的意图不时又折回到马克思对"感性活动"进行改造、创造的地平线上。

从"博士论文"中的"原子偏斜运动"到《〈黑格尔法哲学批判〉导言》中的"武器的批判";从《1844年经济学哲学手稿》中"自由的有意识的活动"到《关于费尔巴哈的提纲》"实践的,人的感性的活动";从《德意志意识形态》中"生产力和社会关系的矛盾运动"到《〈政治经济学批判〉导言》"社会生产力和生产关系之间的现存冲突"……感性活动(实践)至少包括以劳动为基础的社会批判和感知结构的完善两大论域。并且,劳动批判与感知结构的完善交互塑造。

在实践中,人,不是"感性的对象",不是"从客体的或者直观的形式"的理解(费尔巴哈),不是理论、抽象、理想化的形式;而是构成世界的"类",共同的、活生生的、感性的活动(主词)。"感性的对象",是从"我思"出发的东西,但与我思不同。虽然感性的"我思"找到了绝无仅有的立足点,这也是超越自然科学、人文科学等概念分化而追溯向"感知结构"的起点;但是,"我思"与天命、上帝相比却缺失公共的统摄力;同时,"我思"也绝无"窗户"用来沟通。这易导向原子化和价值单边主义。在马克思的文本中,至少从1845年以来的文本观察,"感性活动"(实践)与主体的直观和感觉的不同在于,"感性活动"是以洞穿意识的内在性这一形而上学建制为取向的,② 并指向人类历史的敞开与

---

① [德]康德:《判断力批判》,邓晓芒译,人民出版社2002年版,第138页注①以及《实用人类学》S. 219。艾莉森论证康德在情感、规则、能力三种意义上运用共通感。Henry Allison, *Kant' Theory of Taste* (Cambridge: Cambridge University Press, 2011), pp. 156–157.

② 吴晓明:《超感性世界的神话学及其末路》,中国人民大学出版社2011年版,第10—11页;[德]海德格尔:《存在与时间》,陈嘉映、王庆节译,生活·读书·新知三联书店2000年版,第十三、四十三节;[法]费迪耶等辑录:《晚期海德格尔的三天讨论班纪要》,丁耘编译,《哲学译丛》2001年第3期。

扩展。这集中于"劳动""感性活动经验"的阐释。

"内在意识",并非否认主体意识与对象的关联,在此感性表象意义上,康德、黑格尔是极度唯物的;而是说主体自身及其知识建构封闭于意识自身,在此抽象意义上,康德、黑格尔是绝对的唯我独尊。在感性活动经验的统摄中,对象先行地植根于人的活动领域中;主体自己也沉浸其中:如费尔巴哈的爱、友情、拥抱、痛饮,或马克思的激情、劳动、革命,成为经验—理解的进行曲。第一,马克思揭示了存在(Ontology)哲学曾被"思维存在体"(Noumenon,柏拉图、康德)和实体(Substance,亚里士多德)遮蔽的部分。"on""onta"是古希腊语系动词名词形式的拉丁文转写,前者是单数,后者为复数。"logia"为"学问""学科"之义。① 希腊文 όυ,拉丁文 on,英文 being 有真、是、存在等含义;并且词根 es 作为存在动词(to be),在一切印欧语系中均保持着"活、活着"的含义。② 马克思对生命的社会学考察可谓海德格尔存在论哲学的先导。第二,在马克思于"类"之存在哲学的考察面前,笛卡尔的"我思"、康德的"自我意识"、黑格尔的"自我活动"等的主体城堡将被实践打开,以为自由人的联合体提供前提。

感性活动对超感性主体的瓦解导向历史哲学。这种历史本体论将生产劳动视为人类历史的基础,喻之为宇宙的中心(太阳),并成为理解联合体社会的锁钥:劳动创造了人。③ 于此方面,海德格尔 1933—1934 年均自陈马克思的始源影响和笼罩意义。在劳动异化的审查中,生产关系将劳动的存在视为生命手段,而片面利用——阿伦特只抓住劳动于人的条件的生物学面相,却未注意马克思对劳动始基且自由一般的界定。劳

---

① https://www.etymonline.com/word/ontology#etymonline_v_7042,2020 年 5 月 2 日访问。

② 杨适:《对于巴门尼德残篇的解读意见——兼论希腊哲学中的 όυ 和 ontology》,《复旦学报》2002 年第 1 期。

③ [德] 弗·恩格斯:《卡尔·马克思》《卡尔·马克思的葬仪》,载《马克思恩格斯全集》(第 19 卷),人民出版社 1963 年版,第 123、374 页;[德] 马克思:《"揭露科伦共产党人案件"一书第二版跋》,载《马克思恩格斯全集》(第 18 卷),人民出版社 1964 年版,第 627 页;[德] 马克思:《路德维希·费尔巴哈和德国古典哲学的终结》,载《马克思恩格斯全集》(第 21 卷),人民出版社 1965 年版,第 353 页;[德] 恩格斯:《自然辩证法》,载《马克思恩格斯全集》(第 20 卷),人民出版社 1971 年版,第 509 页。

动异化的扬弃,即私有财产的扬弃,成为社会改造和劳力者及肉欲者本质回归的必然憧憬,马克思称之为共产主义。

> 因此,对私有财产的扬弃,是人的一切感觉和特性的彻底解放;但这种扬弃之所以是这种解放,正是因为这些感觉和特性无论在主体上还是在客体上都成为人的。眼睛变成为人的眼睛,正像眼睛的对象成为社会的、人的、由人并为了人创造出来的对象一样。因此,感觉在自己的实践中直接成为理论家。……当物按人的方式同人发生关系时,我才能在实践上按人的方式同物发生关系。因此,需要和享受失去了自己的利己主义性质,而自然界失去了自己的纯粹的有用性,因为效用成了人的效用。①

这种自由,基于自然界前提,又立足于人的实践行动。作为完成的自然主义和人道主义的交互,并非人对自然进行人类利己主义的利用,而是对自然界和人的双重解放。"按照美的规律"的劳动,使万物各尽其才,亦使人尽其性。这种超出传统人类中心主义立场的敞开,并非个体私人劳动的对象化所能成就,而是承载社会联动和历史薪传的人类硕果:以劳动工具、语言的制造、使用、传承为中心,人类切合自然规律、实现社会目的的技艺,凝练为一个世界。正如海德格尔以及我们对"农民鞋"诗意的理解。人类有限的个人经验扩展为社会化和历史化的对象性劳动,我们称之为"审美活动经验"。

审美对象和审美意识主客二元是美学学科的知识论解析。审美对象在古代信仰背景下凝练为柏拉图实体意义的理念范式,也在近代依托艺术品和自然等客体获得对象化的成果。从现代审美的研究结论来看,不仅信仰实体的审美对象属于精神现象,而且,非审美对象的现成品可以审美化(如杜尚的《泉》);审美对象在资本逻辑的驱动下非审美对象化(矿产商无法欣赏水晶之美)——"审美经验"作为美学研究的对象,以

---

① [德]马克思:《1844年经济学哲学手稿》,载《马克思恩格斯文集》(第1卷),人民出版社2009年版,第190页。

审美意识心理吞并、取代审美对象的主观化偏狭，期待"审美活动经验"对审美意识和审美对象的涵括。"活动"以基础、本原、直接意会的存在经验形态为"审美"奠基。审美的活动形态，以切身者肢体生理为中心的实践，较旁观者、对象化的静观心理、意象经验（"审"）有更为始源的人类学根基。审美活动经验，即使把审美对象与欣赏者二分视为自明，却并非审美经验（审美意识）的片面表达与学科分疏所能替代。

在审美活动经验中，五官感觉的形成，乃至精神感觉、实践感觉……人的感觉，是全部历史世界的产物。在此超出个体关系的"人化"和"自然化"中，内在的人化自然及其神经元以及外在的物质客体，不仅为审美活动经验提供审美客体和主体的基础，而且使审美超越个人而具备人类的普遍和必然性。不光仅仅在意识上看作类的本质（费尔巴哈），而且在人的创世行为上也体现为类本质。缘于此，审美作为私人性的对象化活动，会超越出一己，继而感受到美美与共的愉悦。马克思"自由劳动"指向"君相而与天争权""造命"① 的现实路径，亦揭示出康德先验哲概念——"审美共通感"的人类学根源。自由劳动是人类命运共同体的审美良心。二者作为书房和社会舞台的交互，共同构成为人类命运共同体情感运动、秩序生成的历史机制。劳动始基于抽象共同体的驳斥，超出了生命—生物学乃至宇宙学的受限前提，而有存在论的能动旋律。

在此历史实践之中，五官感觉的形成即迄今为止全部世界历史（包括私有制的扬弃）的产物；相应地，生成、创造具有丰富、全面而深刻的感觉的人也正是社会进化的恒久现实。共产主义之前的私有制"只有在个人得到全面发展的条件下才能消灭，因为现存的交往形式和生产力是全面的，所以只有全面发展的个人才可能占有它们，即才可能使它们变成自己的自由的生活活动"②。在积极扬弃私有财产的前提下，人生产着自己和他人，这直接体现在他的个性的对象如何是他自个为别人的存在，同时是这个别人自个的存在，而且也是这个别人为他的存在。具体

---

① （清）王夫之：《读通鉴论》（卷24）《唐德宗》，《船山全书》，岳麓书社1996年版，第934页。（清）魏源：《默觚上·学篇八》，载《魏源集》，中华书局1976年版，第21页。
② ［德］马克思、恩格斯：《德意志意识形态》，载《马克思恩格斯全集》（第3卷），人民出版社1960年版，第516页。

感觉去除狭隘的、维生的功利性质和对象认知［如经济的理财学、肉欲学、热媒介（high definition）下的图像等］是开放向他人的必要前提和在俗热望。这一感性社会化（包括感官的人化和情欲的人化）的进程，在亚里士多德、康德的视野中是先验共通的；而在马克思的理论中则表明感性及其感通是实践的。① 例如时尚，甚而易服色运动，感觉的"复制"美学导向了共同意识的勃兴，进而共同意识的心性逻辑导向感觉的相通，此谓审美实践。进一步推论，感觉的主体以及感觉客体的人性化显现了人与自然关系的人性化，更显现了人与人关系的人性化。在人性化中，我的感觉融通于他人的感觉，他人的感觉又融通成我的感觉，这种感觉的交流使人性的器官变成社会存在的兼容器官。因此，感通的交流成为可能；自由人的联合体因互为感通目的而得以可能。

斯多葛学派以人人平等与自然法的普遍性（universal）基础，歌德以普遍人性，② 康德以人类由野蛮步入文明的一个自由而又必然的历史进程，③ 尼采从癫狂的混乱状态走向宇宙秩序的趋向④……展望了精神性的世界文学或世界公民整体。放弃犹太身份，在《论犹太人问题》中，马克思不可能认识不到，成为德意志人并非有效。如何避开族裔主义，《〈黑格尔法哲学批判〉导言》通过"阶级"概念代替了犹太种族、德意志民族而在理论上实现了世界无产阶级的认同。马克思也在《共产党宣

---

① ［德］马克思：《关于费尔巴哈的提纲》，载《马克思恩格斯全集》（第3卷），人民出版社1960年版，第3、4—5页；［德］马克思、恩格斯：《德意志意识形态》，载《马克思恩格斯全集》（第3卷），人民出版社1960年版，第50页。

② ［德］爱克曼辑录：《歌德谈话录》，朱光潜译，人民文学出版社1978年版，第103页。

③ ［德］康德：《判断力批判》，邓晓芒译，人民出版社2002年版，第290页；《世界公民观点下的普遍历史观念》，载《历史理性批判文集》，何兆武译，商务印书馆1990年版，第15—16、21页。海德格尔从康德的《实用人类学》及讲座中阐释世界公民与法兰西革命间的关联；（参见［德］海德格尔《论根据的本质》，载《路标》，孙周兴译，商务印书馆2000年版，第179页、180页注①。）阿伦特从"审美共通感"出发挖掘人类共同体的机能［参见 Hannah Arendt, *Lectures on Kant's political philosophy* (Chicago: University of Chicago Press, 1982); Hannah Arendt, Some Questions of Moral Philosophy, in *Responsibility and Judgment* (New York: Random House, Inc., 2003), p.140］。

④ 尼采在《查拉图斯特拉如是说》中反思曾在《悲剧的诞生》中提到的"德国精神"，认为其败坏了"希腊问题"。参见［德］弗里德里希·尼采《悲剧的诞生》，孙周兴译，商务印书馆2012年版，第12—13、146、192—193页。

言》中通过资本主义的世界市场的经济基础推断出"世界的文学（Literatur，泛指精神生产的产品和文化）"的社会意识。① 马克思区别于绝地精神的理性外化（黑格尔），历史转向世界历史的物质行动若达到无产阶级的世界性联合，难保不泯灭民族性。马克思认为，唯一的途径是社会革命，并且将其自由理想安放在"物—人同构"的感通体系与建构中。

感通理想起步于人与自然的关系。毕达哥拉斯学派改变米利都学派的宇宙论，即认为数是自然以及道德和正义的基础，然自然关系与社会关系并非简化的类比关联（感性自然的主观形式，且因"超感性"而称之实践）② 或实体（理念）的创造③。自然感觉与人的知觉能力适宜于相应的历史生态。青蛙能够在没膝深的苍蝇堆中饿死；海牛仅能听见较高频率的声波，而非低频的船舶声波。作为人感觉和知觉的连贯因为颞叶的关键作用而为"直觉"抓取。柏拉图"精神眼睛"的凝视、现象学的体验，等等"直觉"的解释，固然需要神经学—脑科学的推进，但是劳动等实践的历史积淀更为始源。在马克思的论述中，人对自身的关联即人对人的关联，即人对感觉自身（自然科学）的肯定是通过另一个人的肯定来获得肯定的。自然科学和社会科学的同一、物与人的同构、思维和感性的融通，表述为人本质力量的肯定：其一为语言，其二为实践。在此以社会性界定的感性活动中，"感知结构"的完善（包括五官感觉、精神感觉、实践感觉……人的感觉）与"劳动"等社会改造动机深潜于历史之中。

> 环境的改变和人的活动的一致，只能被看作是并合理地理解为革命的实践。④

---

① 柄谷行人认为，国家和民族并非因资本主义市场经济而被消解，而会因国家的介入高涨。［日］柄谷行人：《跨越性批判——康德与马克思》，赵京华译，中央编译出版社 2018 年版，第 3 页。

② Immanuel Kant, *The Critique of Judgement* (New York: Oxford university press, 2007), pp. 8, 178–179.

③ ［德］黑格尔：《自然哲学》，梁志学等译，商务印书馆 1980 年版，第 V、22、29 页。

④ ［德］马克思：《关于费尔巴哈的提纲》，载《马克思恩格斯全集》（第 3 卷），人民出版社 1960 年版，第 4 页。

> 自然科学往后将包括关于人的科学，正像关于人的科学包括自然科学一样：这将是一门科学。
>
> 人是自然科学的直接对象；因为直接的感性自然界，对人说来直接的就是人的感性（这是同一个说法），直接地就是另一个对他说来感性地存在着的人；因为他自己的感性，只有通过另一个人，才对他本身说来是人的感性。但是自然界是关于人的科学的直接对象。人的第一个对象——人——就是自然界、感性；而那些特殊的人的感性的本质力量，正如它们只有在自然对象中才能得到客观的实现一样，只有在关于自然本质的科学中才能获得它们的自我认识。思维本身的要素，思想的生命表现的要素，即语言，是感性的自然界。自然界的社会的现实，和人的自然科学或关于人的自然科学，是同一个说法。①

马克思揭示出"人的科学与自然科学是同一门科学"的秘密。在此自然和社会基础同构的逻辑前提与历史动力学预设下，受傅立叶"妇女解放的程度是衡量普遍解放的天然标准"思想②的启发，马克思以男女间自然的类关系为范型扫描出人与人的群学关系及其感通理想：

> 人对人直接的、自然的、必然的关系是男人对妇女的关系。在这种自然类关系中，人对自然的关系直接就是人对人之间的关系，正像人对人的关系直接就是人对自然的关系，就是他自己的自然的规定。因此，这种关系通过感性的形式，作为一种显而易见的事实，表现出人的本质在何种程度上对人来说成为自然，或者自然在何种程度上成了人具有的人的本质。因此，从这种关系就可以判断人的整个教养程度。从这种关系的性质就可以看出，人在何种程度上对

---

① ［德］马克思：《1844年经济学哲学手稿》，载《马克思恩格斯全集》（第42卷），人民出版社1979年版，第128—129页。
② ［德］马克思、恩格斯：《神圣家族，或对批判的批判所做的批判》，载《马克思恩格斯全集》（第2卷），人民出版社1957年版，第248—250页；［德］恩格斯：《社会主义从空想到科学的发展》，载《马克思恩格斯全集》（第19卷），人民出版社1963年版，第213页。

第五章 马克思的感通概念及其公共困境

自己来说成为并把自身理解为类存在物、人。①

在感性的王座上,感觉的本质就是对自然规制和社会教养的本质,这是以血肉作为图章保障的真理。自性事关系可以展现"类的关系",此为《荀子·王制》在人兽之别中提炼的"人道",严复称之为"群学"(人—社会之别)。群术、文化从"自然"的感性构造那里求得立命之根。自然意味着反抗,而文化经仪式代表着安全。忠孝同构的礼制基于生物血缘展开"礼"、"理"(朱熹)、"气"(黄宗羲)的争夺;基督宗教从亚当和夏娃被撞见的裸体上展开原罪、堕落的拯救(道成肉身);现代程序宪政从情欲基准展开人性论述,如弗洛伊德的性本能、孟德斯鸠规制的生命权利;在现象学的悬搁中,身体成为交互主体的共同自然……"自然"作为立论的前提条件之一,"自然的合目的性"构造是文化取得合法、正当的感通逻辑。"类存在物"作为"感性的活动"合目的性的提炼,其群学规划之一就是自然—社会、自然—自由、个人—他人的关联以至沟通。

人"自己的自然"包括自然界(地球是我们"身体"的一部分)、肉体的自然、感知结构、表达的感知、感知的完型,等等。马克思称,语言作为思想的生命表现,也是自然界的感知和对感知表达的合一。自然的规定表现为感官的完型和自然界形式的完善。人"类关系"就感性的形式而言,必然是绽出于"具体感觉"的,可这不是一种"自然"的实事,而是一种感官结构本身(主体)教化、完善的历程。人对自然的感知、对表述的感知、对感知的完型、对非实在的实在感,等等,关

---

① [德]马克思:《1844年经济学哲学手稿》,载《马克思恩格斯文集》第1卷,人民出版社2009年版,第184—185页。该段引文中部分"自然"一词有的译本也译作"自然界",参见马克思《1844年经济学哲学手稿》,载《马克思恩格斯全集》(第3卷),人民出版社2002年版,第296页。马克思《1844年经济学哲学手稿》,载《马克思恩格斯全集》(第42卷),人民出版社1979年版,第119页。现在的更正基于马克思文本的本校。先于人类历史而存在的自然界并不再存在,它并非"原材料",而是劳动的"结果"。"可靠的感性"绝非自然界,如漂洋而来的樱桃树,而是社会状况和工业的产物。参见《马克思恩格斯全集》(第3、47卷),人民出版社1960年、1979年版,第50、58页。

乎人感性认知本身的完善与共通，它归属于主词；这区别于感性认识到的完善，其归属于宾词。对自然的感知和对表述的感知至少可合体为"语言"。语言，无论是否为主体感通或分裂的聚散地，是主体"感知结构"分合论述的玄关。平心而论，感知先于语言，同步于实践；并且"感知结构"与劳动相比较而言，则与人更为切近（但并不始源）。然而，在马克思社会批判的语境中，实践概念鉴于暴力革命死与活的对抗性，掩盖了他对"感性结构"的深入，这在专业哲学家胡塞尔针对笛卡尔"我思"概念的现象学追诉中显现出来。"我思"之我作为主词与宾词的分别时，即出现笛卡尔与胡塞尔的分化。自然科学、社会科学和人文科学划界的超越则必须追溯我们的感知结构。此"回到事实本身"的口号，依托"自然科学"（如脑科学、心理科学）的感知结构的揭示来展现科技与人文的渗透与依赖。这不仅批判了唯科学主义的片面性危机，而且揭示出科技感知等活动所深层依赖的价值动机与科学精神的人文气质，以及"感官"人化的历史性生成。在实践论中，其应区别于知性对象化（真）的逻辑摆置：当"自然"被当作工具使用时，感官结构因其生命含义的追逐（福善）而服从资本逻辑，并趋向片面与分化。鉴此，人对人作品的感性占有，人对自己感性的全面拥有，终归同人对私有财产——劳动和资本化的扬弃相关联，这是感性"教养"并获取"共通感"的精益过程——一个"百死千难"的过程，其中就有暴力革命。

人对自然感性的生产与人际社会关系的运动之间互为作用。马克思在下文中进一步指出，共产主义作为完成了的自然主义＝人道主义，而作为完成了的人道主义＝自然主义。[①]"生产力"和"生产关系"间关系的交互，导向自然科学与社会科学的同一。其精义在教养或性曰人道。法兰克福学派的社会批判理论认为，自然解放具有社会意义。通过感性的活动（实践），自然的解放，包括人的自然感性的解放，是人的

---

① [德]马克思：《1844年经济学哲学手稿》，载《马克思恩格斯全集》（第42卷），人民出版社1979年版，第120页。

解放。① 此自然包括非客体化的语言、艺术、建国行动，等等。

> 所以，人们称之为艺术的那种东西之所以存在，就是为使人恢复对生活的感觉，就是为使人感觉事物，使石头显出石头的质感。艺术的目的是要人感觉到事物，而不是仅仅知道事物。艺术的技巧就是使对象陌生，使形式变得困难，增加感觉的难度和时间长度，因为感觉过程本身就是审美目的，必须设法延长。艺术是体验对象的艺术构成的一种方式，而对象本身并不重要。②

艺术，包括学院化之前的技艺、技术，离开不了与物的关系。并且，其可能依托艺术形式，调动欣赏者的想象，以唤醒、恢复人的全部感觉（通感、共通感）。该感性活动（实践）可能就是艺术的现象学，海德格尔因此而深入古希腊"自然"之原始基础（包括存在 ὄυ 的"生""活"之义）之上，艺术即存在者的涌现（φύσις，亦自然）。③ 艺术（自然）区别于知性逻辑对感性的抽离，诗人据此成为追踪、敞开远逝诸神的体察者、揭示者。向来，感性的限制、压制是政治绝对化的外化形式；相应地，感性的解放也成为政治开化的入口，如"严等级"与"易服色"的抗争，"声音之道与政通"同"声无哀乐"的争辩，等等。艺术理想表明，如果要改变现存致命的生活制度，人们就必须学会发展新感性。新感性成为精神和物质要求据以伸展的水准。面对资本主义"单向度"的物化命运，鲍姆嘉通敏锐地提出感性完善的科学；维科从历史的角度提

---

① ［德］马尔库塞：《反革命与造反》，载《工业社会和新左派》，任立编译，商务印书馆1982年版，第127—129页。莱斯（Willian Leiss）、哈贝马斯等人承此衣钵，用科学和技术的"意识形态"的通性（［加］莱斯：《自然的控制》，岳长龄、李建华译，重庆出版社1993年版，第8页；［德］尤尔根·哈贝马斯：《作为"意识形态"的技术与科学》，学林出版社1999年版，第46页）来阐发间性主体的共通性。此诸类成果成为社会感通（符码）批判的理论基础。凯文·凯利的"科技体"（technium）认为人造和天生有对等的关系（［美］凯文·凯利：《科技想要什么》，严丽娟译，电子工业出版社2016年版，第17—19页）。

② V. 谢克洛夫斯基语，转引自［德］马尔库塞：《新感性》，载《德语美学文选》（下卷），华东师范大学出版社2006年版，第255页。

③ ［德］马丁·海德格：《诗人何为?》，载《林中路》，孙周兴译，上海译文出版社2014年版，第266—267页。

炼出心性中"诗性智慧"与民政学间的秩序关联；康德反思性判断力的提议即进入主体自我管理的思考，马尔库塞通过内在审美—感觉—欲求—本能层面的改造，以创造全能的人。乃至于伊格尔顿的身体美学、朗西埃的感性分配。

第二节　马克思论私有财产扬弃中的感知解放

哲学史中"多"与"一"的问题死结在美学史中大概体现为具体感觉（专项感觉、私人感觉）与共通感觉之间的难局。共同体"一"的关系如何体现为成员身上的"多"？霍布斯有关利维坦机器的构造即从人的生物感性起势；布留尔在考察原始社会时指出成员团结的"集体表象"；马克斯·韦伯在《经济与社会》称："'共同体化'应该称为一种社会关系，如果而且只有当社会行为的调节——在个别的情况或者一般的情况下或者纯粹的类型中——建立在主观感觉到参加者们（情绪上或者传统上）的共同属性上。"① 柄谷行人从知—情—意心性系统与国家（理性）、资本（感性）、民族（想象）等组织秩序上的融会及其转化寻求联合体的结构（低估了宗教维度）。② ……但其经验均缺乏马克思意义的劳动始基，而难敌共同体的虚无。

感觉的创造和共同意识的兼容，在马克思看来，是原子自我（意识）因为感性活动的偏斜而获取个性共通的历史生成（《德谟克利特的自然哲学和伊壁鸠鲁的自然哲学的差别》）；也是立基物质财富去私人"利用"而精神感通的神圣历程，即人感性活动的"类感通"（《共产党宣言》《德意志意识形态》）。作为对"类存在物"之"共通感"的获取，马克思认为对私有财产的扬弃，是人一切感觉和特性的彻底解放，这是"自然"工具含义升华向自由人联合体的内在理路。扬弃过程使这些感觉在主观和客观上都成为人的，即感官同对象关系的确证成为人现实本质力量的实现。在指向未来的历史进程中，此由自然而社会的同构作为感通

---

① ［德］马克斯·韦伯：《经济与社会》，林荣远译，商务印书馆1997年版，第70页。
② ［日］柄谷行人：《世界史的构造》，赵京华译，中央编译出版社2012年版，第327页。

学的研究并非外化的"真"与"善"的对象化,而是自由人联合体"感知结构"在与真和善的实现中,主体对自我情感的感觉和体验。此情感的肯定即审美学的研究对象。① 个人"如其所是"的亲在体验是颠覆逻辑普遍的原始基础;美的邀请和审美感通是人人感通的心性动力。与古代共同体和共产主义及人类命运共同体的提议相比,宗教成为私人事务,伦理让步于法理,共产主义及命运共同体直指未来的建构。人类命运共同体如何寻求社会的最大公约数? 现代人更容易将"美"及其"感通"视为天然之善,而全球因为疫情的区隔、气候变化的挑战,而让共同体更为美好且稀缺。现代性的审美文化适于成为公共感通的天然代表。时尚文化已是"共产主义"理想的演练。马克思着力提出的男女间以"自然之性"实现社会之爱的联合,充满了丰富的文化内容,包括了人和他人对自身全面、丰富、深刻感性的确认与拥有,这是自然感性的社会化。而"性爱机器人"有关物化、知性机械化的挑战则让感通文化的批判更为必要。此"社会化"若需颠覆主体的内在性,则必须进入到"自然—社会"的审美感通与架构批判中。在马克思看来,感觉直接就是理论家,从物化世界转向真正人的世界的升华直接表现为人感觉的改造,使"眼睛成为人的眼睛"、感觉成为人的感觉。

革命必须同时是感知的革命,感知革命伴随着社会物质和精神的改塑,它理应通过对象化的艺术、制度等符码而得到批判。与语言的聚散融离一样,"艺术"一词暗含既定社会环境的暂时性解体,表达了社会解放的要求;同时又因为"文化"而得到安全地存活。"艺术"因其属人感觉的激活(如陌生化、狂欢节、审丑的艺术等)才超越现存现实,才在既定现实中与既定现实相反对而体现超越的理想。具备深厚艺术修养的马克思主要不是通过研究对象化的艺术品,也并非认为提高艺术鉴赏力即可解决现实的异化;历史上不乏艺术的爱好者,如希特勒,他已给世界制造了恶之花,这顺带成为艺术政治学等诸多学科反思的重要题材,也成为模仿理论、类比推论理论、联想同感理论等 20 世纪以来有关"他

---

① 尤西林:《关于美学的对象》,《学术月刊》1982 年第 10 期。

心知"问题之心灵哲学研究①的重要论域。马克思并非如马尔库塞新感性的判断指向人本身（这也区别于对象客体本身）。马克思把异化症结归结为私有制的废除，归结为现实地改变人在自然和社会中的地位，如经济基础、政治制度等；同时亦指明，发现和改变人对现实的审美关系，坚定人的主体意识和创造精神，对推动人进入自由的活动状态具有关键作用。马克思对"感性活动"的解放有如下精粹的总结：

> 因此，私有财产的扬弃，是人的一切感觉和特性的彻底解放；但这种扬弃之所以是这种解放，正是因为这些感觉和特性无论在主体上还是在客体上都变成人的。眼睛变成了人的眼睛，正像眼睛的对象变成了社会的、人的、由人并为了人创造出来的对象一样。因此，感觉通过自己的实践直接变成了理论家。②

理性思维是感觉器官的质。区别于康德感性与理性的二元以及黑格尔理性对感性的统摄，马克思对感觉的改造，转识成智。通过感性本身的完善来评论感通与否，在马克思看来是扬弃私有制之后的憧憬，"历史"成为"感性的完善"等感通逻辑的现实演绎。在此意义上，以感性本身的完善（自然的人化）来取得类的感通，而非以感性认识到的完善来取得逻辑的共通，是评论人的教养或社会文明的尺度。壮年马克思从暴力—革命的强制秩序上完成"共产主义"的制度设计，却湮没了"共同体"的感知与心性研究。从心性—感性—秩序匹配的角度说明感通的必要性，方能回应历史唯物史观中的"合法性"危机，而重建社会忠信。故而，当现代工业在人的生活中高歌猛进时，自然科学和社会科学具备同一基础：人化自然。即对自然的控制成为对人的治理、控制的始点，并使自然科学和社会科学成为同一科学或者发展成人文科学。在此意义上，感性的缺陷是社会控诉的方式，他打开了批判的缺口。就此而言，

---

① 郁欣：《我们如何通达他人的意识？——发生心理学的进路与现象学的进路》，《哲学研究》2015年第2期。
② 《马克思恩格斯全集》（第42卷），人民出版社1979年版，第124页。

第五章 马克思的感通概念及其公共困境

马克思的感知概念，立基于自然和社会的感性同构的前提进入到人与人的感通序列。马克思借助将来之人（人道主义）与现在之人的区分来规定人的社会存在，即将人与异化劳动（雇佣劳动）相区分而重塑为共产主义者。建基于此，马克思展开了对于资本主义异化劳动的批判和对共产主义社会的憧憬。

自由人的肉体性（包括感知结构），不仅是能动的，正如费尔巴哈所见；而且是被动的，故中世纪经院哲学将"自我存在"认定成在我的不可预言性。毕竟，自由人的统一首先是以我与你的实在性差异为基础。"我就是我们，而我们就是我"① 如何可能，在黑格尔的哲学里，他削平（抽象）个体的特点，引导精神去认识和追求世界全体。与宗教神学和黑格尔唯心主义哲学相对，接近于霍布斯、洛克的自然法解释原则，费尔巴哈强调了自我意识对物质条件中的派生性，恢复"肉体"感觉的权利。

> 因此哲学不应当从自身开始，而应当从它的反面、从非哲学开始。我们中间这个与思维有别的、非哲学的、绝对反经院哲学的本质，乃是感觉主义的原则。②
>
> 旧哲学的出发点是这样一个命题："我是一个抽象的实体，一个仅仅思维的实体，肉体不是属于我的本质的"；新哲学则以另一个命题为出发点："我是一个实在的感觉的本质，肉体总体就是我的'自我'、我的实体本身。"③

在马克思将你与我的"感官兼容"纳入全体性社会结构的理论谱系

---

① ［德］黑格尔：《精神现象学》（上卷），贺麟、王玖兴译，商务印书馆1962年版，第138页。另自我"是有生命的活动的个体，而他的生命就在于把自己的个体性显现到自己的意识和旁人的意识里，就在于表现自己，使自己成为现象"。参见［德］黑格尔《美学》（第一卷），商务印书馆1979年版，第18页。

② ［德］费尔巴哈：《关于哲学改造的临时纲要》，载《费尔巴哈哲学著作选集》（上卷），荣震华、李金山译，商务印书馆1984年版，第111页。

③ ［德］费尔巴哈：《未来哲学原理》，载《费尔巴哈哲学著作选集》（上卷），荣震华、李金山译，商务印书馆1984年版，第169页。另参见马克思对费尔巴哈的评论［《1844年经济学哲学手稿》，载《马克思恩格斯全集》（第42卷），人民出版社1979年版，第128页］。

中，他受惠于费尔巴哈的直接影响。费尔巴哈与佛学之心性精神或者黑格尔之理性精神相比，实属贫乏。但越过19世纪，并未能越过费尔巴哈超越黑格尔哲理神学的感性化立场。人的感觉及其社会特质是具体的，然"色如聚沫，痛（受）如浮泡……识（了别事相）为幻法"①"回头一看被变成柱石"。（《旧约》，创19：26）"光终结"（photo-finish）如何应对？这种"具体"，通过对施蒂纳的反思，马克思由费尔巴哈的"感性对象"推进为"感性的活动"（实践）的批判。然而，超感性世界的反动如何躲避尼采式的绝望，而不陷入所要废黜之哲学——形而上学的本质俘获之网中？②"具体感觉（感官）"感通向"共通感"如何面对特殊的具体与普遍一般的"形而上学循环"？"感性活动"就是"具体普遍"吗？在"共通感"的推向"审美共通感"研究的重要议题中，审美没有对象，而只能以自我为对象，依托此私人隐逸性，审美具备超越阶级、民族统合的原始基础，这潜伏有本体哲学转向间性哲学问题的契机。但其能否是纯然无别的费尔巴哈反对意义上的人类共通感呢？

  首先应当避免重新把"社会"当作抽象的东西同个人对立起来。个人是社会存在物。因此，他的生命表现，即使不采取共同的、同其它人一起完成的生命表现这种直接形式，也是社会生活的表现和确证。人的个人生活和类生活并不是各不相同的，尽管个人生活的存在方式必然是类生活的较为特殊的或者较为普遍的方式，而类生活必然是较为特殊的或者较为普遍的个人生活。③

---

① 《增一阿含经》卷二七，《中华大藏经》32册，（丽藏本）第319页上。又《杂阿含经》卷十七："（色、受、想、行、识五蕴）譬如虚空中，种种狂风起，东西南北风，四维亦如是。有尘即无尘，乃至风轮起，如是此身中，诸受起亦然……"《中华大藏经》32册，（金藏广胜寺本）第828页下；《瑜伽师地论》卷九六："此老别者具领三受，又若有受，于依止中，生已破坏，消散不住，速归迁谢，不经多时，相似相继而流转者，应观此受犹若旋风。若有诸受，少时经停，相似相继不速变坏而流转者，应观此受如客舍中羁旅色类。"《中华大藏经》28册，（丽藏本）第365页中。[大藏经编辑局：《中华大藏经》（影印本），中华书局1984—2004年版]

② [德] 海德格尔：《尼采的话"上帝死了"》，载《林中路》，上海译文出版社2014年版，第211页。

③ 《马克思恩格斯全集》（第42卷），人民出版社1979年版，第122—123页。

第五章 马克思的感通概念及其公共困境

对特殊—普遍双面的考量,不仅对以政治意识形态为后盾,排斥、吞并其他阶层的审美个性与差异性的做法表示不满;而且忌讳以知性的普遍性(逻辑的共通感)置换美的共通性(审美共通感)和类存在而来的形上压制。对"共通感"从哪儿产生出来以及往哪儿去的本体论回答至少出现了唯物和唯心两种回答,如果将其上升到党性的学问,此阶级意识形态的偏颇将会掩盖马赫实践论的"自我"观念。[①] 20 世纪 30 年代,左联与右翼文人关于美感阶级性—人性的论辩,延安整风对人性论共同美的整肃,以袁可嘉为代表的五四文学(人的文学)与左翼文学"人民的文学"的争论……意味着现代社会退回到"美—政合一"或政教合一。在转型中国,形象思维、"共同美"的讨论以降,超出阶级、等级对立,掩盖财富等物质基础不公的大众审美风格(如时尚、芭比娃娃的消费编码等),袭据审美感通的政治表象[②]……对其中的担忧之一即要求将抽象的审美共通感理念坐实为特定时代、民族和阶级社群限定下的审美共通感(体),以避免美学于后极权主义时代的另一种专制:依托审美共通能量的"人民"想象,借用的不是单纯的感知概念,特殊的"杂众"借助政治力量的发明(如民族主义、宗教的天命观、无政府性领域的观念、乌托邦的幻想能量等),扩展"人民"的代表性,塑造出"人民"的普遍性。通过以上的分析,"美政合一"专制面的解决,并非必然是政教分离语境下的"美政分离"[③],而是处理美学普遍性统合与特殊性追求、审美共通感与审美的历史具体性的关系,其中片面强调任何一方的独尊均是武断的。对于特殊—普遍二元的理论反思,19 世纪以来的思想家,如费尔巴哈、马克思,带有摧毁各种形而上学的决心;但其逆转柏拉图主义,并致力于创造一种不同形而上学的意图并未获得成功。

回溯历史,康德所代表的注重人类共通感的启蒙思潮,即具有远离

---

① [苏]列宁:《唯物主义和经验批判主义》,人民出版社 1960 年版,第 131—132、342—344 页。
② 尤西林《心体与时间:二十世纪中国美学与现代性》(人民出版社 2009 年版,第 148 页)的提醒。
③ 尤西林:《艺术传播的现代性机制及其界限》,《哲学与文化》第卅八卷第十期(2011 年 10 月)。

阶级、民族特殊的普遍性质。然而其反思性判断力自"特殊"的反思并未得到应有的注意。① 席勒的审美乌托邦筑基于完美人性特殊—普遍的一体逻辑：

> 倘若一部国家宪法只有通过泯灭多样性才能促成一体性，那样的宪法就还是非常不完善的。国家不应只尊重个体中那些客观的和类属的性格，还应尊重他们主观和特殊的性格；国家在扩大目不能见的伦理王国的同时，不应使现象王国变得荒无人迹。②

将审美感通等同于普遍性并未逃脱形而上学超感性意识的内在牢笼。康德的思辨即趋于先验的普遍与抽象，同样，席勒的解决方案最终以普遍的人性为旨归。虽然青年马克思对人"也按美的规律来建造"的共同美的思考有生动的理解，指向了实践；但是在《资本论》的批判时期却将阶级差异坚持到极致，或许导向了意识形态面向的抽象。总体看来，马克思有关每个人自由发展的感通及其社会关系总和的类的感通理论，不是美的先验分析（康德），也不是关于艺术的客体化思考（黑格尔），而是预示着美的感性活动的现象学研究。该感性活动的探讨"……始终站在现实历史的基础上，不是从观念出发来解释实践，而是从物质实践出发来解释观念的东西……"③，从人的生产活动起步，以肉身存在的全面发展和至善期待为目的。此"目的"体现了人存在的无限性。此无限境界可能并非形上哲学的本体追求，而处在交互主体的感通之间。康德的反思性判断力可能指向个体自我内在管理的修炼；席勒的审美王国即注意到现象王国的多元治理；而于马克思感通现象学的解读中，自然和

---

① 鉴赏一般（"general"）对知性普遍（"universal"）的反叛，可从其字源学中获得启示。参见 https://www.etymonline.com/word/universe#etymonline_v_4519；https://www.etymonline.com/word/general#etymonline_v_40985（2020 年 4 月 12 日访问）等的讨论。
② ［德］弗里德里希·席勒：《审美教育书简》，冯至、范大灿译，北京大学出版社1985年版，第21页。另参见黑格尔《美学》（第一卷，朱光潜译，商务印书馆1979年版，第78页）的评论。
③ ［德］马克思、恩格斯：《德意志意识形态》，载《马克思恩格斯全集》（第3卷），人民出版社1960年版，第43页。

社会的基础同构,将胡塞尔现象学的意向性的极的世界(自我极、对象极、意向性的极等等)发生实在的关联。其走向要么是胡塞尔、海德格尔批判意义的对象化(客体化),①其逻辑的共通感植根于程序宪政的规训之中;要么是现象学对存在的意向还原,其"意义"意向的现象是否走向审美的共通感?

筑基于主体肉体感通自身,他者的意识如何就在自身之中?特殊之间,即间性主体之间的审美感通是否成为传统形而上学的突破?审美共通因此而具备交互主体的统合精神和公共性意义。特殊、"语境的实在论"②,实践、语言转向等将获取传统实在哲学的改造契机。对此间性哲学的方法论规划,马克思是否指向肉体自然和目的之间的艺术、语言、行动等现象学的即身描述、体验?回到事实本身是否回到"严格科学"的实践本身?马克思的审美理论扭转了"理念说"以来的"以头立地",由理性转向感性存在。在他看来,人不仅通过思维,而且以全部感觉在对象世界中肯定自己。其显明审美感通本身的生成性,美本身体现在启真储善的实践过程之中。就审美共通理论而言,马克思从康德的审美共通感的先验论推进为审美共通的生成论,"感知结构"的现象学回归和"劳动"的社会批判构成为感性活动(实践)的两大论域;相较哈贝马斯的审美交往论(公共性)的建构论而言,马克思更保持了审美社会理论的革命性和历史性,而较公共社群主义聊慰怀旧的乡愁情绪更为切身可感。只是历史科学如何不被历史自身解构,历史指向了现象学的绽现。

人作为人不是出生在理论反思中,而是生于感性活动中,然而人之为人的逻辑只能存活于理论反思中。鉴于以上有关"共通感"问题史的勾勒,选择马克思的感性活动作为达到联合体的预设,势必引入审美共通感的批判。一则审美感通是从心性上超越于制度儒学、契约规则(霍布斯、卢梭、洛克等)、货币媒介(西美尔)、阶级政治(马克思)、语

---

① [德] 胡塞尔:《欧洲科学的危机与超越论的现象学》,王炳文译,商务印书馆2001年版,第97—103页;[德] 海德格尔:《现象学与神学》附录,载《路标》,孙周兴译,商务印书馆2000年版,第75—85页。

② [美] 杜威:《哲学的改造》,参见涂纪亮《从古典实用主义到新实用主义》,人民出版社2006年版,第50—51页。

言交往（哈贝马斯）的历史要求；二则是具体感觉由反思性判断力提升向共通感的内在要求。马克思是在总体性视域内，击穿传统哲学——形而上学内在意识的，以为"感性活动"的开放性提供理论前提；自然感性和社会感通的基础同构是马克思感通概念伸展向社会改造的内在脉络。基于天（自然）人同构、人人同构的内在逻辑，马克思在批判私有财产制度和资本主义生产关系的前提下，来阐发人的感性活动，介入审美共通感理论的；也正基于此，马克思从经验感觉出发的优势在于"物质生产"具有现实的改造性，继而泯合向"精神生产"。马克思的实践感性学对审美"感性"的解释，超越了直观唯物论（参见休谟的道德感，亚当·斯密的"道德情操论"，努斯鲍姆对移情的描述）与先验唯心论（参见康德）的对立，而在劳动中获取了现实的基础。"把感性世界理解为构成这一世界的个人的共同的、活生生的、感性的活动。"[①] 感性（审美）对象和审美意识由此获得统一理解的现实根据和历史辩证、社会批判的价值依托。这指向自由人联合体的规划与建制。然而，马克思处于历史生成的感通政治学，缺乏生存论转向存在论哲学的现象学阐释，因为暴力革命仅是恶无限的必然环节，此治标的方式[②]期待历史的超越。历史成为本义重新显现的存在本身。

第三节 理解"感知结构"的方法：符码生产的公共批判

马克思在《德意志意识形态》《共产党宣言》《剩余价值理论》中所指出的自由和自然，特别是"精神生产"与"物质生产"的关联，在当代消费经济中演进为"符码生活"。符码是审美共通感的文化凝练。其居于特殊与普遍之间，或者说"有—有"等特殊间体之间，可能更为恰适，而构成为传统实体哲学之特殊—普遍二元循环的突破。下文结合芭比娃娃的案例，说明感通理性面临的新挑战——"符码"构成为操纵和规划

---

① [德]马克思、恩格斯：《德意志意识形态》，载《马克思恩格斯全集》（第3卷），人民出版社1960年版，第50页。

② [德]莫泽斯·赫斯：《赫斯精粹》，邓习议编译，南京大学出版社2010年版，第8、176页。

个体的感知结构和情感体制。"感知结构"时见片面,共通感批判方才必要、迫切。

生产资料的占有对感知结构的完善具有基础性的地位;感知结构的批判具有与经济制度等社会秩序批判同等重要的地位。感觉结构为基础的审美批判应当与社会批判一道受到重视,这超出了自由—自然等主体内在意识的自闭。你我他的感觉互为肯定,且交互为目的时,共通感已趋可能;而当你的感觉当作手段来使用时,即可显露感性学的利用及其对抗。现代政治体制追求自由、平等等个性法权,对于离散和脱域的个体,淹没在变动不居的事件洪流中,普遍的个体情感极易沦为操纵、控制的对象。在海德格尔对感性学的控诉,以及伊格尔顿等人对感觉的力量及其绝对目的的认定①中,布尔迪厄文化区隔理论强调了社会生产场域对审美、判断力的区隔与支配功能;② 区别于席勒意义之审美经验的特殊观及其自洽性,朗西埃强调了社会文化生产语境中感知分配(Le Partage du sensible)的能动功能,据此而提出民主平等、感性治理的审美政治学;阿苏利、彼特·墨菲的审美资本主义研究认为,生产必须维持趣味性,品位涉及工业文明的前途。③ 在消费文化中,感觉成为符码制作技术争夺的战场,身体处在整容术、节食节育、卷发烫发、有氧健身运动等系列活动的焦虑中,成为配偶选择、人寿保险、身体规划、健康教练、时装、健身和娱乐等产业的可欲对象。芭比娃娃、《花花公子》的模特、歌后影星、招贴广告……绽现为一种普遍的偶像制造,其以女性为最。胸脯高耸、蜂腰翘臀、长发飘逸、双脚纤细,而且非常非常地苗条,这种"标准化效果"以芭比娃娃为例证堪称囚禁的美学神话。

芭比娃娃没有丈夫,待字闺中。"芭比"所指也是芭比娃娃的包装、派生产品、卡通片、商业广告、杂志和发烧友会等全套装备和活动:除

---

① [英]特里·伊格尔顿:《美学意识形态》,中央编译出版社2013年版,第183页。
② [法]皮埃尔·布尔迪厄:《区分:判断力的社会批判》,刘晖译,商务印书馆2015年版,第2页。
③ [法]奥利维娜·阿苏利:《审美资本主义:品味的工业化》,黄琰译,华东师范大学出版社2013年版,第9页。

工业劳动产品的支撑外,更突显的是非物质性劳动(Immaterial labor)①的情感等文化互动。小孩从芭比那里学到保持个人卫生、着装得体、购物时熟知行情以及如何展示博人好感并成功获取女性气质的重要因素……芭比的性别成为商品。玩芭比娃娃不仅是培养女性性别气质的培训基地——"感知结构"的教养与控制已然进入心性的自我管理;而且与芭比的交往也是福特经济体制下向公民介绍知识和推介社会关系的媒介,拥有"芭比"成为为获得承认而表演的"出彩"行动。芭比的身体反叛性地苗条,是对下垂的乳房、浑圆的腹部和滚圆的臀部所象征的古典母性理想的否定。她身体棱角硬朗,线条分明,是自制力的象征。芭比缺乏生育能力,但她那对克服了地球引力的乳房却为她保持了鲜明的性力特征。如肌肉男一样,芭比的身体对于妇女,乃至于男人可能代表了自律和控制的情趣。芭比的超瘦身材与芭比的超级消费间的张力是维系资本主义经济"井然有序"的符码,而对芭比本身的认同则令女孩们成为全景式监狱中的囚徒。为芭比脱、洗、穿衣服,梳头发、洗澡,扭转肢体等与芭比身体的亲密接触;而扮饰相同的服装及其模仿比赛则使她们可能实现成为芭比的梦想,甚至将芭比文化畸变成"苗条的暴政"。她们因时尚的更新猎奇而疲于奔命,面对镜子的质询而无情地发呆……身体因可塑、零件的可替代性而变得六神无主,"感知结构"的控制变成不友善的他者。

身体是立契践约之前在自然界中存在并行使其功能的自然实体,故而洛克的观点认为我们拥有控制自己身体的权利。但现今有关堕胎、吸毒、自杀等,乃至芭比娃娃的讨论,表明心智以合适的方式处理自己的身体以及感知,意欲取得尊重时,身体以及感知结构却从自我控制变为别人手中的玩物和社会的监控。身体授权于上帝、父母、他人的评论还是被生产关系、资本帝国扭曲?

恩格斯、马克思亲自考察了英国工人阶级状况后发现,纺织工厂制度使男女的工作性质发生颠倒:其使男人不称其男人,女人不能称其女人(包括儿童不称其儿童);而既不能使男人真正成为女人,也不能使女

---

① 许纪霖主编:《帝国、都市与现代性》,江苏人民出版社2005年版,第31、34、58页。

人真正成为男人的状况，可耻地侮辱了两性均具有的人类尊严。① 在恩格斯的理想中，男性统治女性，或女性统治男性均不近人性。那他的意思是不是让男人成为男人，女人成为女人？芭比娃娃的案例表明，女性的感知在消费规训中的一致是对"女性成为女人"的一种格式化。正如海德格尔的描述"常人怎么享乐，我们就怎么享乐；常人对文学艺术怎么阅读怎么判断，我们就怎么阅读怎么判断；竟至常人怎么从'大众'抽身，我们也就怎样抽身；常人对什么东西愤怒，我们就对什么东西'愤怒'"②。常人格式就是没有感知立场，就是共通感丧失。这种格式化的牺牲第一个关键是工业宦官对人恶欲的煽动，而同质向具体感觉。

> 没有一个宦官不是下贱地向自己的君主献媚，并力图用卑鄙的手段来刺激君主的麻痹了的享乐能力，以骗取君主的恩宠；工业的宦官即生产者则更下贱地用更卑鄙的手段来骗取银币，从自己的按基督教教义说来应该爱的邻人的口袋里诱取黄金鸟（每一个产品都是人们想用来诱骗他的人的本质，他的货币的诱饵；……），——工业的宦官投合消费者的最下流的意念，充当他和他的需要之间的牵线人，激起他的病态的欲望，窥伺他的每一个弱点，然后要求对这种殷勤的服务付报酬。③

恶欲及其感觉的煽动在"芭比娃娃"的符码制造中展现、置换为货币经济的同质（平等）。"货币给现代生活装上了一个无法停转的轮子，它使生活这架机器成为一部'永动机'，由此就产生了现代生活常见的骚

---

① ［德］恩格斯：《英国工人阶级状况》，载《马克思恩格斯全集》（第2卷），人民出版社1957年版，第432页；［德］马克思、恩格斯：《共产党宣言》，载《马克思恩格斯全集》（第4卷），人民出版社1958年版，第473页；［德］马克思：《资本论》第1卷第13章，载《马克思恩格斯全集》（第23卷），人民出版社1972年版，第433—441页。
② ［德］海德格尔：《存在与时间》，陈嘉映、王庆节译，生活·读书·新知三联书店2006年版，第147页。
③ ［德］马克思：《1844年经济学哲学手稿》，载《马克思恩格斯全集》（第42卷），人民出版社1979年版，第132—133页。

动不安和狂热不休。"① 西美尔的"货币哲学"认为:"当千差万别的因素都一样能兑换成金钱,事物最特有的价值就受到了损害……"② 生产—消费并非必然使个体自由成为可能,甚而因为利益关系导致个性的平均化。

> 现代文化之流向两个截然相反的方向奔涌:一方面,通过在同样条件将最遥不可及的事物联系在一起,趋向于夷平、平均化,产生包容性越来越广泛的社会阶层。另一方面,却趋向于强调最具个体性的东西,趋向于人的独立性和他们发展的自主性。货币经济同时支撑两个不同的方向,它一方面使一种非常一般性的、到处都同等有效的利益媒介、联系媒介和理解媒介成为可能,另一方面又能够为个性留有最大程度的余地,使个体化和自由成为可能。③

货币的平等诉求,卢卡奇称之为物化,导向海德格尔的常人状态。这种平均可能没有深度(高度),难以与个体自由共荣。在马克思的批判看来,权利的平等(平均)抽离了个人的天然特权、个别场合,这撇开了"权利就不应当是平等的,而应当是不平等的"界定。④ 以货币媒介(一般性)的兑换极可能将事物最特有的价值损害,甚至将高贵的东西引向低俗。柏拉图所言"次好的"资本主义共同体用物的关系掩盖人与人的关系,用异化劳动取代生命的真实生活,用私有财产替代对人性的占有。马克思的商品"拜物教"已经见到资本主义的贪婪及其由物化到虚

---

① [德]齐奥尔格·西美尔:《现代文化中的金钱》,载《金钱、性别、现代生活风格》,刘小枫编,顾仁明译,学林出版社2000年版,第12页。
② [德]齐奥尔格·西美尔:《现代文化中的金钱》,载《金钱、性别、现代生活风格》,刘小枫编,顾仁明译,学林出版社2000年版,第8—9页。由货币推演开去,现代的拼音文字、印刷术、电视等以线性模式和视觉模式取代听觉模式,赋予新媒介时代中央整齐划一和聚合一致的外在力量,同时电子技术等新媒介的麻木,也使个体搁浅在孤立的沙滩之上。另见[加]麦克卢汉《理解媒介:论人的延伸》,何道宽译,商务印书馆2000年版,第41、43—46页。
③ [德]齐奥尔格·西美尔:《现代文化中的金钱》,载《金钱、性别、现代生活风格》,刘小枫编,顾仁明译,学林出版社2000年版,第6页。
④ [德]马克思:《哥达纲领批判》,载《马克思恩格斯全集》(第25卷),人民出版社2001年版,第19页。

无的资本逻辑,西美尔的货币哲学见出货币导向生命感的萎缩。

第二个关键是生产关系的扭转:由"物质生产"的决定,经"精神生产""物化(对象化、异化)商品"① 转向"消费"符码等非物质性劳动的虚拟生产。"女性成为女人"面临着恩格斯在生产关系批判中所未遇的感知体验与消费,波德里亚(Jean Baudrillard)称呼之仿真编码。② "我表象故我在"继笛卡尔以来即存在理性的算计,符码的"解政治"问题需要挑明以下方面。

1. 就生产而言,符码制造受工业宦官、统治阶级的支配,并将一个阶层的想法置换成普遍意义的思想。这是上文中"特殊"和"普遍"关系批判的深化。"统治阶级的思想在每一个时代都是占统治地位的思想。这就是说,一个阶级是社会上占统治地位的物质力量,同时也是社会上占统治地位的精神力量。支配着物质生产资料的阶级,同时也支配着精神生产的资料,因此,那些没有精神生产资料的人的思想,一般地是受统治阶级支配的。"……"事情是这样的,每一个企图代替旧统治阶级的地位的新阶级,就是为了达到自己的目的而不得不把自己的利益说成是社会全体成员的共同利益,抽象地讲,就是赋予自己的思想以普遍性的形式,把它们描绘成唯一合理的、有普遍意义的思想。"③ 在中国经史、诗苑之外,小说文类、白话文对"刍荛狂夫"的正名、陈寅恪对柳如是"妾妇牛童走马"的文化托命,对比于《祝福》中祥林嫂基于"三从四德"的誓死防卫:新生符码的普遍性诉求处在争夺或调整之中。

2. 就消费者而言,符码想象代替了现实的斗争。④ 媒介的符码想象和

---

① [匈]卢卡奇:《历史与阶级意识:关于马克思主义辩证法的研究》,杜章智等译,商务印书馆 1992 年版,第 147—154 页。

② [法]让·鲍德里亚(Jean Baudrillard):《符号政治经济学批判》,夏莹译,南京大学出版社 2015 年版,第 139—140、149 页。齐龙总结出符号的三种秩序:古典的模仿秩序、现代的生产秩序、后现代的仿真秩序。参见齐龙《波德里亚著作中的时尚和指意》,载[美]道格拉斯·凯尔纳编《波德里亚:一个批判性读本》,陈维振、陈明达、王峰译,江苏人民出版社 2005 年版。

③ [德]马克思、恩格斯:《德意志意识形态》,载《马克思恩格斯全集》(第 3 卷),人民出版社 1960 年版,第 52、54 页。

④ [荷]乔蒂·迪恩:《交际资本主义:传播和政治预除》,载《文化研究》,广西师范大学出版社 2006 年版,第 20—30 页。

符码的生产与消费能否与生产力等量齐观？符码制造的唯美图景，经媒介的呈现而全民共享是否掩盖经济关系的差等，并以符码的共享而替代成法政的平等？感通政治和符码文化均从"感知结构"出发来打造共通的理想。特别是在消费时代，通过符码文化的技术控制，以维护经济人的至高利益，且实现审美的自我技术。审美符码因此可能成为文化政治，并"受抽象统治"。

符码的生产和消费试图代替马克思的劳动和弗洛伊德的快感，这显然也与法兰克福学派的"文化白痴论"和波德里亚透明性生产与"诱惑"性本体的虚无①等所确认的生产主义的决定范式相对。符码构成为规划个体情感体制的框架，但其并不能因社会物质生活的丰富而表浅化。自主消费范式的反规训策略则有待深化，但回应的标准是什么，是柏拉图的"洞喻"隐喻和理念悬设吗？马克思主义的经典文本提供了一种自由人的制度批判。

> 而在共产主义社会里，任何人都没有特定的活动范围，每个人都可以在任何部门内发展，社会调节着整个生产，因而使我有可能随我自己的心愿今天干这事，明天干那事，上午打猎，下午捕鱼，傍晚从事畜牧，晚饭后从事批判，但并不因此就使我成为一个猎人、渔夫、牧人或批判者。②

> 在共产主义的社会组织中，完全由分工造成的艺术家屈从于地方局限性和民族局限性的现象无论如何会消灭掉，个人局限于某一艺术领域，仅仅当一个画家、雕刻家等等，因而只用他的活动的一种称呼就足以表明他的职业发展的局限性和他对分工的依赖这一现象，也会消失掉。在共产主义社会里，没有单纯的画家，只有把绘画作为自己多种活动中的一项活动的人们。③

---

① ［法］让·波德里亚：《论诱惑》，张新木译，南京大学出版社2011年版，第56页。
② ［德］马克思、恩格斯：《德意志意识形态》，载《马克思恩格斯全集》（第3卷），人民出版社1960年版，第37页。
③ ［德］马克思、恩格斯：《德意志意识形态》，载《马克思恩格斯全集》（第3卷），人民出版社1960年版，第460页。

第五章　马克思的感通概念及其公共困境

马克思的主要思想是，全面发展的个人理想，取决于分工的消灭。这始于受动劳动终止的地方，筑基于必然王国的彼岸。① 分工和私有制的扬弃意味着人性发展根本限度的消除。这就是共产主义"保证社会劳动生产力极高度发展的同时又保证人类最全面的发展"的经济形态和制度规划。② 而面对符码消费，我们对机械（电子/数字化）复制、单向度社会的感性解放需要反省以下几点。

第一，"感知结构"的治理于感通风格中的同质魅惑。芭比娃娃的实践者们就是为了获得雌性猿的性征吗？以"芭比"为代表的非物质性劳动（特别是人际、信息交流）在现代科技的支撑下，正克服民族国家的局限而走向全球化、帝国和大众（迈克尔·哈特、安东尼奥·奈格里）治理的新阶段，这是马克思世界公民理论的新进展。存在哲学和文艺表现为"反环境"的，它在人工机械技术环境中有针对性地激化为一种感知和判断力的训练。人的感觉是我们身体能量的"固定电荷"，感官间的相互作用是构成通感的开端。把每一种感觉转化为其他的感觉，是共通感知结构的开始。主体感受形式的相似、完善兼为感通的前提和后效，此为超越概念分化的逻辑而追溯向感知结构的基点，亦成为国家/社会共同意识研究的逻辑环节。随着口传文明、印刷文明推向电子文明的来临，电子媒介作为人中枢神经系统的延伸，将更新、重置、训练着我们的感知结构和感性的生活，而走向整合性的感性众筹时代。麦克卢汉的全球感通——地球村，我制造、你感觉，"感觉一体"在"芭比"等文化产业，特别是在"牛仔"风格中实现了"共产主义"社会的预演（风俗）。"芭比"、牛仔着装在整体的相似性于风格上已经限定了趣味。感觉一体的风格集中在社会公共领域，趣味集中在个人私人领域。牛仔的蓝色特征（以及"芭比"的性别管理）是否如共产主义的灰蓝风暴③源自消费选择的缺失以及符码制造的控制，而泯灭个人审美趣味的差异？！

---

① ［德］马克思：《资本论》，载《马克思恩格斯全集》（第25卷），人民出版社1974年版，第926—927页。
② ［德］马克思：《给"祖国纪事"杂志编辑部的信》，载《马克思恩格斯全集》（第19卷），人民出版社1963年版，第130页。
③ 如共和国的军装系列，罗伯特·吉兰在《六亿蚂蚁》中称之为"蓝蚂蚁"。

> 如果工人和他的老板享受同样的电视节目并漫游同样的游乐胜地，如果打字员打扮得同她雇主的女儿一样漂亮，如果黑人也拥有凯迪拉克牌高级轿车，如果他们阅读同样的报纸，这种相似并不表明阶级的消失，而是表明现存制度下的各种人在多大程度上分享着用以维持这种制度的需要和满足。①

在马克思主义者的眼中，牛仔风格和趣味，立基于经济丰产，而成为阶级认同的标志。立基于利益的阶级认同几乎不具有协调的余地；而基于风格的认同，不仅具有趣味的感通性，而且在消费领域建构着更大的控制力。即存在以感性的同质技术掩饰自然—社会的基础同构，进而否弃劳动等感性活动（实践）这一感通的历史基础。

第二，自由人联合体和感觉一体立基物质共产而来的公共反思。马克思的联合体超越了私有财产的逻辑，他指出：

> 代替那存在着各种阶级以及阶级对立的资产阶级旧社会的，将是一个以个人自由发展为一切人自由发展的条件的联合体。②
> （共产主义者的目的）使社会的每一个成员都能完全自由地发展和发挥他的全部才能和力量，并且不会因此而危及这个社会的基本条件。③

马克思言之的个人只有在联合体中才能获得自由，个人互为目的只有在联合体的历史实践中才能获得全面的发展。马克思在此的崇高憧憬是财富的生产和占有受联合体的个人支配，变成联合体的物质条件。然

---

① ［德］马尔库塞：《单向度的人——发达工业社会意识形态研究》，刘继译，上海译文出版社2006年版，第9页。《礼部则例》、唐明清律例"服舍违式"等对消费感性均有礼与法的规定，此感性的政治在西方也有"禁奢法"的限制，其公私域的评论参见［美］桑内特《公共人的衰落》（上海译文出版社2014年版，第88页）。
② ［德］马克思、恩格斯：《共产党宣言》，载《马克思恩格斯全集》（第4卷），人民出版社1958年版，第491页。
③ ［德］恩格斯：《共产主义信条草案》，载《马克思恩格斯全集》（第42卷），人民出版社1979年版，第373页。

而，人存在的物质性内涵，比如感知如何在联合体中不被悬搁呢？马克思的逻辑环节在于，联合体的共同财产作为人的本质力量的肯定者，以及现实的创造者而存在；或者私有财产就不应成为否定的对象，而应"重新建立个人所有制"① 以保障个性。即劳动已不为求生的手段，生命的感通相应地也超越了劳动的受动逻辑。共产主义"按需分配"不再计较"应得"，而无障碍地实现"欲得"。这种"欲得"用生命生存的自然性取代了精神的自主性，而舒舒服服地感性，不再反思，马尔库塞称之为批判的停止。物质基础固然需要批判，但不合理的社会制度才是应当否弃的对象，正如"尚未完成的共产主义"的自我批判一样，资本主义的感性异化尤其如此。在符码商场，社会必要劳动时间的缩短（加速）以弥赛亚主义的盼望运动而扬弃现在，追求审美感通的肉体却只知虚拟的"当下"。"当下"刺激因收摄未来而充溢为满足的瞬间，并耽溺于下一个"当下"。自然与社会依"感知结构"而基础同构，为社会批判提供了坚实的理论杠杆，并弥补了科学主义的知性片面。但是对马克思而言，依托物质共产而阶级感通："类感通"的社会对抗与批判否定了阶级定性之外的人与人感通。阶级的社会批判，立基劳动，但缺失"感性结构"的现象学回归；同时，阶级的社会批判，固化于物质基础，限制了人文批判的超越性。

第四节 劳动世界的福利正义与公共批判

如何超越劳动环节的自由赤字？这和暴力革命的恶无限如何区分？我们的启迪和质疑源自芭比娃娃的符码战场所体现的感觉一体能否形成一种感通共同体，并有益于城邦？还是经济人支配人人的消费共同体而危及自主？这是不是汉娜·阿伦特、马尔库塞所揭示的"后极权主义"？徘徊于霍克海默、阿多诺、马尔库塞、弗洛姆、哈贝马斯等对工具理性的批判理论，波德里亚在《消费社会》中对无声电影《布拉格的大学生》的讲述，隐喻了消费社会中商品符码的反人意向。索尔·贝娄《洪堡的

---

① 《马克思恩格斯文集》（第5卷），人民出版社2009年版，第874页。

礼物》借洪堡和西特林之口对消费社会中人的异化和大众文化符码进行了不遗余力的批判,"美国富庶得叫人眼花缭乱,简直是猪猡的天堂"①。每一种物品都变成消费品,并迅速消耗在纯粹的生命过程中,如石田彻也对人以废弃零件的隐喻性绘画;不,或许在智媒时代不能称之为消耗,如 VIP 卡的运用,而增进为新型数码的制造:行动(praxis)被制作和劳动(消费)置换,公共世界被维护功利正义的法理社会和政府替代。其"平庸之恶"的后果以纳粹极权主义统治的形式典型地表现出来,其中有感觉一体所导向的公共难题。审美如何区别于卢卡奇对资本主义的物化界定,避免消费时代(后极权主义)的同质魅惑。现时代,感性"图景—音景"等选择结构的失衡及其片面将推进为符码生产(对象性活动、劳动)的公共批判。

  以劳动和交换生活为价值的文化是伊奥尼亚 Isonomia(无支配)理念的前提。② 在自由派的理论看来,劳动对私有财产的获得于维护个人自由至关重要。开物成务之际,"劳动使它们同公共的东西有所区别,劳动在万物之母的自然所已完成的作业上面加上一些东西,这样它们就成为他的私有的权利了"③。共同体宇宙的分裂,私有财产的获取,以及世界的符码化(海德格尔)是个体取得权利和自由的必然前提。然而,随着程序宪政学由神义—理性正义(Jus)转向契约正义(Lex)的发展,去除劳动首恶(赫西俄德,《神谱》226)的语源考订而下,阿伦特的批判指出,洛克、亚当·斯密、马克思的"劳动"(包括"非物质性的劳动")作为财富之源,据此以致占据人类创造世界的最高能力时,则自然性多,世界性少。④ 在执政绩效等实用主义的实践与理性批判的较量中,正义、

---

① [美]索尔·贝娄:《集腋成裘集》,李自修等译,河北教育出版社 2002 年版,第 71 页。
② [日]柄谷行人:《哲学的起源》,潘世圣译,中央编译出版社 2015 年版,第 30—31、35、59 页。
③ [英]洛克:《政府论》(下),叶启芳、瞿菊农译,商务印书馆 1964 年版,第 18 页。中国文化更极端地认为"晋之分也,齐之夺也,皆以群臣之太富也"(《韩非子·爱臣》)。
④ Hannah Arendt, *The Human Condition* (Chicago: The University of Chicago Press, 1958), pp. 101 – 102. 这种"世界性"亦体现为物质积累和精神枯竭间的脱节(Frank E. Manuel and Fritzie P. Manuel, *Utopian Thought in the Western Word*, Cambridge, Mass.: Harvard University Press, p. 811. [美]莫里斯·迈斯纳:《马克思主义、毛泽东主义与乌托邦主义》,张宁等译,中国人民大学出版社 2013 年版)。

幸福、绩效支撑了合法性，但正义、幸福、绩效绝不能代替合法性，更不允诺公共性。① 社会治理合法性的困境如何解决，如何掌控并协调劳动的私欲能量，并使之获得完备的公共理性形态，成为超越西方治理理念，构建符合中国公共理念的核心价值。

马克思的劳动，本质上挑战了亚里士多德传统对理性的赞颂，也挑战了上帝造物（神性）的观点。但是马克思充满理想的劳动的雄心是幸福，即由制作活动的产品构成常人世界，让劳动变得易为人忍受，更加安逸。这同未能超越目的—手段的动物一样难逃生命过程，而被利用、消费。通过"符码"消费的研究表明，现代性中劳动地位的提高实际上就是消费（私欲）的提高，以至财富增长似无极限；而生物生命的提高亦意味着劳动者社会生命的堕落，这势必导向尼采、杨文会等人所描述的"末人"（末世）② 境地和海德格尔警戒的技术暴政以及由此而导致的沉沦。这显然与马克思自然和社会同构感通的理论建构大相异趣。对于马克思主义的当代驳难："经济决定论"（赖欣巴哈）、"经济本能"（卡西尔）、"反历史的自然主义"（科林伍德）③……马克思显然早就认定，人类有超越劳动动物的尊严。劳动与基督宗教的苦行主义结合，即成为信念伦理的楷模。然而现实则是，即使马克思、玛莎·努斯鲍姆④等人筑基于物质、制度利益之上，追求人类卓越的期待令人神往，但如何使劳动者摆脱私人身体的因禁，扭转生产—消费的循环？现代程序宪政学筑基于契约论的经济折中，未能超脱生命中心，并因主体的原子化弊端而使共同世界衰落。共同世界的衰落为极权主义对人类尊严的毁灭提供肥

---

① 谭秀云、李河成：《正义如何允诺公共——以实体哲学向间性哲学的转向为视角》，《都市文化研究》2018 年第一辑。

② Friedrich Nietzsche, *Thus Spoke Zarathustra: A Book for None and All* (Walter Kaufmann trans., Nork York: Penguin Books, 1966), pp. 16 - 19. 福山：《历史的终结及最后之人》。杨文会认为，佛教教义失色，世界正堕入一个精神衰朽的"末世"。杨文会：《杨仁山居士遗著》（第一册），南京：金陵刻经处，1919 年版，第 2 页。

③ ［德］H. 赖欣巴哈：《科学哲学的兴起》，伯尼译，商务印书馆 1983 年版，第 60 页。［德］卡西尔：《人论》，甘阳译，上海译文出版社 1985 年版，第 28 页；［英］柯林伍德：《历史的观念》，中国社会科学出版社 1986 年版，第 139—140 页。

④ Martha Nussbaum, "Aristotlian Social Democracy", *Liberalism and the Good* (Bruce Douglass ed., New York: Routledge, 1990).

沃的土壤，这是 20 世纪的惨痛教训；如今在消费时代中我们岂不面临同样的威胁？现今中国社会治理的综合目标被简化为富民惠民的单一目标，凡事若以经济手段来化解，其短期绩效极易成为引发社会矛盾的"蝴蝶效应"。故而，感通的政治学有待将"劳动"基地作出进一步的规定。

"他在把劳动升格为尊严的过程中，忽视了劳动营生最基本的性质。即如果对劳动营生进行再定义的话，它是属于私人领域的，因为这是人与自然的物质代谢，因为只与个体的人发生关系，只与政治上所说的孤独的人发生关系。"① 从劳动是人的本质性的规定来看，马克思将亚里士多德（以及未曾预料到的阿伦特）的"行动"化约为生产劳动。以劳动作为公共幸福和自由的物质基础而言，通过自然，上帝赋予个体自我保存和抵御反对的能力；通过拥有自然权利，公民获得人类本质的善。劳动及其自然权利可以是一种道德的生活。海德格尔、阿伦特对劳动"烦物"、营生的界定，忽视了劳动过程的政治内涵（功利主义）；② 通过"感知结构"的案例分析，符码的消费意识形态表明，单一通过物质的极大丰富和社会分配正义③来使劳动者进入公共领域或许不是成功的方案。劳动并非自动导向自由（无劳动的社会）。马克思希望自由时间终将从社会必要劳动时间中获得解放，这种机械论的幻觉假设了劳动能量的守恒定理。然而，劳动的自由时间越多，消费的欲望就越贪婪，欲望对象就越精细奢侈！这在阿伦特的批判中称为"幸福"：

> 现代世界对必然性的胜利总是被归功于劳动的解放，即劳动动物被允许占领公共领域的事实；可是，令人不安的事实真相却是，只要劳动动物仍占据着公共领域，就不存在真正的公共领域，只存在私人活动的公开展现，其结果便是我们委婉地称作大众文化的东

---

① ［德］汉娜·阿伦特：《马克思与西方政治思想传统》，孙传钊译，江苏人民出版社 2006 年版，第 183 页。
② ［加］菲利普·汉森：《历史、政治与公民权：阿伦特传》，江苏人民出版社 2004 年版，第 44 页。
③ ［德］马克思：《共产主义原理》，载《马克思恩格斯全集》（第 4 卷），人民出版社 1958 年版，第 366—367 页；［德］马克思：《哥达纲领批判》，载《马克思恩格斯全集》（第 25 卷），人民出版社 2001 年版，第 20 页。

西。大众文化根深蒂固的难题在于普遍的不幸福。不幸福,一方面是由于劳动和消费之间难以取得平衡;另一方面是由于劳动动物坚持不懈地追求幸福,而幸福只有在生命过程的消耗和再生、痛苦和痛苦的释放之间达到完美的平衡。在我们的社会中,对幸福的普遍渴求和普遍的不幸福(即硬币的一体两面)是一个最有说服力的表征,说明我们已经开始生活在一个劳动社会中了,只不过它缺乏足够的劳动让人心满意足。因为只有劳动动物,既不是工匠也不是行动者,才一直想要幸福,并认为凡人是能够幸福的。①

休谟、洛克、穆勒的幸福技术和明智的技巧在康德的实践哲学看来仅是功利主义的规范。在阿伦特的评判中,马克思将雅典自由民的特权扩展到所有人(共产主义)之所以成为鸦片,因为共产主义的所有职业,打猎、捕鱼、饲养等变成"业余爱好"。即使艺术工作者从谋生中解脱,也陷于劳动的另一面——消费当中。此判断根于阿伦特劳动之生命过程的界定,继而自由时间的私人性、本质上的无世界性导致劳动动物与公共领域的分离,或者说被抛出实践领域。

在《关于费尔巴哈的提纲》中,马克思提出唯物主义是"人的感性活动",是"实践"。针对费尔巴哈的唯物主义,马克思指出"实践"的主观性特征,而区别于"卑污的犹太人活动"的宦官性。② 据此,丁立群等人的阐释认为犹太人的日常生活活动为代表的"实践"消解了实践的超验维度,推进性地认为马克思以劳动为核心的实践整合了亚里士多德有关制作与实践的对立,继而马克思人类学意义的实践论成为亚里士多德道德实践论传统(伦理学、政治哲学领域)和培根、马基雅维利技术实践论传统(实验技术领域)的综合和超越。③ 这是否如卢卡奇一般,依

---

① Hannah Arendt, *The Human Condition* (Chicago: The University of Chicago Press, 1958), pp. 133–134.
② [德]马克思:《关于费尔巴哈的提纲》,载《马克思恩格斯全集》(第3卷),人民出版社1960年版,第3页。
③ 丁立群等:《实践哲学:传统与超越》,北京师范大学出版社2012年版,第17—18、59、62页。

据黑格尔的眼睛来阐释马克思,以抵制梅林－普列汉诺夫为代表的经济决定论？因此而陷入实体论哲学的循环论证,遮蔽了马克思于间性哲学上的感通内涵。新康德主义者①的"伦理社会主义"将康德的伦理学政治化,以抗衡马克思主义的"科学社会主义"。"伦理社会主义"将康德的意志、灵魂、上帝等"理念"的先验范导性批判导向构成性的现实变革:第一,将康德观念的变革、改良指向社会革命,该史观势必走向马克思;第二,康德的先验探索与马克思技术上的实践交互回应,社会变革将"同马克思和康德一道前进"。然而如何定义"劳动"？感性活动(实践)是否局限于劳动(物质本体),即实验和工业等物质生产活动②？怎么超越劳动？马克思的劳动实践并非能超越康德所分别出的"技术上的实践"部分,那么其"感知结构"如何获得"道德上实践"的物自体(道德共通感)呢？③

马克思援引了18、19世纪作家们有关市民社会(资本主义)的观念,并完全化约为商业、经济领域的劳动概念,势必减损了亚当·斯密的道德情操、黑格尔的绝对精神等的诸多意义。丁立群对感性活动(实践)的超验提示在马克思的共产主义蓝图中并未得到解答,马克思也并未像阿伦特那样正视制作与实践的互不包容性(亚里士多德《尼各马可伦理学》1140a1－15)的论断,更未能见出劳动、制作、行动的区别,④ 此为其一。其二,马克思从人的感性活动(劳动)来确认人

---

① 参见马堡学派之柯亨的《纯粹意志伦理学》、伏尔特曼的《历史唯物主义》；又见刘放桐等《现代西方哲学》(人民出版社1981年版,第134页)的评述。
② [德]恩格斯：《路德维希·费尔巴哈和德国古典哲学的终结》,载《马克思恩格斯全集》(第21卷),人民出版社1965年版,第317页。亦可参见朱光潜对马克思实践活动即"人和物(自然)合作所进行的生产劳动"的解读(朱光潜：《对〈关于费尔巴哈的提纲〉译文的商榷》,载《谈美书简:美学拾穗集》,中华书局2013年版,第167页)。正如卢卡奇的批判,恩格斯以实验和工业等对象活动来对抗康德的"自在之物"([匈]卢卡奇：《历史与阶级意识:关于马克思主义辩证法的研究》,杜章智等译,商务印书馆1992年版,第13—14页)。这种狭隘化的实践概念显然与古典哲学严格区别,并且该文同时区别于当时德国思想界:"有实践意义的首先是两种东西:宗教和政治"的观念。参见《马克思恩格斯全集》(第28卷),人民出版社2018年版,第327页。
③ [德]康德：《判断力批判》,邓晓芒译,人民出版社2002年版,第6—7页。
④ Hannah Arendt, *The Human Condition* (Chicago: The University of Chicago Press, 1958), pp. 7–9, 143–144, 177–179, 231–236.

的自由本质,这是"从纯粹人的、普遍的基础出发"① 得出的人自在意义的自由(本质)。在1933年《德国大学的自我主张》,1934年"逻辑学"讲座中,海德格尔将劳动看作本真性的绽现形式,这与马克思《巴黎手稿》将劳动看作人类"类存在"的表现方向一致:劳动是存在的敞开样式。但从自为的自由到达自在的自由却是历史发展、现实化的过程,马克思仅从有别于动物本能活动的生命活动来界定自为的自由,并不意味着人与人之间自始就能清醒地意识到主体间性的自由。其三,马克思注意到语言实践与交往的关联,但对生产关系同"交往方式""交往形式""交往关系"的表述是暧昧、混乱的。② 这为"劈开西方符号"的"法国理论"留下开掘的空间。作为其显著的理论代表,福柯从语言实践论的角度来更新经典马克思主义的物质实践论。马克思挑战了柏拉图、亚里士多德对人理性动物的界定,但对话和自由的关系在"公议性公共"③ 的维度上必须加强。在希腊语的使用中,logos(λόγος)保证了对话能力与理性能力(ratio)统一性的用词。④ 通过语言生存,阿伦特推测苏格拉底也会同意柏拉图的观点:真理忠实于对话(lexis),但更加忠实于行动。还会对高尔吉亚说:"所有的行为和权威都是通过语言来表达的。"⑤ 针对劳动和暴力的沉默本质⑥及其私人性质,阿伦特在《人的条件》和《心灵生活》中不仅以"制作""行动"区别于"劳动",超越"劳动"的无世界性;而且以"行动"的卓越展示拯救从柏拉图经霍布斯到海德格尔

---

① [德]恩格斯:《国民经济学批判大纲》,载《马克思恩格斯文集》(第1卷),人民出版社2009年版,第59页。
② [德]马克思、恩格斯:《德意志意识形态》,载《马克思恩格斯全集》(第3卷),人民出版社1960年版,第34、525、24、267页。
③ 李河成:《公利性公共与公议性公共:"公共"话语研究的两个要点及其范式转型》,《东岳论丛》2016年第10期。
④ http://www.oed.com/view/Entry/109857?redirectedFrom=logos#eid,2013年11月25日访问。
⑤ [德]汉娜·阿伦特:《马克思与西方政治思想传统》,孙传钊译,江苏人民出版社2006年版,第31、74页。不过柏拉图的"洞喻"费尽周章地将囚徒引导至太阳之下的经历表明,真正的知识或智慧不是市场上的制作品可以直接授予的,如将知识倒入没有准备的心灵容器。避免好为人师的浮躁暗示出自主行动对于超越的重要。
⑥ Hannah Arendt, *The Human Condition* (Chicago: The University of Chicago Press, 1958), p.26. [德]汉娜·阿伦特:《马克思与西方政治思想传统》,孙传钊译,江苏人民出版社2006年版,第27、75页。

的"制造",恢复人的尊严。此谓是对"劳动"观念的有益探寻:没有精神感通深度的境界无益于生存与生活品质的养成。阿伦特构筑人的三大条件:劳动、制作和行动,并着力提醒语言的交往性能,以恢复人的公共领域。人生而有说话的本能,但言语的交往性何以达到共通?区别于劳动营生的私欲性质,在商业活动以及维护私利博弈的契约论政治之外,自由人的公共批判成为题旨所在。语言可能是人历史性的意见达致联合体的先验尺度。

第六章　绽现"德艺",与人沟通

——阿伦特"政治审美论"的公共哲学意义

第一节　恶问题与美学判断

阿伦特《人的境况》(*The Human Condition*)一书对"人的条件"而言并不完全确切,因为该书只探讨了"人的条件"的 vita activa(行动的生活或积极生活)部分,而"人的条件"理当包括另一个同样重要的部分,即 vita contemplativa(沉思生活)。另外,vita activa 恰恰也是阿伦特自己给这一著作德文版的标题。因此,真正来说,《人的境况》和《精神生活》(*The Life of Mind*)这两本著作才构成了完整的"人的条件"。阿伦特写《精神生活》固然是要弥补《人的境况》只处理 vita activa 的不足,但另一个原因就是"艾希曼(Adolf Eichman)审判"刺激她产生的问题:"善恶问题,我们辨别对与错的能力是否与我们的思维能力联系在一起?""思维活动本身……能否在使人不作恶或甚至实际上'制约'他们不作恶的条件之列?"[①] 对此,《人的境况》一书已经表露出来了,在该书的结尾处,阿伦特突然谈及"思考"问题,并认为思考活动比包括行动生活在内的其他活动更活跃,而且还引用加图(Cato)的话加以说明,"他无为时最活跃,他独处时最不孤独"[②]。早在《极权主义的起源》中,阿伦特提出"极端的恶"(radical evil)的概念,同时她指出,极权主义之不

---

① Hannah Arendt, *The Life of the Mind*, vol. Ⅰ: Thinking, ed. by Mary McCarthy (New York: Harcourt Bruce Jovanovich, 1978), p. 5.

② Hannah Arendt, *The Human Condition* (Chicago: The University of Chicago Press, 1958), p. 297.

同于以前的一切暴政，在于彻底破坏了人的政治领域，消灭了人与人之间交往的可能性，使人处于完全孤立无援的雾化状态中：人的世界被剥夺了，人成了无世界之人。在《耶路撒冷的艾希曼：一份平庸之恶的报告》中，阿伦特摒弃《极权主义的起源》中"极端的恶"的概念，提出"平庸之恶"（the banality of evil）这个政治伦理概念，思索人为恶的理由。在她看来，为恶不在于知识的匮乏和智力的缺失，而是思辨能力与判断能力的缺乏：不思乃恶行之渊薮，以至于在现实生活和政治活动中无法分辨是非善恶。阿伦特指出，发生在耶路撒冷的罪恶告诉我们，人处于共同体惯性之下的"不思想"与"不判断"所造成的灾难远远超过人于现代性语境中作恶本身的危害的总和。鉴于自共同体而下的"社会"转型及经济契约对古典公共世界（政治契约）的剥夺，现代社会公共领域私利化，政治趣味私人化。它要么是市侩文化，根本放弃了趣味；要么是由政治灌输和大众传媒导向的意识形态文化，完全误导了趣味：都失去了健全的判断力。在后极权主义时代，这些漠视政治活动的群众根本不关心任何事物；同时，这些群众在政治上采取中立的态度，而组成了一个国家政治生活中沉默的背景，因为孤独的大众根本不判断。面对既往的极权主义式罪恶和现今的文化危机，阿伦特留下了思考的轨迹，我们以其《康德政治哲学讲演录》（Lectures on Kant's Political Philosophy）为终结和生发点，按图索骥。

在阿伦特的《精神生活》之"思想""意志"系列之后，就是"判断力"的批判。在阿伦特的有生之年，"判断力"的批判集中体现于她对康德未成文的政治哲学的讲演中。

在对 Jaspers、Hans Saner 的研究的基础之上，阿伦特用政治哲学的视界代替了对康德"历史哲学"批判的视野，这缘于理论和实践，即凝神者和践行者谁最高贵的审问。① 早在《人的境况》的阐释中，阿伦特即将 Vita Activa 提高到"不同于、不优于、也不次于对沉思核心的关注"的地位。②

---

① Hannah Arendt, *Lectures on Kant's Political Philosophy* (Chicago: The University of Chicago Press, 1982), pp. 55, 65.

② Hannah Arendt, *The Human Condition* (Chicago: The University of Chicago Press, 1958), p. 18.

第六章 绽现"德艺",与人沟通

在对"人的条件"的探求中,阿伦特历史性地回顾了劳动、工作、行动于哲学史中的地位、区分和演变,并着重在第六章"Vita Activa 与摩登时代"中作出"行动胜于反思的造反""行动和制作的倒转"的考察。① 同样,在《康德政治哲学讲演录》中,阿伦特认为审美的洞见和反思判断对于行动没有产生实践性的非惯常之果必须改变!这必然进入西方哲学的源流正变。

阿伦特多次赞赏地引证第欧根尼·拉修斯在《名哲言行录》中引述的普罗塔哥拉斯的话:

> 生活……像一次盛赛;正如有些人去是为了竞争奖品,有些人去是为了做买卖,但最好的是作为旁观者(theatai)。因此,生活中有些人天生一副奴隶的品性,追名(doxa)逐利,而哲学家则追求真理。②

是坚守政治行动(投身者),还是抱守哲学沉思(旁观者)?毕达哥拉斯以奥林匹克集会为喻,认为凝神于真理的观众(如哲学家)是高贵于追名逐利的赛试者、买卖人的;哲学与政治之间的对立,也就是真理与政治(意见,哈贝马斯提请为"公共舆论"概念)之间的对立。苏格拉底之死让柏拉图摆脱这一对立的方法就是走向哲学之思,宣判政治领域是一个意见主宰的领域。同样,在阿伦特的批判中,康德的观看者(旁观者)是自足、自制的,行动者以观看者为标准。隐喻到法庭裁判,旁观者(亦即审批者)基于无功利、无偏见而能达到普遍性的鉴识。不过这要在行动者、天才创造、实践与旁观者、趣味判断、理论的割裂、类比中才能得以知晓。

---

① Hannah Arendt, *The Human Condition* (Chicago: The University of Chicago Press, 1958), pp. 262, 268.

② Hannah Arendt, *The Life of the Mind*, vol. Ⅰ: Thinking, ed. Mary McCarthy (New York: Harcourt Bruce Jovanovich, 1978), p. 93; *Lectures on Kant's Political Philosophy* (Chicago: The University of Chicago Press, 1958), p. 55; *The Recovery of the Public World*, ed. by M. A. Hill, (New York: St Martin's Press, 1979), p. 304.

首先，阿伦特延揽苏格拉底模式（未经检验的生活是不值得过的生活）；初步认同柏拉图的"洞穴"之喻，认为现实感知也能达致真理；将康德以"限度和纯粹"为理论追求的"批判"哲学引向实践批判，并顺延马克思模式，推进康德的理性启蒙和革命于实践检验的目标（但不仅仅是公民的言论和出版自由等）。其次，阿伦特将判断力向公共领域延伸，将判断力的射程覆盖向践行者。并尤其着力于对《判断力批判》中的"艺术创作"（act、practice）①的研究。阿伦特陈述道：

> 在他对审美判断力的讨论中，康德在天才和鉴赏力之间作了区分。天才的呼唤是为了艺术作品的生产，而评判它们，断定它们是否是美的东西，所需要的"不过"是（我们会这样说，但康德不会）鉴赏力而已。"为了评判美的对象，要求有鉴赏力……为了产生出这样一些对象来，则要求有天才"。天才就康德而言是一种生产性的想象力和独创力，鉴赏力则只是判断力的事情。他提出这样的问题：这二者中哪一个是"更高贵的"的天赋，哪一个是必不可少的条件，"根据它，人们把艺术评判为美的艺术？"——当然可以设想，大多数对美的判断者都缺少生产性的想象力，即天才。但是，少有的被配得上称之天才的人而唯独少有鉴赏力。②

反思判断力是主体面对世界偶然性的应对方式。在现实中，特别是

---

① act 有"行动""（戏剧、歌剧的）一幕""简短的节目""法案"等名词义；"扮演"等动词义。江宜桦据阿伦特《在过去与未来之间》（Hannah Arendt, *Between Past and Future*, New York：Penguin Books，1977，pp. 153，154.）而将阿伦特的政治行动，区别于劳作（Labor and work），类比解读为艺术表演（A performing art 而非 creative art，这一点区分在阿伦特非常重要），江宜桦固然认定唯有美才足使人间事务臻于永恒，但美非唯独对象化而能替代现实。替代现实的对象化（Yi-Huah Jiang, *Thinking without a Bannister*：*An Interpretation of Hannah Arendt's Aesthetic Politics*，Ph. D. Dissertation , Yale University，1993，pp. 204，221，237）显然远离了艺术（对象化）在古希腊时期的技艺性（包含肉身性），也背离了现实审美与真善的直接性（非对象化）。鉴于此，我们将"actor"和"spectator"分别理解、阐释为投身者和旁观者，而非"舞蹈者"和"观舞者"。以抽离出"人生如戏"之关联，更见出人生有戏之所无的行动性。

② Hannah Arendt, *Lectures on Kant's Political Philosophy* （Chicago：The University of Chicago Press，1982），p. 62.

在评论者的方面而言，我们的判断始于先验的规定，而非具体的经验。这尤证明于规定性判断力。例如一张桌子，即使仅呈现三面，也在意识中依"桌子性"的意义及其结构被完型。但在实践中，完善性的实践指向是在展开当中的，就是肇端、开展，或启动某种事物。① 上帝、鲁班是如何制造出人世当中的第一张桌子的？它逻辑先定的面对经验本身，而回避了先验的普遍一般。经验表象的优先价值表明表象和实在，实践和理论之形而上学的分裂谬误。

    表象或现象的优先性乃是日常生活的一项事实，不论科学家或哲学家都无法逃避它，他们必须从其实验室或书房，回到这个日常生活的世界，他们抽离自这个日常生活之世界，才能够从事各方面的实验与研究，但无论他们有什么重大的科学发现或哲学的理论，这些发现与理论都无法改变他们生活于日常世界的表象或表象性格。②

反思判断力正好在此"表象即实在"的存在论中自动、无蔽地被天才开创、展现出来。

第二节　德艺的展现与行动自由

一　现代德艺者的"行动"

"天才"成为近代许多研究者的课题。最初，"天才"这个词是指神灵或某种有魔力的东西，类似于苏格拉底所说的"内在声音"。大概，直到 16 世纪中叶，对神灵的信仰消失后，这一词的现代意义才开始传播开

---

① Hannah Arendt, *The Human Condition* (Chicago: The University of Chicago Press, 1958), p. 177. Arendt, Hannah, What Is Freedom? *Between Past and Future* (New York: The Viking Press, 1961), pp. 166 – 167.

② Hannah Arendt, *The Life of the Mind*, vol. Ⅰ: Thinking, ed. by Mary McCarthy (New York: Harcourt Bruce Jovanovich, 1978), p. 24.

来。此时，这个词变得同另一个词 ingenium（聪明，足智多谋等）的意义相同了，而且同柏拉图的灵感理论合在了一起。这两种概念的结合，在18世纪的美学中起了重要作用。特别在英国，天才这个概念被当作反对古典主义和各种美学规则的一种武器：神圣的灵感被用于反对理性主义的法规。英国早期浪漫主义的这种反理性主义倾向，在杨格（Young）的著作《论独创性作品》中达到了顶点，这一著作给德国的著作者们留下了深刻的印象。但是，创造天才这个概念，若作为美学的基础，显然，对所有美学理论都有破坏性。于是，一种把灵感和规则这两个截然相反的概念综合起来的摸索开始了。这一过程在康德得以完成。[①] 在康德，天才就是天生的内在素质，通过它，自然给艺术提供规则。[②] 天才使灵感理性化，而艺术就是生活的熟巧过程及其结果。然而，天才作为艺术的才能应当就是内心自足的鼓舞生动的原则，它属自然天赋而非规则，此为其一。其二，康德没有将天才概念局限在艺术领域，但是康德毕竟有在这一意义上使用天才概念的倾向——天才作为一种生成能力本身也包含了艺术领域的这种可能性。席勒、费希特、谢林等的天才学说，就是这种倾向的发展，黑格尔将这一倾向推至艺术的终结。伽达默尔借助伟大艺术"同时性"的分析，反驳了黑格尔的看法，但依然将天才限制在艺术领域。启蒙以来，天才虽是一个不受理性规则约束的自然才能，却并不构成与规则的对立。但当天才作为一种对抗放入艺术领域中时，除去灵感理性化（艺术规则化）不论，就是对天才自然性概念的狭窄化。阿伦特的行动概念将天才的现实全域展现出来，其内在机制在于由艺术家的私人制造转向艺术化的公共生活。天才概念着意于现实的生成、创造。但此自然天赋的生成原则在康德那里没有代替趣味而成为先验哲学的根基。"趣味"和"天才"，在康德哲学，作为两种不同的能力，可以是存在的两种过程和状态，也可以是同一过程的两个层面。趣味关乎鉴赏判断，天才关乎创造；趣味可与天才分开，但天才是不能与趣味分开的。

[①] ［美］凯瑟琳·埃弗雷特·吉尔伯特、［德］赫尔穆特·库恩：《美学史》，夏乾丰译，上海译文出版社1989年版，第452页注①。
[②] ［德］康德：《判断力批判》，邓晓芒译，人民出版社2002年版，第14页。

第六章 绽现"德艺",与人沟通

趣味是对一种整体性的感悟,而天才则是对一种整体性存在的生成。在此,生成运乎于鉴赏过程,但生成作为美学概念则更为基础。在阿伦特的思考看来,在现今同质性的大众社会中,并没有伟大的文化哺育伟大的天才,她称其为"德艺者",而是契约论的政治规则钳制、钝化了人公共领域的自然。从而,天才的生成和生发在阿伦特的论述中引人注目。

现代契约论政治本身即为个人私利博弈的恶之花,它扯裂了古典价值论、神志论的精英哲学思理,而同质性地倡导人人之间的平等,否则契约(nomos)何以缔结?并且,以功利之域的平等偷换其他领域的贵贱之别,岂不是把德艺者也拽扯到私利的生活境界吗?"社会"的出现改变了古希腊公共领域和私人领域、城邦和家庭的二分假设。"社会"领域是政治缺乏状态下人们的集体境况,"社会"是私利披上公众的外衣,侵入公共领域的结果。

> 由于社会(领域)的兴起,由于允许家业和家管的活动进入公共的领域,最后,造成一股不断膨胀的不可抗拒的趋势,它吞噬了以往的政治和私人的领域,甚至是现代才有的"人心的私密性",这正是这新的社会领域的最突出的表征之一。①

即,现代社会开始以希腊家庭领域的原始意象(oikonomos)② 来看待公众的政治事务。与此相关的学术思想不再是政治学,而是"经济

---

① Hannah Arendt, *The Human Condition* (Chicago: The University of Chicago Press, 1958), p. 45. 早在 19 世纪,韦伯在德国农业工人状况调查的基础上,对德国"在转型时期的经济发展腐蚀着人的天然政治本能"表示担忧。(参见[德]韦伯《民族国家与经济政策》,《韦伯政治著作选》,彼得·拉斯曼、罗纳德·斯佩尔斯嘉,东方出版社 2009 年版,第 22 页。)家政—国事、私人—公共的分疏在苏格拉底、色诺芬并未龟裂、对立([希]色诺芬:《回忆苏格拉底》,商务印书馆 1984 年版,第 96 页)。哈贝马斯的分析认为现代社会存有"公共领域与私人领域融合趋势"(参见[德]哈贝马斯《公共领域的结构转型》,曹卫东等译,学林出版社 1999 年版,第五章§16)。柄谷行人认为这有助于"被压抑地回归"向伊奥尼亚的 Isonomia(无支配)原理,而拯救雅典 Democracy 的困境(参见[日]柄谷行人《哲学的起源》,潘世圣译,中央编译出版社 2015 年版,第 183—184 页)。

② G. & C. Merriam Co. (eds), *Webster's Third New International Dictionary of the English Language* (Springfield: G. & C. Merriam Co., 1976), p. 720.

学"、理财学(《尼各马可伦理学》1141b30 – 1142a10),政治被动转化为经济契约,其欲望旨向利于侏儒生存,却不适于巨人发育。在阿伦特心中,代表超凡者的衰落和世俗化的社会是一个抹杀个体差异,崇尚顺从同质的恐怖领域。"社会无所不用其极地排除行动的可能性……它会制造种种的规矩,希望他的成员遵循这些规范,表现一致的行为,从而扼杀所有自发性的行动以及非凡的成就。"[①] 当一个社会越来越自以为平等,它其实是一步一步走上同质。把行为的同化、可替换性当成平等而自诩为进步,标志着人性与文明的终结。启蒙以来,自然神论者"道德本真"的探讨,已将宗教等预制植根于人自身,"主体性转向"意味着将古代等级制的荣誉观念转化为现代平等的尊严观。自由主义的普遍平等:无视差异,则必致同质化;无视尊卑,则抹杀美丑情感。借用泰勒的"承认"概念,[②] 现代尊严观念,就应当在公开的对话中,承认主体趋优向善的潜能;承认特殊文化的主动要求。这是对贡斯当"古代人的自由",或伯林所言之"积极自由"的呼唤。这种自由的定位在现代政治中只能于诗艺和历史叙述的想象中得到差额的弥补,而在阿伦特则表现为德艺者、天才的期待。

天才并非制作(making),而是德艺的展现。德艺的展现依托于制作[③]且超越于制作,这是制作的突破:阿伦特提取了亚里士多德相关于公共政制之行动(action, praxis)的"可见与可谈性",但否定了制作的沉默性。"一部悲剧,即使不通过演出和演员的表演,也不会失去它的潜力。"[④] 阿伦特对此并不苟同。根据海德格尔的存在观:艺术的本质是民

[①] Hannah Arendt, *The Human Condition* (Chicago: The University of Chicago Press, 1958), pp. 38–40. 密尔(John Stuart Mill)早先就悲于将人性磨成一律、压为凡庸,畏其有碍人类的高贵和美丽,从而呼唤"天才"的首创。[英]约翰·密尔:《论自由》,许宝骙译,商务印书馆1959年版,第74—88页。

[②] [加]查尔斯·泰勒:《承认的政治》,载《文化与公共性》,汪晖、陈燕谷主编,生活·读书·新知三联书店2005年版,第290—291页。

[③] poiēsis,诗的原义即制作,亦指诗的制作,参见柏拉图的《会饮》205B。

[④] [希]亚里士多德:《诗学》(1450b59 – 60),陈中梅译注,商务印书馆1996年版,第65页。

族历史之创建（赠予、建基、开端）观①的启示，鉴于阿伦特"表现即实在"的政治思辨，（参见第一章第二节）德艺（virtuosity），阿伦特将之归于表演艺术（而非制造性的创作艺术）的一种优异。在表演艺术中，成就在于表演行动开新启端本身，而不在于比创造它的行动更持久并独立于行动的最终产品。②为什么是行为本身？在阿伦特看来，自由在于行动的公共互动，而非内心独我的孤闭。自由作为政治概念，是个人开启自主权的这种自由，而走向免除支配性与宰制性的交往行动；自由不是内在意志现象，如亚里士多德熟虑的选择、奥古斯丁"意志自我的争斗"、康德因果律与"道德的自我决定"、萨特"我决定自己的存在的基本抉择"，也不是现代个人主义所首肯的个人私生活的保障。而是在政治性世界的言论和行动，它方生即逝；不钦慕我与我自己的交往，如彰显"自我主权"，独我论的自由，等等，但极其强调与他人交往的表象，③它当下即是。自由成分，尽管肯定存在于制作过程，但却秘而不宣。制作的"无言"，只有实践行动的演示范畴才能超越其孤绝。在阿伦特而言，"孤绝"在于制作本事因包含手段和目的而导向的实用心态，④契约论政治何不如此？"超越"在于"行动呈现"对实用判断的拒绝。自由（存在）最终不是制作过程，而是艺术本身的结果，即其行为过程表象本身。为什么是表演艺术？阿伦特用希腊人的吹笛、跳舞、治疗、航海等行动的德艺，并以其在行动中具有的决定性的重要性来类比政治，强调的是政治的审美价值在于展示德艺真性，并非把政治界定为一门艺术，并非认可政治是古代中国"礼制"表演的面具，或者将现代程序宪政学的程序过程展示为无动于衷的消费炫耀。而是表明政治只有达到艺术化的境

---

① [德]海德格尔：《艺术作品的本源》，载《林中路》，孙周兴译，上海译文出版社 2004 年版，第 63—65 页。

② Hannah Arendt, What Is Freedom? *Between Past and Future* (New York: The Viking Press, 1961), p. 153.

③ Hannah Arendt, What Is Freedom? *Between Past and Future* (New York: The Viking Press, 1961), p. 148; Hannah Arendt, *Lectures on Kant's Political Philosophy* (Chicago: The University of Chicago Press, 1982), pp. 37, 40, 59 – 60.

④ Hannah Arendt, The Crisis in Culture, *Between Past and Future* (New York: The Viking Press, 1961), pp. 215 – 216, 223.

界才能臻于永恒，这样的国家和政治建制方可视为杰作。另外，阿伦特提示我们，现身空间即公共空间并非顺理成章地存在，行动展示，如表演艺术本身，作为"作品"展示，是需要观众以显示德艺的。天才并非狮子、老虎，并非与动物等异类相比才见出德艺，天才只有在社会中，在与观众的交往中才是德艺。天才与天才、天才与人之间并非单子间的不可打入，天才只有在剧场式行动中才能促成德艺的更大发展。天才生活在社会群体当中。这不仅仅是回到了希腊城邦这一自由舞台的期待，以便德艺者开新启端，乃至统治和完成，这是行动的精义所在，也是判定德艺的原则；而且是臻于美的绽现、交往和结社。其人间实践的交互性，对当代原子个人主义社会不无裨益。

阿伦特的德艺者或天才所展现的行动概念的高度审美性深受尼采的影响，它体现的是荷马意义上的张扬 physis 的英雄德性。尼采的美学行动体现了个体的自我塑造，在行动中以展现伟大的德性。但是，尼采的行动缺乏交往的视角，他的视角转换中没有交往的思想，仍然是主体性的行动。阿伦特运用康德审美判断的交往性来克服尼采行动的竞争性，这与用城邦的友爱精神来克服竞争性的行动是一致的。康德的扩展性想象力和共通感从理论上为复数性的政治交往奠定了基础。同时，面对市侩文化对趣味的放弃、虚无甚至误导，由天才天赋的自然性向其行动性的转向尤其必要。阿伦特很喜欢引用苏格拉底的两句话来表达这一思想："宁可忍受不义也不做不义之事"，"对我来说，作为一个个体，宁可与大多数人不一致也不愿与自己不一致。"（《高尔吉亚篇》469C、474B）这是古典城邦的秀异美德，它能在同质化"社会"生长发育吗？面对极权统治摧毁了"令人尊敬的"德国社会的道德共识、摧毁了人与人之间起码的信任的"极端情况"，罗尔斯的普遍共识，哈贝马斯的交往规则通通难起作用，德艺者的交互美学成为构筑德性的安顿之所。德艺行动因时绽放，罔顾利益追求、家庭生活、亲昵情爱、宗教情感（如悲悯），甚至是道德良知、真心诚意，等等，其当下就是，曾在和未曾于现时瞬间；其方生即逝，化因果、目的等理性实体于表象体验。审美共通作为现代性以来的文化现象，是现代政治文化的内在目标。

第六章 绽现"德艺",与人沟通

然而,当我们把关注重点从艺术制作转到其产品时,即关注事物本身在世界的何种位置时,区分政治家和艺术家成各自的领域将不敷适用。这一关注焦点的冲突显然分享了政治"产品",即其言其行的性质,其要点在于他们需要一个公共场所来呈现和被看见;……总的说来,文化意味着于公共领域——它是由行动者以政治的方式产生并得以保证——提供展示的空间,展示事物的本质,绽现为美(to appear and to be beautiful)①。也就是说,文化表明美(艺术)和政治,尽管他们矛盾并且局势紧张,但却相互联接,并相互依靠。回顾政治经验的背景和相关事态,只看其本身,他们并不能在世间留下半点痕迹,美却是其不朽的重要展现。转瞬即逝的言行伟创得以于世永存,在一定程度上,是因为美的惠赋。舍却不朽者创造于世的荣耀,所有的人类生活将徒然、无奇,伟业将不能延续。②

"德艺"之"德"注意到自然科学(阿伦特之"制作""劳动"领域)的价值失范,甚或信仰缺失;但"德艺"之"艺"之古典意义——综合自然和社会、技术和艺术的双重批判,值得人文科学名义的归位。

---

① 此文在国内已有陶东风、王寅丽等人的译本,同时还有一些论文的节译。他们均将 display, appear 译为"涌现""呈现""显现""展示"等。(参见[德]阿伦特《文化危机:社会的和政治的意义》,陶东风译,《国外理论动态》2011 年第 10 期;阿伦特《过去与未来之间》,王寅丽、张立立译,译林出版社 2011 年版。)他们忠实了该段原文,但未必注意到阿伦特的"现代性"意识,以及对存在理解的现代性意味。笔者理解的"现代性"的根本特征是"求新",这涉及阿伦特对言行转瞬即逝的认知,同时也涉他对"判断力"的理解,可惜 Lectures on Kant's Political Philosophy 并非完璧。为体现以上的体会,此处的"绽现"实则出自笔者的试译;另外,"绽现"关系着真理的道说。传统真理的定义有双重意义上的符合:一是物(事物)对知的适合,二是知对物的适合。但海德格尔对古希腊"洞喻"中光与影的解读认为,真理是一种发展性的解蔽、涌现([德]海德格尔:《柏拉图的真理学说》,载《路标》,孙周兴译,商务印书馆 2000 年版,第 250 页;《存在与时间》,陈嘉映、王庆节译,生活·读书·新知三联书店 2006 年版,第 37—39 页;《林中路·艺术作品的本源》,上海译文出版社 2004 年版,第 28、46—47、69 等页)。"解蔽""呈献""敞开""绽出""本源"等也是海德格尔在存在问题上的"逗留"性表征([德]海德格尔:《关于人道主义的书信》,载《路标》,孙周兴译,商务印书馆 2000 年版,第 366、379—380 页)。在艺术而言,通过某种形象的引送,造形(Bildung),别于 19 世纪的"教化"曲解,在海氏的意义上延伸,造形更在于德艺的绽现、涌现,而非说教。

② Hannah Arendt, The Crisis in Culture, *Between Past and Future* (New York: The Viking Press, 1961), p. 218.

古典"艺术"并非否定科学技艺,却追及科学规范之上的社会领域、公共领域,及其审美领域。这是18世纪美学独立的现代性意义。借此"德艺"之审美体认,站在阿伦特的角度,我们就可以理解为什么"良知判断"成了她晚年思考的一个重要问题。但良知判断并不能指望沉默的大众。"君子疾没世而名不称焉。"苏格拉底、大卫·梭罗、列夫·托尔斯泰、甘地和马丁路德·金等哲学家王的德艺绽放者是激励公民进行思考运动的思想源头。其中,苏格拉底不断地自我否定,在广场上与人辩难,却不形诸文墨;梭罗首先使公民中不服从者的思想脱离宗教,在现代政治中扎根;而通过托尔斯泰和甘地,这一思想又获得了世界性的影响。也就是说,公民中不服从者思想的一致行动源于他们对特殊事件的判断和思想,正是反思判断活动使他们的主张更为坚定,并增强了他们的确信。① 只有不服从的德艺者或天才方能对历史负责,这正是阿伦特写作《西方公民不服从的传统》的目的所在,也只有天才方能担当历史责任。政治责任本质上是共同体的集体责任吗?面对德国的"二战"反思,阿伦特认为"哪里所有人都有罪,哪里就没有人有罪"。战后德国那种看似高尚的"我们都有罪"的忏悔实际上起到了为真正的凶手洗刷罪责的作用。人的政治责任就是他应当积极地参与到政治生活中去,只有"绽现德艺"的政治美学才能使他在现代社会不辱使命。如果他不积极地参与,他的自由就是他所付出的代价。

无论德艺者,还是天才等精英思想,在历史上并不少见。直至近代,契约论者卢梭是申请"立法者"的神明地位,尼采激情地呼唤超人,施密特也提到全能的立法者,等等。稀罕的是精英的展台在哪里,其生长的空间在哪里,又是如何展现的?这是问题的症结所在。阿伦特的"范例"、判断法则等瞬间美学思考帮助我们引向古典城邦共同体,也指向大众的常态生活及其新媒介社会。

二 行动与现代性

aretē,苏格拉底首先用于"狗""马"等动物以及技艺的优越。

---

① [德]汉娜·阿伦特:《公民不服从》,载《西方公民不服从的传统》,何怀宏编著,吉林人民出版社2001年版,第116、121—124、142页。

(《理想国》335b）西塞罗等思想传统以 virtue 作为 aretē 的翻译，而将"事、物、人的卓越"含义窄化为道德或政治的理解。继承此柏拉图语境的理性传统和对阶层固化（《理想国》414c–415c）的反对，阿伦特则将 virtue 的参与和可见维度提炼出来，同时将它与 art（技艺）的古典含义现代化（Art）。阿伦特的德艺将德行与表现（技艺）同时兼顾，这对自由民而言尤其重要。阿伦特涉身政治之恶的旋涡，故自由民的希腊理想较基督宗教的信仰与超越更为切实。鉴此，阿伦特是古典的。现代艺术（Art）以感性学起底未必达到"德性"完善的诉求，技艺与美德兼具（arts）的古希腊理想必须具备劳动与自由之艺的双重批判。鉴于此，阿伦特是现代的。

现代人以及维护现代创新生产的契约政治已不是传统宗教的信仰者，而恰恰相反地渴求现实性（secularization：世俗化，其拉丁词源"saecularis"表"无可持存的暂时性"之义），并以无休止地追求未来来显示救赎和启蒙进步：这攸关现代人的自我意识与法政意义。由于现代性已将终极意义时间化为"未来"，因而对终极意义的现实感将包含着收摄"未来"于"现在"的时间模式的改变。现代性源于救赎史和启蒙进步主义的未来崇拜，其将终极意义推至未来的无限趋近并永不达致，在实质上无法赋予终极意义以时间形式，从而使终极意义无法成为感性直观的对象，现代性的这一特性成为虚无主义发生的契机。正如阿伦特所揭示的，政治行动的德艺展示依赖于主体内感的时间与外感的空间形式，德艺绽放必然是有限的。同为阿伦特所揭示，"表象即实体"，德艺绽现将以瞬间收摄无限。此特异之处在于，政治德艺的刹那绽现和高峰体验所获得的终极目的感意味着抵达未来。这就是"美"！此一语境表明价值追寻已臻极完善，其实，古希腊语文之"美"义亦深层地含有抵达意味。美本是一种时间终结状态，审美等时间的上述关系自古已然。但政治生活仍将继续，政治市侩依然存活，现代性面对未来的激进时间感把政治与美的关系空前突出。

上承康德的审美契机（moment），阿伦特之政治行动的德艺绽现正是回应现代性语境中耽溺于现时市侩政治文化，拽现代性线性矢量时间为垂直体验时间的审美追求。阿伦特批判道，康德的历史是作为自然的一部分来理解的，作为人类种族自身的历史，康德的意图是寻找一个认识原则，而不是一个判断原则。① 康德没有处理具象的判断问题，而是引进自然目的的原则和进步机制，故而人类处在代代朝着无限前进，但却不可实现的张力之中。阿伦特坦言：

> 和我们的许多政治和哲学术语一样，"历史"这个词也源于希腊语，由"historein"而来，在希罗多德的著作中，其意思是"探索和了解事情的来龙去脉"。不过，这个动词来自荷马（《伊里亚特》，XVIII）的作品。在荷马的作品中，名词"histōr"（记事者，我们所说的"历史学家"），以及荷马意义的历史学家，表示"审判者"之义。如果说判断力是我们处理过去的一种才能，那么历史学家就是这样一类人：他们引入判断力，运用之，并通过这种运用而追根穷底。如果真是这样的话，我们可以声称我们人类有其尊严，并将它从所谓近代历史的伪神学中恢复过来。这并不是否认历史的重要性，而是否认它具有下最后判断的权力。老加图，正如我前面已引用过的，给我们留下了这么一段虽然奇怪、却很适于总结改造事业所蕴涵的政治原则的话："没有比我在一个人独处的时候更少孤独感，也没有比我什么也不做的时候更为活跃的了。"他还说："胜利的原因使得上帝高兴，而失败的原因令加图高兴。"
>
> ……在康德的术语中，美自身就是目的，因为所有可能的意义都包含在自身之中，不会指向任何他者——就像是和另外的美的事物没有关系。在康德那里，存在这样的悖反：无限的进步是人类种族的法则；同时，人的尊严要求他应从其独特性来看待他（每一个个体的我们），就像是——但是没有任何时间对比和时间的独立——普遍性地反思人类那样被看待。换句话说，那进步的理念——如果它绝不仅是环境的变化或者世界的提升——和康德的人类尊严的观念相悖。相信进步是违背人类尊严的。而且进步还意味着故事永远

---

① Hannah Arendt, *Lectures on Kant's Political Philosophy* (Chicago: The University of Chicago Press, 1982), pp. 14, 57.

不会结束。故事永无终结。不存在这样的终结点，我们可以静静地站在那里，以历史学家追溯的眼光回头观看。①

历史是具体的尊严，而非终极的审判。判断力移易历史的最后审判权于当下的审美体验，赋予表象以实在的尊严。政治行动表演（表象）以具体可感的形象，达于上下四方，弥补宗教道德观念的抽象性，使投身者和观想者在灵光乍现中体认到宗教和道德那种虽根本但却非实在的实在感，德艺审美的感性与其说是感官对政治舞台表象的证实，毋宁说是心灵对政治和人性自身最高精神的确证。

三　行动与交往

阿伦特对政治"表象性格"的珍视，翻转了古典现象与实体的二元论模式，而将"表象即实体"拓展向政治论域。德艺绽现作为践履途径，既不是沉溺于市侩文化的自适感，也不是肉身学躁动于体内或投射向外界对象的感官性，而是指向伟大精神境界的交互性。

就我们阅读的经验而论，阿伦特将鉴赏的审美性向审美间性，审美的弱交往性向强公共性推进，深入阐发了蕴含在康德审美鉴赏当中的社会性（复数性），理论论证、补写了康德未成文的政治哲学的可能性。但是，在康德政治哲学讲演录中，作为一个黑暗时代的思想家，悲世悯人的阿伦特将同社会物质分配、欲望生产、善良动机等联系在一起的私人领域都拒斥在政治行动领域之外。而企图借用天才的"自然"来抵抗世俗契约政治所引发的分化，这由阿伦特将康德"天才"概念的自然性转向德艺者的交往性的发展轨迹可见一斑。"自然"因此成为统合社会的最后关节。那何为"自然"？阿伦特的"自然"有何种程度的交往（社会）功能，阿伦特给我们留下了思考的空白。同时，其"彰显一己真性"的德艺者不在于对一般人的政治觉悟要求过高，而在于德艺的真性自然难以界定，这是其一；其二，表象论或美感之政治的非理性使阿伦特对政

---

① Hannah Arendt, *Lectures on Kant's Political Philosophy* (Chicago: The University of Chicago Press, 1982), pp. 5–77.

治自我彰显的实质与伦理内涵和规范难以论证,从而,在分辨希特勒、斯大林以及类似一些政治行动时,具有困难。那么,何为德艺,如何避免与将自身毁灭作为绽现快感的法西斯式政治的审美化混同,此为聚讼疑难。鉴于此,她从来不能说明白真正政治行动的内容,或者说阿伦特将"政治领域"和公共领域混同,而使其欲彰显的古希腊式的伦理社群不复存在。阿伦特的沉痛反思只能寄希望于"德艺者"开新启端精神的美学拯救,那么个体德艺者的多元性如何克服自身的非理性、任意性与独断性,而形成"我们"的交往共通、协同结社?这只能在"判断力"中明其所终。

第三节 美的生成与共通世界

一 美、交往与共通

正如现实所现,阿伦特继续指出:公共领域被迫由批评家和观察家,而非由行动家和创作家组成。批评家和观察家占据行动和创作的位置,并据康德而扬言,天才因原创力而是一个孤绝的单数,① 观察家却是复数。阿伦特则深远地指出,观察者们,从不激流勇进,却伫立一旁,事后诸葛;从不分享天才的原创,因而远离海德格尔"显示真我"的存在体验;也不与创作者的绝妙能量共赢,遗忘雅斯贝斯"重视沟通"② 的教训。这种能量是反思判断力的能量,其秘密主要体现于反思性的判断力、想象和审美共通感的批判之中。通过对这些概念的构筑,阿伦特形成了自己的交往政治哲学。概括起来有以下几个方面。

①反思性的判断力。它与规定性的判断力反向,即"如果只有特殊

---

① 天才的孤绝源于"行动"一词的希腊语源:行动意味着采取主动,意味着开始。Archein 即开始,导引,最终是统治(the rule)。那么开创者、领导者的力量恰表现在与人隔绝的开拓性和风险性中,奇迹和意志减少了行动的不可预测性,这正是天才的差异性和唯一性所在。

② Lotle Kohler, Hans Saner, Introduction, *Hannah Arendt Karl Jaspers Correspondence*, 1926 – 1929, edited by Lotle Kohler and Hans Saner (New York, San Diego and London: Harcourt Brace Jovanovich Publishers, 1992), p. XVI.

被给予了,判断力必须为此去寻找普遍,那么这种判断力就只是反思性的"①。反思性判断力是居于特殊且具体处境中的考量与抉择,这些不确定语境,如在公共领域中,德艺行动的开端启新,不援引前例、原则,不遵循成规、积习。虽万象在侧,而无所依傍。和德艺剧场展现的交往预期一样,当我们在判断个别事物的美丑时,也总是企求他人的同意,而表现出寻求"共通"(普遍)的意向和努力。审美的判断力是个人走向整体的开放。判断力起作用的思维过程不像纯推理的思想过程,是一个我和我自己的对话,甚至陷入独我和自我分裂的纠葛困境。而是即使当我独自动脑筋时,也首先并始终预期与他人交往中可以找到的东西(普遍),我知道在最终必须与他们达成某种一致。职是之故,一方面,"反思性判断力"预设一理想的判断共同体,具有向"公共性"开放的可能性。判断力从这种潜在的一致中得到它的特殊有效性;另一方面,这意味着这样的判断必须把它自己从"主观私人的条件"下解放出来,即从种种私下自然决定个人的癖性中解放出来,只要它们是私人拥有的观点,虽然它们是正当的,却左右着私人的生活,它们不适合进入公共领域,在公共领域里它们缺乏有效性。由是观之,一方面,判断呈现一种广大其心的思维方式,它明白如何超越私人的限度;另一方面,判断力不能在自我孤绝状态的严格区分中发生作用,这需要站在他人的"立场"上思考,并且他们的观点是任何判断必须悉心思考与尽心考虑的。缺少这些条件,判断力的"反思性"没有机会发生任何作用。②

②想象。参见"第二章 二、阿伦特论想象力、范例说服与交往:共同体心性秩序的生成及其公共性"。

③"共通感"是非主观性的判断,它直承康德的社会性(复数性)的批判,并回归亚里士多德有关人类理性言说(《政治学》,1253a7 –

---

① [德] 康德:《判断力批判》,邓晓芒译,人民出版社2002年版,第14页。
② Hannah Arendt, The Crisis in Culture, *Between Past and Future* (New York: The Viking Press, 1961), pp. 220 – 221;[德] 康德:《判断力批判》,邓晓芒译,人民出版社2002年版,第136页。

15)、与他人互动的界说。康德的旁观者们是以复数的形式[①]出现的,而这也是他可以导出一个政治哲学的原因。黑格尔的旁观者是严格的单数存在:这个哲学家成为绝对精神的代表,而这个哲学家就是黑格尔自己。即使是单子的个人,也不能不思考,一旦思考,其产生"良知"的前提是,人们是合二为一的,即"我"与自己之间的无声对话。既然"我"是两位一体的,那么"我"的言行不仅要顾及自我以外的他人存在,而且要顾及自己内心另一个自我,因为另一个自我在时时刻刻地伴随"我",除非"我"不思考。思考者都害怕与自己不一致,"我"不敢反对"我"的另一半,因为它会时时刻刻审判"我"。也就是说,要保持内心和谐,就必须考虑他人的存在,思考的这些性质使它与道德联系在一起,"良知"这样的道德意识就是这样产生的。相反,无思考就是缺少内心对话,一个无思考的人,由于缺少两位一体的内心对话的经验,他无法感受到任何异议,或者以某种方式对有悖于自己的错误行为的反对声音置若罔闻。"当人们不能从自己的内心听到反对作恶的声音,进而听不到来自他人的反对时,在这种'每个人都无思地臣服于相信别人所说的和相信的一切'的情况下,他们已经准备好和其他人一样的是——包括谋杀,甚至大屠杀。"[②] 这些阐释符合康德哲学要求自己主动为自己立法的内心独白,但在阿伦特看来,自我与内心的对话是私人道德良知产生的契机,[③] 虽然有自我审问、明辨的能力,但殷鉴《论革命》所析之美德的暴政(the terror of virtue)可知,私人领域的情爱、宗教情感(悲悯等)等善良动机极易破坏、拆解公共领域的政治性格。故而在《康德政治哲学讲演录》中,阿伦特通过对康德与 Marcus Herz 的哲学通信等材料

---

① 在《实践理性批判》中,他将基础诉诸个体内在的道德法则,排除了任何经验的因素。但是在《判断力批判》《实用人类学》中,康德已经提出人的复数性的交往。康德说,鉴赏包含着一种从外部(社交)促进道德的趋势。参见[德]康德《判断力批判》,邓晓芒译,人民出版社 2002 年版,第 136 页;康德《实用人类学》,载《康德著作全集》(第 7 卷),李秋零主编,中国人民大学出版社 2008 年版,第 223、238 页。

② [美]伊丽莎白·杨-布鲁尔:《阿伦特为什么重要》,刘北城、刘小欧译,译林出版社 2009 年版,第 131 页。

③ Hannah Arendt, *The Life of the Mind*, vol. I: Thinking, ed. by Mary McCarthy (New York: Harcourt Bruce Jovanovich, 1978), p. 295.

的挖掘，认为共通不在于人与自己的无息独语，而在于人与人之间的交流。他说：

> 只有在所有别人的想法都可以公开检验的地方，批判性思考才是可能的。因此，虽然批判性思考是一项孤独的事业，但它并没有切断自己和"所有的他者"的联系。可以确定，虽然它独自进行，但是通过想象力的作用，它使别人在场并且在这样一个潜在的公开的场合中进行，对各个方面都是开放的；换句话说，它采取了康德的世界公民的立场。以扩展性的心智来思考意味着人们训练自己的想象力去访问。①

由此，扩展性思想（enlarged thought）"从我们自身判断的局限中摆脱出来"，去除"主观的私人判断的局限"，也就是说去除我们通常所说的自利，以广大其心。② 自利在康德看来不能被启蒙，而只是局限。每个启蒙的个人越是能广泛地站在他人的立场上，他的思考就越"普遍"。这种普遍不是概念的普遍，如桌子的概念；而是从特殊情境去达到"普遍的立场"，这就是我们所说的公正。③ 缘于此，私人趣味应当被超越，而向普适性抵达，此即"互为主体性"（intersubjectivity），在非客观性感觉中的非主观性。由此，共通感和"共同体感"（community sense）并出，④阿伦特干脆说共通感觉是"共同体感觉"（community sense）。

> 共通感（常识）意指一种社群感（community sense），是与私人感觉（sensus privates）相区别的共通感（senseus communis）。这种

---

① Hannah Arendt, *Lectures on Kant's Political Philosophy* (Chicago: The University of Chicago Press, 1982), p. 43.

② enlargement of the mind, enlarge one's mentality. Hannah Arendt, *Lectures on Kant's Political Philosophy* (Chicago: The University of Chicago Press, 1982), pp. 42 – 43, 73.

③ Hannah Arendt, *Lectures on Kant's Political Philosophy* (Chicago: The University of Chicago Press, 1982), pp. 43 – 44.

④ Hannah Arendt, *Lectures on Kant's Political Philosophy* (Chicago: The University of Chicago Press, 1982), pp. 72, 74.

共通感是判断力在每个人头脑中求助的东西，正是这种可能的诉求给予特殊判断以有效性。使我喜欢或不喜欢，这作为一种感觉看来是绝对私人的，不可交流的，但它实际植根于这一社群意识。因而，在它一旦被反思转换之后就对交往呈开放状态，这将其他所有人和他们的感觉纳入考虑的范围……当人进行判断时，人是作为社群的一员进行判断的。……说"这是美的"或"这是错的"，一个人不能强迫任何人同意他的判断（康德不相信道德判断是反思和想象力的产物，故而严格说来，它们不是判断）；他只能"期待"或"设法获得"每一个他人的同意。在这个说服的活动中，他实际诉诸的是"共同体感觉"。换言之，当一个人判断时，他就是作为一个"社群"（共同体）的成员在判断。……我们明白"广大其心"（enlarged mentality）是判断力的必备条件；人的共同体感就是使广大其心成为可能。保守地说，这意味着一个人可以从私人条件和环境中抽离，就判断力而言，私人条件限制和约束了其活动。私人条件限制着我们；想象力和反思使我们从这些条件中解放出来，并参入到不偏不倚中，这就是判断力的特有优长。人的趣味（鉴赏力）越少个人特质，其交往功能就越强；可交往性再一次成为试金石。①

在"人类历史起源臆测"一文中，康德表明，"人类的终极目标是社交性"。这听起来就像说社交性是文明进程追求的目标。相反，我在此发现，社交性恰恰是文明的起源，而非人类的目标；因为人类仅存于世界，社交性是人类的本质。这对于所有那些将人类的相互依赖性建立于对同类的依赖之上，即对我们的需求（needs）和欲望（wants）这样的理论来说是根本性的转变。康德强调，至少判断力功能，我们的心能之一，预设了他人在场。而且这种心能，也非仅仅是术语学意义上所称的判断力；它必定是这么一种观念："感情和激情［Empfindungen］的认定即是被我们通常所言之能交流的感情；也就是说，限定判断力的必须是我们全身心的官能。"可交流性

---

① Hannah Arendt, *Lectures on Kant's Political Philosophy* (Chicago: The University of Chicago Press, 1982), pp. 72–73.

第六章 绽现"德艺",与人沟通

显然依赖着这种扩展的思维方式;一个人只有在能从他人的立场进行思考的时候才能进行交流;否则,这个人绝对不会与另一个人见面,绝对不会以对方所理解的方式发表意见。通过传达自己的感情、愉悦感以及无涉利害性的快乐,一个人作出了自己的选择,一个人就选择了自己的同伴:"我们宁愿与柏拉图同错,也不愿与毕达哥拉斯同等正确。"最终,一个人能与他人交流的范围越广,他所说的东西越有价值……①

共通感/共同体感是对规定性判断力、私利的解放,经私人的交往,走向整体;经情感间的交流共通,走向共同体。为什么不是走向单子个人?因为审美共同体的期待;因为超越私人才是自由之域的安顿之所。通过审美共通感的自由期待,达到审美共通感的独到洞识,毕竟,我们是作为共同体的一员,而非超感觉世界(别于动物和神)的一员在判断。

阿伦特进一步强调,这种判断不仅是对事物的反思判断,也源于我们的行动。

在此意义上,投身者(actor)和旁观者(spectator)合二为一;投身者的准则和旁观者据以判断世界的准则或"标准"合二为一。鉴此,对行动的绝对强制可以理解如下:总是以这样的准则行动,具有原始规约性的行动准则能够形成一般性的法则。②

故在政治事务中,我们不仅希望是一个世界公民的投身者,而且同样也作为一个世界的观察者。世界公民的法则以个体意识的良心决断支撑公共领域的生存机制,这与反思判断力由特殊直觉到一般的辩证关系同调。(此尤见于阿伦特关于"想象"的论述)如康德所言,世界公民的法则,并非高蹈、夸饰的观念,因为社会性、可交往性确证我们是世界

---

① Hannah Arendt, *Lectures on Kant's Political Philosophy* (Chicago: The University of Chicago Press, 1982), pp. 73 – 74.
② Hannah Arendt, *Lectures on Kant's Political Philosophy* (Chicago: The University of Chicago Press, 1982), p. 75.

共同体实体（Cosmopolititan existence）。作为交往产品的社群情感（社群意识），由共通感表明共同体将其作为授予自由权利的可能。

二 交往与语言

作为对康德哲学的批判，阿伦特洞察到康德道德哲学的独白色彩，通过反思判断力、想象和审美共通感的分析，透露出审美交往共聚的潜能，即对康德公共性政治哲学的发展，将"陆地上的游泳"指向了水岸，如德艺展示等等。但阿伦特一生仍然固守理论和实践、旁观者和投身者的传统区分和不对称性上，政治实践绩效不佳。正像拉克洛、穆夫、昂格尔、利奥塔、齐泽克等人的行动理论所见，"普遍感的交汇绝不可能，共通感的闭合无法达到"①。故欲真正达到公共领域的结构转型，还待引入新的批判。正如哈贝马斯的发现："一种建立在最终的洞见和确定性基础上的过时的理论知识的概念使得阿伦特不懂得对实践问题的认识达到一致的过程就是理性讨论的过程"②，从而《康德政治哲学讲演录》无法完全用反思判断力的观念去揭示康德实践理性观念中被抑制的对话维度，而只能局限于把道德和政治判断同化到审美判断中。

哈贝马斯为了正确地理解韦伯经典表达出的现代性难题，在其命名的"社会合理化的难题"中演进成行动者本身展现的难题。哈贝马斯批判了语言在亚里士多德以来的目的论行动模式、帕森斯为代表的规范行动模式、戈夫曼为代表的戏剧行动模式等三种社会学的行动模式概念中的约束力和片面性，揭示语言作为先于行动者理解、合作的历史前提和结构，发展出以内在理解为中心的交往行动理论。交往行动理论针砭时弊：目的行动模式的中心概念是选择有效益的手段，继而达成目的合理化，其可扩展为功利主义的行动模式，以经济学、社会学和社会心理的决断理论和活动理论原理为基础；规范调节模式涉及独体或集团，以遵循规范为中心概念，意味着满足一种普遍化的行动要求，契约论可作

---

① ［美］安东尼·J.卡斯卡迪：《启蒙的结果》，严忠志译，商务印书馆2006年版，第265页。

② ［德］哈贝马斯：《汉娜·阿伦特交往的权利观念》，载《法兰克福学派——批判的社会理论》，江天骥主编，上海人民出版社1981年版，第175页。

如是观察；戏剧行动模式涉及相互构成自己公众的内部活动的参与者，意味着"吸引观众且表现自己"的表述，依笔者推衍，可做出审美交往论的概括。固然交往行动理论为阿伦特的行动概念找出了语言这一先验媒介，该媒介为客观世界的真实性和效用性判断、社会世界的合法性判断、主观世界的愿望和情感等提供了行动同步化的理解机制，① 这种机制是合理化的正当性表达。但却放任合理化的应当性追求，从而其抹平差异的倾向，屏蔽了戏剧行动模式中审美对目的行动模式和规范行动模式的超拔意味。不过，哈贝马斯用交往行动理论将阿伦特的审美体系理论和行动理论结构推进为民主实践领域的探讨，势必成为有益的尝试。

德艺者非制作（making）的行动表象、反思判断力的交往性格等，表明时代的发展使人际关系突破了亚里士多德时代之"生产"与"实践"区分下的伦理交往性质，而具生产力——生产方式的社会存在的本体意义。为了交往的合理，需要依言行事（同时要深悉生活先于语言，言为世相）。单子主体的"分离"意识具有交往的可能，胡塞尔的现象学即注意到语言传达在交互主体中的交往性，并认为"指号"传诉的内容是由被传诉的心理体验来构成的。② 哈贝马斯动议通过语言来论证什么对个体和集体有效，即通过语言说服、沟通行为的协调和意义的理解而达成一种共识的社会学。哈贝马斯的努力就是企图恢复语法对修辞统治的合法性。哈贝马斯的交往行为理论，正视了现代生产发展特征中，人与人之间的关系对人与物间关系的突破，认定交往行为已置换生产力—生产方式，而具备社会存在本体论的地位。③ 交往是现代性的行为，交往意味着对由共同体而独立出的平等人格的承认、信任，等等，这些关联到心性与秩序。

---

① Jürgen Habermas, *The Theory of Communicative Action*, Volume 1, *Reason and the Rationalization of Society*, Translated by Thomas McCarthy (Boston: Beacon press, 1984), pp. 84 – 96.
② ［德］埃德蒙德·胡塞尔：《逻辑研究》（第二卷第一部分），乌尔苏拉·潘策尔编，倪梁康译，上海译文出版社2006年版，第41页；［德］胡塞尔：《交往主体的还原作为向心理学纯粹交互主体性的还原》，参见《胡塞尔选集》（下），倪梁康选编，上海三联书店1997年版，第858页。
③ ［德］哈贝马斯：《生产力与交往——答克吕格问》，《天津社会科学》2001年第5期。

对于交往的语言，哈贝马斯贬抑其表达意识的工具性手段意义而提升为先于个体意识的社会历史存在，即不是人"言说"语言，而是语言让人"言说"，正是语言这种先于个体意识活动的社会—历史普遍性与结构体，才使不同个体"自我"的交往言语获得了统一的基础和可理解沟通的前提。语言的普遍社会规范继承现代主体性的社会历史文化的基础条件，并与主体的语用交往交互开显，发展了现代性的主体性原则，同时也在与社会科学相结合中推进了交互主体的理论，力争走出主体。但语言语用交往论的一大偏失，就是对劳动生产（poiesis）的人文意义的抹杀，例如赫西俄德经在世间劳作获致美德的配享；生产理论在争取民主人权中的作用；等等。鉴于此，生产活动的人类学本体论意义如何与语言语用的社会存在本体统一，哈贝马斯的交往基础理论并未真正面对，不免自拟为一种"思想实验"①。

同样，从语用学角度看，第一，哈贝马斯所持的语言为表音文字，侧重言说；而汉语却是象形文字，重视书写。书写，按德里达的研究，至少是"朝抹去能指的方向前进"②，而走向异于"商谈伦理学"的另一种共通性企图：其一，《尚书·舜典》、《周易·修辞传》、《左传·襄公二十五年》、《孟子》之"公孙丑上""万章上下"等文本有关言（辞）、文、象、志的辩论，不仅是社会性的"知言"，更是社交性的"知人"；其二，《周易·修辞上》中的"圣人立象"、《庄子·天道》中斫轮老手对言（圣贤书）以表心（道）的否定，《五灯会元》中的"不立文字"等公案，可窥见言语本身的亏欠。

第二，交往行为理论认为再也没有一种实体性的统筹，如文化阐释的作者意图主义（赫施）、文本本体（瑞哈慈、韦勒克）、读者中心（伊瑟尔、费什），以及"视域融合"的调和论（伽达默尔）……面对个体化、原子化的相对主义，交往行为理论也是针砭于虚无主义的意义理论。它期待训练一种集体性的社群能力，将阐释指向社群，而有意摆脱"作

---

① Jürgen Habermas, *Between Facts and Norms* (Cambridge: Polity Press, 1996), pp. 179、323 - 324.
② ［法］德里达：《论文字学》，汪堂家译，上海译文出版社1999年版，第416页。

者"意向,也摆脱"文本"的绝对地位,更摆脱无政府式的相对主义。然而,社群之下的间体的意义标准依然未能解决。即使社群有用,然而共同主体又该如何界定、规划呢?

第三,现代性出现的问题不仅仅是一个语言内部的问题。现代性的危机更在于语言及其直观等丧失了与存在的本然关系、彻底沦为一个教唆犯的问题或者唯名论。如在市场的交换体系中,政治灌输和大众传媒导向的意识形态话语和言语推销,或者沦为失去了真诚,成为不道德的渊薮的"说说而已",等等。交往行为理论,应当超越于非历史的"语言",其作为庙堂良策不仅仅是实体经济,如人口红利、廉价劳动、货品差价;不仅仅是金钱诉求;不仅仅是仁义礼智信等等价值支配……而且是某种程序体系的转向与建立。商品活动即使作为农业、市场等实体经济的转变与提升,但商人创造的价值毕竟有限,物质含义也并非社会的全部;它需要社会正义、诚信、责任、担当等意义上的持守及其体系的建立,仁义理智信等价值在古代社会即被坚守,但其价值体系、程序却并不适宜于当代社会,特别是包括商业活动;在类的人际活动中,实体经济不可或缺,但全球化的人类活动已将传统的实体经济导向程序关系的转型,这呼吁关系体系、程序价值与之匹配,如电子商务、"智慧城市"等支撑的诚信体系。

综上所述,哈贝马斯持一种纯粹的态度,将语言中的存在作为生活本身。语言的存在从来都是一种无时间的存在,从而"语言"生活只"存有"不"活动"。故而,阿伦特的"行动"概念又为哈贝马斯所未见。鉴于此,更为重要的是要恢复语言、直观与存在的本然关系,即恢复可见世界(光—存在)与可阐明世界(语言—存在)之间的和谐的本然关系。阿伦特、哈贝马斯的困境告诉我们,交往行动的主体间性结构中蕴含着一个更基本的存在结构,即人与自然以及人类彼此之间的交互生成与交互建构,这既可以成为克服形而上学的基础,又可以成为重建现代性的基础。区别于西方涉及终结行为的"理性"行动体、中国的"道德"行动体的独白,立基于社会角色和情境的述行秩序有待于下一步的揭示和打开。

小结：判断力和行动的始终一贯

阿伦特的精英政治，虽未能专题论述现代国家，但却鉴于当代"官僚统治"的负面，警觉于现代国家之经济契约的私人情欲，同时区分有古已然的道德动机，推崇政治行动的高贵表象，导出异于常规的"政治性格"：绽现德艺，公共交往。

因为爱这个世界，而痛绝其恶。因为憎恶恶的私人幽闭，而深情地探寻"人的条件"。公共世界或许作为对"非人"的审判。为了确立、构筑政治实践为一自主的公共领域，阿伦特拒斥血缘伦序、男女情爱、宗教悲悯、慈心怜悯等真心诚意的一切善良动机，排除物质制造、欲望分配等相关的社会活动，并将其定义成"私人领域"。阿伦特的"私人领域"是否完备自成一论域，待于厘清。但此种公共领域注重节度的觉识将利于克制新媒介的"窥私欲"，警戒公共舆论作为行动替代品的绥靖功能，并节制公共交往中欲望、贪恋、焦虑和妄自尊大。[①] 阿伦特驳斥了传统哲学贬损政治实践的趋向，认为政治实践及其畛域并非传统哲学所质疑的"疯人院"（巴斯噶语）或"洞穴"（柏拉图语），而是表现德艺，追求多元交往、合作结社的舞台。现代程序政治学的人权、自由、民主并无足够的韧性来阻挡极权主义的强劲势力，"后极权主义"处在过去与未来之间的裂缝中，如何扣紧《极权主义起源》之后的关怀，阿伦特的阐释认为，"公共领域"的开显应当体现出美的终极意味。

阐释阿伦特的审美政治或政治美学，不外两种途径。一是从阿伦特的行动理论入手，揭示阿伦特所言的政治行动是唯美的行动；二是从阿伦特的判断力入手，揭示阿伦特在康德意义上发展的政治美学。尽管阿伦特没有系统地形诸文字，但若不从阿伦特颠覆形而上学根基的政治思辨取向上认识其"表象即实体"的存在论立场，而恪守"行动"和"判

---

① [德]哈贝马斯：《公共领域的结构转型》（曹卫东等译，学林出版社1999年版）第六章中对公法私人化的述评，以及对以报刊、广播、电视等作为入口，以私人利益侵入公共领域的描述。

断"的分际评判,① 是易见阿伦特的个人抵牾,而难见阿伦特赋予人以政治实践崇高伟大的存在论意义的。考镜源流,康德在纯粹审美判断的演绎中,即将鉴赏判断普遍有效的先天条件(共通感)和鉴赏判断及其审美愉悦普遍传达的先天条件(天才、艺术)结合起来论述。习其所始,并明其所终。明了行动与判断力的始终一贯,方能确切地体会臻极于美对于现代性政治的本体意味:阿伦特终究承认人的思想孕育良知,而成为道德实践的资源之一;意志的创造力是行动之开新启端的根源;判断力是以上内在资源转化为行动的中介条件。康德已认为想象力和知性某种比例的结合构成天才的内心力量,② 阿伦特则发现范型/图型的可交往性和公共性的访问权利,他们合力将"天才"(自然)的生成性把握成判断力的形式……阿伦特将康德的"趣味"原则代替为生成原则而成为先验哲学的基础。德艺者"剧场演示"的易逝性、不可逆转性、无所依傍性,及其含混未明性等现象描述欲达致"美"的刹那,必须融会思维与意志之心灵活动以及判断力,方能臻于融通。

通过以上剧场绽现的分析,表明政治不是思维活动的结果,而是思维活动的起点。阿伦特将艺术制作排除在美的公共性之外,从而将美学的公共潜能着意突出。政治行动臻于美的绽现,且反思性判断力、想象、审美共通感等趋于交往共聚的潜能,使人间互动彰显出理论的魅力。但是,警惕于现代宪政的原子个人主义倾向,作为无利害观照下的社群意识的共通感,以及生成交往想象的"范型"概念等,仍然仅为一种范导式的公共表相。不过,审美化政治表象的瞬间体认使阿伦特的政治哲学相对于政治支配、宰制或行政管理而化约成贵己、养身的价值而言,是具有魅力的;但对于人之恶的根性而言则显得悲观。

---

① Ronald Beiner, Hannah Arendt on Judging. in Hannah Arendt, *Lectures on Kant's Political Philosophy* (Chicago: The University of Chicago Press, 1982), p. 140.
② [德]康德:《判断力批判》,邓晓芒译,人民出版社2002年版,第162页。

结语：审美作为弥补程序宪政的感通学

在19世纪和20世纪相交时期，相对于自古希腊以来的政治思想史的研究，政治理论的研究重点是民主思想的演变过程以及对政治行为的科学理解。这种探索本身被理解为一种有关政治改革、社会控制、公民教育的应用科学。从20世纪20年代始，按自然科学方法论的模式来发展政治科学的行为主义，因对科学方法的过分信仰，而放弃了政治治理的神圣使命。这加剧了西方政治的危机：政治哲学的科学化进程，连带政治科学的"价值中立"，导致"政治哲学的死亡"[①]。政治科学关于政治世界"是什么"的命题，以及政治哲学关于政治世界"怎么样"的问题，原本是一体两面的问题。历史的经验表明，社会领域里一味追求经验科学而否定价值判断的做法是有害的；而在思想领域里一味追求价值判断的先验构想，也是高迈的。现代政治学中"事实"与"价值"的截然分离或偏重一极的观念必然受到质疑和修复。19世纪以来，在社会学领域，迪尔凯姆（Emile Durkheim 1858—1917）从《社会分工论》的"集体意识"（conscience collective）理论发展出"集体表象"（representations collective）理论（《社会学方法的准则》），即对一定社会集团的成员之间所共同具有的美感、道德感、倾向感、认同感等诸种感性形式之共通感的认同。迪尔凯姆开创出通过重建职业团体的感性制度来恢复职业伦理和公民道德的"迪尔凯姆主义"，成为西方国家解决社会失范的理论方案之

[①] ［美］冈内尔：《政治理论：传统与阐释》，浙江人民出版社1988年版，第14页。另参见［美］詹姆斯·A. 古尔德、文森特·V. 瑟斯比编《现代政治思想：关于领域、价值和趋向的问题》（杨淮生等译，商务印书馆1985年版）"第四编 政治思想的现状与展望"的争论；［美］罗杰·伯科威茨：《科学的馈赠——现代法律是如何演变为实在法的》，田夫、徐丽丽译，法律出版社2011年版，"序言"，第7页。

结语：审美作为弥补程序宪政的感通学

一。1969 年，在政治学领域，伊斯顿宣布"后行为主义革命"，减弱了政治学对科学方法和技能的强调。关注于政治学科的社会使命的转向，在 80 年代已经取得政治学界的普遍共识。在这个"进步的"意识形态时代，程序宪政学研究的重点最终是建立一种更具有实践性的科学。如何适应政治学的转向，并使程序宪政学变得更好，又回到政治哲学思想史的价值与事实的辩证当中。

政治哲学的标的建立在对现实政治生活的价值追问和应然性判断的基础之上，建立在对政治实践正当性的学理解析和理性批判之上。正如罗尔斯所言："政治哲学的一个任务——也就是说，它的实践作用——就是关注那些高度争论的问题，并且抛开现象，看一看是否能够揭示出哲学一致和道德一致的基础。或者，即使我们不能发现这种一致的基础，至少我们有可能缩小由政治分裂所导致的在哲学和道德观点方面的分歧，以使基于公民之间相互尊重的社会合作得以维持。"① 因此"我们把政治哲学视为现实主义的乌托邦，即探索可行的政治可能性的政治可能性的界限"②。《正义论》的伦理观即回应了迪尔凯姆的探索，导论以"乐治"为切入，结合中国文化的主体转型对此作出了回应。Ankersmit 的研究认为美学是理解政治的基础，合法的政治权力和所有政治的创造性因"表征"得以生成。③ "表征"以图腾、风俗、艺术、风格（时尚）、语言等为其公共表象的范型（范导），"表征"以公议、公利④作为其普遍旨向的生成机制而内聚向审美共通感的感通研究。审美公共性研究的抱负，既为政治哲学参入政治生活提供合法性据，也为政治哲学渗透入"程序宪政学"的生活现实提供应有的场域和有效的作用点。

审美共通体的公共性思考必须回应"普遍人性""世界公民""世界文化"等的现实建制议题。第一，西方契约论为主题的宪制政府对审美

---

① ［美］罗尔斯：《作为公平的正义——正义新论》，上海三联书店 2002 年版，第 2 页。
② ［美］罗尔斯：《作为公平的正义——正义新论》，上海三联书店 2002 年版，第 7—8 页。
③ F. R. Ankersmit, *Aesthetic Politics*: *political philosophy beyond fact and value*, Stanford, California: Stanford University Press, 1996.
④ 李河成：《公利性公共与公议性公共："公共"话语研究的两个要点及其范式转型》，《东岳论丛》2016 年第 10 期。

共同体的挑战是明显的。正因如此,极权国家的创伤和合法政府的危机才使审美共通找到切入。第二,儒家乐治文明及其"大同"理想似乎显现出审美共通的温情与可能。本议题中"通感"的神经学挖掘、"符码"的表征、"常识"的本然自在,"审美共通感"(康德)的先验范导,以及交往的悦服等西方理论的揭示,均可作为"乐治"等公域建构的有利资源。然而,乐与礼在心性与秩序的结合并不适合礼俗社会向法理社会的现代性转型。个人的私人化仅从血缘为基础的老乡、师生、战友、朋友等关系见出"天下大同"的倒影,而这种审美共通的推衍在科层建制(单位)、服务型政府等逻辑共通感中处在私人领域的层面。基于以上两方面的考量,审美共通由私域酵化为公域的审美共同体将是心性的选择与秩序的优化议题。

审美共通感走向审美共同体的限度亦显而易见,这也正是我们迫切梳理共通感概念的原因所在,以便明了审美心体的能量及其秩序限度(通感的神经元基础和脑科学研究、符码、常识、先验、感性分配、交往等)。利用审美的心性秩序,挟持艺术以为威权服务的恶果在历史上也有案可稽,并极端为法西斯的极权主义,这同时就是我们忌惮于"美政合一"的负面所在。① 这将拓展为与之反向的课题。

伽达默尔对维科的阐释,表达了对将自然科学的方法简单地运用于人文研究领域的不满,并赞赏"共通感"概念蕴含着实践哲学的历史向度,包含着洞察近代科学界限的睿智。与逻辑演绎相比,面对人文现象研究的独特性,伽达默尔从诠释学的角度对"共通感"概念的实践哲学意蕴的发掘,使其和"教化""判断力""趣味"等人文传统概念一起,成为哲学诠释学一个基础性的概念,正好击中了行为主义政治科学的弊病。作为回应"政治哲学已死"的理论武器,伽达默尔在对维科"共通感"概念的诠释学改造中,所极力凸显的"具体普遍",指向了历史主义。其公共性的旨向在于,公共是发现,而非制定。由此而将康德理性

---

① 本书极大地受惠于尤西林教授的研究,他对此的研究已多年,并提出"政—艺分离"的思想。参见尤西林《艺术传播的现代性机制及其界限》,《哲学与文化》第卅八卷第十期(2011年10月)。

结语：审美作为弥补程序宪政的感通学

先验的实体暴政消解，公共权威的普遍性诉求必须在历史的偶然性中得到校正；同时，也正是其现象学哲学维度，其对公共性的普遍与具体的关联只有在审美共通的名称中得到切实的表述。其中，在康德的先验哲学批判转向阿伦特的经验探究中，经验导向历史具体：程序宪政学中个体、特殊的主体性确实值得，而且应当尊崇，但特殊如何处理与普遍的关系呢？程序宪政以"同质"来规划特殊主体的"差异"，显然是共同体时代的"普遍性"梦魇。其古今的分辨，见出程序宪政作为治理原则的最低限度。为了避免程序宪政学在私人领域的原子化及其于公共领域的形式化弊端，审美共通感作为共同体的遗产，在宗教、伦理之后，理应承担起统合的公共职能。在人类共通感的原始问题上，脑科学对"审美共通感"的神经学支撑，势必追溯向以"通感"为基础概念的逻辑推衍中——于己之整合机能、与人之同理心的养成，①"通感"成为始源性的概念；维科诉诸"天神意旨的民政学"贯通于与血缘、宗教、语言和习俗等作用的密不可分中。但世界的祛魅，将统合的重担交给了程序宪政学，作为对其的补充，审美共通感在自然神论者自然与权利之争、康德的先验论批判、马克思感通概念及其现象学的拓展、阿伦特"德艺者"的"交往"分析中，均见出美在公共统合中的心体作用。

中国政治哲学及其共同体走向的大势，经汉代春秋董氏学等外王思想的酝酿，在秦汉一统的体制中完备为永逸的礼制形式。在古典中国随后稳定周流的社会结构内，经唐历宋之际，中国的政治文化由外王而内圣的转向，体证为对"心的能力"的依靠。心性儒学关注的成德成圣之诚、理、气等哲学本体论最终落脚于个体的功夫论，多少促成儒学的个人化、私密化倾向，甚至社会的隐逸。现今日常生活的情趣化以及商业社会的消费自由早已忘记鸦片战争之际改制、新王的话题，难道外王之学自五四以降已不合时宜？在共同体向社会的转型之途中，程序宪政学作为现代化的历史过程，体现了共同体向社会演进的方向，同时也潜存

---

① 人的性格和人与人之间的感通能力很大程度上受到"大脑使用习惯"的影响。左脑说话、理解并进行逻辑思考；右脑进行感性、直观的思考。由此出现智商和情商的分别及其情操教育与体育运动的偏重。情商的提高和通识的重视更利于人际关系的调整、互利与互惠。

着某些负面的后果：工具理性的合理化危机（哈贝马斯），强化了效益原则，每每导致技术专制及其意义的失落；确认的主体权利、功利原则、竞争机制，往往加剧了人际关系的紧张。作为反本质主义与非理性主义逻辑引申的存在优先，日渐将人们推入喧嚣的感性世界。感性立法的超拔在于终极意义的直觉。即使其作为个人生活情趣美学的渴望，也因其个人私我、孤闭的原子自由，而表现为隐逸的绝望。由此，感性体验所确立的主体自我，若不陷落于与他者的对抗，特别是纠正合于知性规则的程度宪政学的中立所擘画的庸常及其原子化倾向，审美因先于主体而走向他人的感通情感，因个人自由的体认和他者自由的承认，而具备救世的公共情怀。当今中国社会，儒家私塾的讨论、传统成人礼仪式的集会运动等屡见报端，进教堂、戴佛珠的人日渐增多……但这种现象的云集并不能仅仅当作人们应急的安慰，而更应当化为积极的社会行动。传统的儒释道耶等宗教、学说的复原因不着历史的土壤而在现代社会已不再可能，但对儒释道耶等高贵精神的至纯要求，则可化为历史具体的渴望和行动。由此，承接宗教/伦理共同体的遗产，审美在重建现代社会之公共精神的心体能量受到重视。

  审美独立是主体性独立的标志和原始事件，也是现代性由神启原则走向主体心灵原则的核心征候。审美现代性的标准人物尼采、马尔库塞等，标举此岸性的感性原则，确认个人以之为最后自然来反叛理性他者的主体性原则，为启蒙时代的理论之源。梁启超、王国维、李石岑、陈铨、郭沫若等人固然不可能完全穷尽尼采对文化改造的政治内涵及其终极方式，但在中国社会历史转型之际，以"超人"为核心的"文化改造"包含着对现代性的敏锐警觉。尼采作为对传统偶像（理念、上帝、价值等）的破坏者、欧洲文化思想转折的揭示者，及将人生艺术化的诗者，其意义是本书未能展开的方面；同时在本议题的理论修葺之外，"现代中国美学的公共诉求"也将成为本研究在"范围"、"理论架构"（如表征—符码）或研究方法（大数据）等方面的突破性议题。审美共通感原则以美立法，格外重视审美在重建现代社会之公共精神中的心体能量，正待将主体的趋美人格落实于社会当中。在心体本体的基础之上，修缮程序宪政学的合理化危机，以寻求走出主体的道路。

结语：审美作为弥补程序宪政的感通学

回顾苏格兰自然神论者对约定权利之缺"善"的考察以及对人性幽暗意识的警觉，直面阿伦特所处的极权主义时代，历史有充分的理由表明，在后极权主义时代，有所谓消费自由而不得政治自由的时代。日常生活的情趣审美（隐逸）只是审美主体的消极自由，因为其中立，极易走向孤闭。（这是程序宪政学本身的弊端）继而也难免受到控制，而陷于极权的威胁；因为其孤闭，而境界尚小，而难以处身于他人的地位上进行思考，"外王"艰难。

正如阿伦特在《何为自由》中"史"的分疏："内在自由"是没有意义的，经验场所的行动才是政治自由能存在的理由。[①] 行动需要"德艺"之美的绽现。从自然的超越到人文世界的建构，儒家社会理想与人生理想最后统一于人格境界，"壹是皆以修身为本"（《大学》），它既以诚（道德意义上的真）为内在特征，又外化为道德至善的追求，并同时在审美活动中"文之以礼乐"，呈现为人格之美。儒家在共同体时代，将人格较多地强化了其伦理取向，真与美从属于善，同时内圣（成人往往等同于成圣）凸出，抑制了主体人格的多样化；并且，皇帝专制与超越的道德形式性原理相符节，风干了主体意向性的真情实感，封闭了主体际性等相关的生活世界。在联合体社会，程序宪政学支撑了主体人格的多元，同时，主体人格的趋美旨向，成为宗教—伦理的替代而融渗于日常生活，应当落实到社会的外王理想之中；并以审美共通感的公共潜能反拨原子个人主义的审美异化以及挟持审美而推行的文化政治。

在"共通感"史论中，康德和阿伦特等人对"共通感"问题大张旗鼓地开发，并不是他们的突发奇想，或者刻意将前人（如沙夫茨伯里）

---

① Hannah Arendt, What Is Freedom? *Between Past and Future* (New York: The Viking Press, 1961). 充实谓之美，力行近乎仁。儒家伦理美学的述行思想，王阳明的知行合一论（王阳明：《明儒学案》卷十），朱光潜"要本所知去行"［朱光潜：《看戏与演戏——两种人生理想》，载《朱光潜全集》（第九卷），安徽教育出版社1993年版，第268页］。宗白华编辑《学灯》的抗战情怀，认为陷溺于自己心里去寻找美的踪迹是大有问题的［宗白华：《宗白华全集》，安徽教育出版社1994年版，第二卷第285、286、287页，第三卷第268页。欲理解近世中国的知行观，另可参见贺麟《五十年来的中国哲学》（1945），商务印书馆2002年版］，将心体的自由指向行动的自由。不过，不同的人面对同一处境却应有不同的自由，这切入到另一课题。（参见贺麟《抗战建国与学术建国》，载《文化与人生》，商务印书馆1996年版；《德国三大哲人歌德 黑格尔 费希特的爱国主义》，商务印书馆1989年版，"新版序"）

那里本不明显的附属性问题进行夸大,而是因为现时代的确存有这方面的缺失。他们要解决一个时代问题,即本真意义上的政治生活——主体的生活由共同的客观力量塑造,而不是由政府意识形态抑或个别他者的权力意志决定。在维科的巫神世界和沙夫茨伯里的自然神论之后,"公共性"即成为该研究的穴位所在,同时我们取径于"共通感"这道门,进入到了广大的政治共同体中。阿伦特反复强调希腊共同体的典范意象,毫无疑问是由雅典和斯巴达提供的,他们并不是从主体出发,寻求共通,而是原本就在共通当中,原本就浸润在一种共同的世界秩序中,人人以自己的生命来辅佐这一被称为自然的秩序。在这种情况下,不需要再单独揪着他们的"审美共通感"不放了。伊奥尼亚的 Isonomia(无支配的流动)、① 柏拉图的《理想国》和《斐利布篇》、亚里士多德的《形而上学》,以及荷马史诗和埃斯库罗斯、索福克勒斯、贺拉斯②的戏剧将告诉我们更多。

---

① [日]柄谷行人:《哲学的起源》,潘世圣译,中央编译出版社 2015 年版,第 30—31、37 页。
② Shaftesbury, 'Sensue Communis; an Essay on the Freedom of Wit and Humour', *Characteristics of Men, Manners, Opinions, Times* (Volume I, Indianapolis: Liberty Fund, Inc., 2001), pp. 65–66.

参考文献

一　中文参考文献

（一）中文专著

（汉）班固：《汉书·董仲舒传》，颜师古注，中华书局1962年版。
《抱朴子外篇校笺》，杨明照校笺，中华书局1997年版。
（汉）董仲舒：《春秋繁露义证》，苏舆义证，钟哲点校，中华书局1992年版。
（战国）公孙龙：《公孙龙子》，戊午二月双鉴楼道藏本影印本。
《管子校注》，黎翔凤校注，梁运华整理，中华书局2004年版。
《礼记正义》，载《十三经注疏》（附校勘记），阮元校刻，中华书局1980年版。
（唐）李贺：《李长吉歌诗》，中华书局（据明刻本校、聚珍仿宋版印），未标出版年。
（清）李鸿章：《李文忠公全集（奏稿）》卷二十四，清光绪三十一年（1905）。
（明）李贽：《焚书·继焚书》，中华书局1975年版。
（明）李贽：《道古录（卷上）》，载《李贽文集》（第七卷），张建业主编，社会科学文献出版社2000年版。
《列子集释》，杨伯峻集释，中华书局1979年版。
（清）刘熙载：《刘熙载集》，刘立人、陈文和点校，华东师范大学出版社1993年版。
（南朝）刘义庆：《世说新语校笺·贤媛》，刘孝标注，杨勇校笺，中华书局 2006 年版。

《论语注疏》，载《十三经注疏》（附校勘记），阮元校刻，中华书局 1980 年版。

（战国）吕不韦：《吕氏春秋》，高诱注，上海古籍出版社 1989 年版。

《孟子注疏》，载《十三经注疏》（附校勘记），阮元校刻，中华书局 1980 年版。

（宋）欧阳修：《新唐书·志·礼乐》，中华书局 1975 年版。

（汉）司马迁：《史记·乐书》，中华书局 1982 年版。

（清）王先谦：《庄子集解》，沈啸寰点校，中华书局 1987 年版。

（汉）许慎：《说文解字注》，段玉裁注，上海古籍出版社 1988 年版。

《荀子简释》，梁启雄简释，中华书局 1983 年版。

（清）严可均：《全汉文》，中华书局 1958 年版。

（清）永瑢等：《四库全书总目》，中华书局 1965 年版。

《易传》，载《十三经注疏》（附校勘记），阮元校刻，中华书局 1980 年版。

（宋）周敦颐：《周子通书》，徐洪兴导读，上海古籍出版社 2000 年版。

（宋）朱熹：《四书章句集注》，中华书局 1983 年版。

《庄子集解内篇补正》，刘武补正、沈啸寰点校，中华书局 1987 年版。

蔡英文：《政治实践与公共空间：阿伦特的政治思想》，新星出版社 2006 年版。

蔡元培：《蔡元培美育论集》，高平叔编，湖南教育出版社 1984 年版。

蔡元培：《以美育代宗教说》，载《蔡元培全集》（第三卷），中华书局 1984 年版。

陈康：《论希腊哲学》，汪子嵩、王太庆编，商务印书馆 1990 年版。

陈伟：《阿伦特与政治的复归》，法律出版社 2008 年版。

陈晓律：《世界现代化历程（西欧卷）》，江苏人民出版社 2010 年版。

陈致：《从礼仪化到世俗化：〈诗经〉的形成》，吴仰湘、黄梓勇、许景昭译，上海古籍出版社 2009 年版。

董志刚：《夏夫兹博里美学思想研究》，中国社会科学出版社 2009 年版。

冯友兰：《三松堂文集》（第四集），河南人民出版社 1986 年版。

干春松：《制度化儒家及其解体》，中国人民大学出版社 2003 年版。

干春松：《制度儒学》，上海人民出版社 2006 年版。

高尔太：《现代美学与自然科学》，载《论美》，甘肃人民出版社 1982 版。

高尔泰：《美和自由》，载《自由面面观》，陈俊伟、谢文郁、樊美筠主编，中国社会科学出版社 2009 年版。

顾颉刚：《顾颉刚读书笔记》，台湾联经出版事业公司 1990 年版。

郭齐勇主编：《儒家伦理争鸣集——以"亲亲互隐"为中心》，湖北教育出版社 2004 年版。

侯外庐等：《中国思想通史》（第一卷），人民出版社 1957 年版。

侯文翔：《"罪"／"美"的影像——论莱妮·里芬斯塔尔纳粹时期电影的意义建构及流动》，硕士学位论文，中山大学，2007 年。

江宜桦：《公共领域中理性沟通的可能性》，载《公共性与公共知识分子》，许纪霖著，江苏人民出版社 2003 年版。

金尚理：《礼宜乐和的文化理想》，巴蜀书社 2002 年版。

康有为：《康有为政论集》（上册），中华书局 1981 年版。

康有为：《康有为全集》（第二集），上海古籍出版社 1990 年版。

李晓勇：《政治审美化——阿伦特政治哲学研究》，博士学位论文，吉林大学，2011 年。

李玄伯：《中国古代社会新研》，开明书店 1948 年版。

李泽厚：《批判哲学的批判：康德述评》，人民出版社 1979 年版。

李泽厚：《人类学历史本体论》，天津社会科学院出版社 2008 年版。

李志宏主编：《文艺意识形态学说论争集》，吉林大学出版社 2006 年版。

林锡铨：《政治美学》，时英出版社 2001 年版。

刘军宁等编：《市场逻辑与国家观念》，生活·读书·新知三联书店 1996 年版。

刘军宁、王焱编：《自由与社群》，生活·读书·新知三联书店 1998 年版。

刘小枫：《现代性社会理论绪论：现代性与现代中国》，上海三联书店 1998 年版。

刘小枫、陈少明：《维柯与古今之争》，华夏出版社 2008 年版。

刘子健：《中国转向内在》，赵冬梅译，江苏人民出版社 2002 年版。

卢春红：《情感与时间》，上海三联书店 2007 年版。

骆冬青:《二十世纪中国政治美学与文艺美学》,博士学位论文,南京师范大学,2002年。

骆冬青:《文艺之敌》,江苏人民出版社2006年版。

茅海建:《天朝的崩溃——鸦片战争再研究》,生活·读书·新知三联书店2003年版。

倪梁康:《胡塞尔现象学概念通释》,生活·读书·新知三联书店2007年版。

钱钟书:《旧文四篇》,上海古籍出版社1979年版。

瞿同祖:《瞿同祖法学论著集》,中国政法大学出版社1998年版。

汪民安、陈永国、张云鹏:《现代性基本读本》,河南大学出版社2005年版。

汪子嵩等:《希腊哲学史》(第一卷),人民出版社1988年版。

汪子嵩等:《希腊哲学史》(第二卷),人民出版社1993年版。

王爱和:《中国古代宇宙观与政治文化》,金蕾译,徐峰译校,上海古籍出版社2011年版。

王恒:《时间性:自身与他者》,江苏人民出版社2008年版。

王小章:《经典社会理论与现代性》,社会科学文献出版社2006年版。

王焱等编:《自由主义与当代世界》,生活·读书·新知三联书店2000年版。

王岳川、尚水:《后现代主义文化与美学》,北京大学出版社1992年版。

吴国盛:《希腊空间概念》,中国人民大学出版社2010年版。

修海林:《古乐的沉浮:中国古代音乐文化》,山东文艺出版社1989年版。

许纪霖、罗岗等:《启蒙的自我瓦解:1990年代以来中国思想文化界重大论争研究》,吉林出版集团有限责任公司2007年版。

乐黛云等:《世界诗学大辞典》,春风文艺出版社1993年版。

杨宽:《古史新探》,中华书局1964年版。

尤西林:《人文科学导论》,高等教育出版社2002年版。

尤西林:《阐释并守护世界意义的人》,陕西人民出版社2006年版。

尤西林:《心体与时间:二十世纪中国美学与现代性》,人民出版社2009年版。

尤西林、张俊、李河成等编：《通识教育文献选辑》（共3卷），科学出版社2019年版。

余治平：《唯天为大：建基于信念本体的董仲舒哲学研究》，商务印书馆2003年版。

曾永成：《文艺政治学导论》，四川大学出版社1995年版。

张灏：《幽黯意识与民主传统》，载《市场逻辑与国家观念》，刘军宁等编，生活·读书·新知三联书店1996年版。

张辉：《审美现代性批判：20世纪上半叶德国美学东渐中的现代性问题》，北京大学出版社1999年版。

张晋藩：《中国民法通史》，福建人民出版社2003年版。

张旭春：《政治的审美化与审美的政治化》，人民出版社2004年版。

《中国共产党章程》，人民出版社2007年版。

周黄正蜜：《康德共通感理论研究》，商务印书馆2018年版。

周宪：《审美现代性批判》，商务印书馆2005年版。

朱光潜：《朱光潜美学文集》（第三卷），上海文艺出版社1984年版。

朱光潜：《朱光潜美学文集》（第四卷），上海文艺出版社1984年版。

朱金顺编：《朱自清研究资料》，北京师范大学出版社1981年版。

朱晓进等：《非文学的世纪：20世纪中国文学与政治文化关系史论》，南京师范大学出版社2004年版。

朱晓进：《政治文化与中国二十世纪三十年代文学》，人民出版社2006年版。

朱自清：《背影》，百花文艺出版社2004年版。

宗白华：《略论艺术与象征》，载《艺境》，北京大学出版社1987年版。

宗白华：《宗白华全集》（第一卷），安徽教育出版社1994年版。

宗白华：《宗白华全集》（第二卷），安徽教育出版社1994年版。

（二）中文译著

［英］艾迪生：《想象的快感》，载《缪灵珠美学译文集》（第二卷），缪灵珠译，中国人民大学出版社1998年版。

［美］安德森：《想象的共同体：民族主义的起源与散布》，吴叡人译，上

海人民出版社 2003 年版。

［德］爱克曼辑录：《歌德谈话录》，朱光潜译，人民文学出版社 1978 年版。

［德］阿伦特：《人的条件》，竺乾威等译，上海人民出版社 1999 年版。

［德］阿伦特：《公民不服从》，载《西方公民不服从的传统》，何怀宏编著，吉林人民出版社 2001 年版。

［德］阿伦特：《真理与政治》，载《西方现代性的曲折与展开》，贺照田主编，吉林人民出版社 2002 年版。

［德］阿伦特：《精神生活》，姜志辉译，江苏教育出版社 2006 年版。

［德］阿伦特：《极权主义的起源》，林骧华译，生活·读书·新知三联书店 2008 年版。

［德］阿伦特：《过去与未来之间》，译林出版社 2011 年版。

［英］彼得·奥斯本：《时间的政治：现代性与先锋》，王志宏译，商务印书馆 2004 年版。

［美］雅克·布道：《建构世界共同体：全球化与共同善》，江苏教育出版社 2006 年版。

［法］夏尔·波德莱尔：《现代生活的画家》，载《波德莱尔美学论文选》，郭宏安译，人民文学出版社 2008 年版。

［法］皮埃尔·布尔迪厄：《区分：判断力的社会批判》，刘晖译，商务印书馆 2015 年版。

［英］迈克尔·波兰尼：《个人知识：朝向后批判哲学》，徐陶译，上海人民出版社 2017 年版。

［德］鲍姆加敦：《美学》，文化艺术出版社 1988 年版。

［德］齐格蒙特·鲍曼：《流动的现代性》，欧阳景根译，生活·读书·新知三联书店 2002 年版。

［德］齐格蒙特·鲍曼：《生活在碎片之中：论后现代道德》，郁建兴等译，学林出版社 2002 年版。

［德］齐格蒙特·鲍曼：《共同体：在一个不确定的世界中寻找安全》，欧阳景根译，江苏人民出版社 2003 年版。

［德］齐格蒙特·鲍曼：《被围困的社会》，郁建立译，江苏人民出版社 2004 年版。

［英］鲍桑葵：《美学史》，张今译，广西师范大学出版社 2001 年版。

［希］柏拉图：《巴曼尼得斯篇》，陈康译注，商务印书馆 1982 年版。

［希］柏拉图：《理想国》，郭斌和、张竹明译，商务印书馆 1986 年版。

［希］柏拉图：《柏拉图的〈会饮〉》，刘小枫译，华夏出版社 2003 年版。

［希］柏拉图：《蒂迈欧篇》，谢文郁译注，上海人民出版社 2003 年版。

［希］柏拉图：《柏拉图对话六种》，张师竹、张东荪译，华东师范大学出版社 2011 年版。

《柏拉图与天人政治》，刘小枫、陈少明著，华夏出版社 2009 年版。

［英］贝尔：《资本主义文化矛盾》，生活·读书·新知三联书店 1989 年版。

［德］本雅明：《发达资本主义时代的抒情诗人》，生活·读书·新知三联书店 2007 年版。

［日］柄谷行人：《世界史的构造》，赵京华译，中央编译出版社 2012 年版。

［法］波德莱尔：《现代生活的画家》，载《波德莱尔美学论文选》，郭宏安译，人民文学出版社 2008 年版。

［英］伯林：《科学与人文学科的分离》，载《反潮流：观念史论文集》，冯克利译，译林出版社 2002 年版。

［英］马丁·布伯：《我与你》，陈维纲译，生活·读书·新知三联书店 2002 年版。

［美］伊丽莎白·杨-布鲁尔：《阿伦特为什么重要》，刘北城、刘小欧译，译林出版社 2009 年版。

［英］斯图亚特·J. 布朗：《宗教与欧洲启蒙运动》，载《启蒙与世俗化》，赵林、邓守成主编，武汉大学出版社 2008 年版。

［法］布罗代尔：《15 世纪至 18 世纪的物质文明、经济与资本主义》（第一卷），顾良、施康强译，生活·读书·新知三联书店 1992 年版。

［美］斯蒂文·贝斯特、道格拉斯·凯尔纳：《后现代转向》，陈刚等译，南京大学出版社 2002 年版。

［德］本雅明：《可技术复制时代的艺术作品》，载《经验与贫乏》，王炳钧、杨劲译，百花文艺出版社 1999 年版。

［日］川崎修：《阿伦特：公共性的复权》，斯日译，河北教育出版社2002年版。

［法］德里达：《论文字学》，汪堂家译，上海译文出版社1999年版。

［法］笛卡尔：《第一哲学沉思集》，庞景仁译，商务印书馆1986年版。

［法］笛卡尔：《探求真理的指导原则》，管震湖译，商务印书馆1990年版。

［法］笛卡尔：《谈谈方法》，王太庆译，商务印书馆2000年版。

［美］多迈尔：《主体性的黄昏》，万俊人等译，上海人民出版社1992年版。

［法］福柯：《思想肖像》，刘北成编著，上海人民出版社2001年版。

［法］福柯：《福柯集》，杜小真编选，上海远东出版社2004年版。

［美］赫伯特·芬格莱特：《孔子：即凡而圣》，彭国翔、张华译，江苏人民出版社2002年版。

［法］安托瓦纳·贡巴尼翁：《现代性的五个悖论》，许钧译，商务印书馆2005年版。

［芬］尤卡·格罗瑙：《趣味社会学》，向建华译，南京大学出版社2002年版。

［法］邦雅曼·贡斯当：《古代人的自由与现代人的自由》，阎克文、刘满贵译，上海人民出版社2005年版。

［美］冈内尔：《政治理论：传统与阐释》，浙江人民出版社1988年版。

［美］詹姆斯·A.古尔德、文森特·V.瑟斯比编：《现代政治思想：关于领域、价值和趋向的问题》，杨淮生等译，商务印书馆1985年版。

［德］哈贝马斯：《汉娜·阿伦特交往的权利观念》，载《法兰克福学派——批判的社会理论》，江天骥主编，上海人民出版社1981年版。

［德］哈贝马斯：《现代性的地平线》，上海人民出版社1997年版。

［德］哈贝马斯：《公共领域的结构转型》，曹卫东等译，学林出版社1999年版。

［德］哈贝马斯：《第一部分 应然的权威具有多大的合理性？》，载《包容他者》，曹卫东译，上海人民出版社2002年版。

［德］哈贝马斯：《现代性——未完成的工程》，载《现代性基本读本》，

汪民安、陈永国、张云鹏著,河南大学出版社2005年版。

[德] 哈贝马斯:《现代性的哲学话语》,曹卫东等译,译林出版社2008年版。

[英] 哈奇森:《论激情和感情的本性与表现,以及对道德感观的阐明》,浙江大学出版社2009年版。

[英] 哈奇森:《论美与德行观念的根源》,浙江大学出版社2009年版。

[英] 哈耶克:《"社会公正"的返祖现象》,载《经济、科学与政治:哈耶克思想精粹》,冯克利译,江苏人民出版社2000年版。

[英] 哈耶克:《法律、立法与自由》(第一卷),邓正来等译,中国大百科全书出版社2000年版。

[英] 哈耶克:《大卫·休谟的法律哲学和政治哲学》,载《哈耶克读本》,邓正来主编,北京大学出版社2010年版。

[英] 哈耶克:《人类价值的三个渊源》,载《哈耶克读本》,邓正来主编,北京大学出版社2010年版。

[德] 海德格尔:《形而上学导论》,熊伟、王庆节译,商务印书馆1996年版。

[德] 海德格尔:《艺术与空间》,载《海德格尔选集》,孙周兴选编,上海三联书店1996年版。

[德] 海德格尔:《哲学的终结和思的任务》,载《海德格尔选集》,孙周兴选编,上海三联书店1996年版。

[德] 海德格尔:《筑、居、思》,载《海德格尔选集》,孙周兴选编,上海三联书店1996年版。

[德] 海德格尔:《在通向语言的途中》,孙周兴译,商务印书馆1999年版。

[德] 海德格尔:《路标》,孙周兴译,商务印书馆2000年版。

[德] 海德格尔:《尼采》,孙周兴译,商务印书馆2002年版。

[德] 海德格尔:《艺术作品的本源》,载《林中路》,孙周兴译,上海译文出版社2004年版。

[德] 海德格尔:《存在与时间》,陈嘉映、王庆节译,生活·读书·新知三联书店2006年版。

[德] 海德格尔:《论真理的本质:柏拉图的洞喻和〈泰阿泰德〉讲疏》,

赵卫国译，华夏出版社 2008 年版。

［美］韩森：《传统中国日常生活中的协商：中古契约研究》，鲁西奇译，江苏人民出版社 2009 年版。

［美］郝大为、安乐哲：《通过孔子而思》，何金俐译，北京大学出版社 2005 年版。

［德］黑格尔：《精神现象学（上卷）》，贺麟、王玖兴译，商务印书馆 1983 年版。

［英］霍布斯：《利维坦》，黎思复、黎廷弼译，商务印书馆 1985 年版。

［美］曼弗雷德·S. 弗林斯：《舍勒的思想评述》，华夏出版社 2003 年版。

［德］胡塞尔：《交往主体的还原作为向心理学纯粹交互主体性的还原》，载《胡塞尔选集》，倪梁康选编，上海三联书店 1997 年版。

［德］胡塞尔：《纯粹现象学通论：纯粹现象和现象学哲学的观念（I）》，李幼蒸译，中国人民大学出版社 2004 年版。

［德］胡塞尔：《逻辑研究》（第二卷第一部分），乌尔苏拉·潘策尔编，倪梁康译，上海译文出版社 2006 年版。

［德］胡塞尔：《现象学的观念：五篇讲座稿》，倪梁康译，人民出版社 2007 年版。

［德］胡塞尔：《笛卡尔沉思与巴黎讲演》，张宪译，人民出版社 2008 年版。

［德］阿克塞尔·霍耐特：《为承认而斗争》，上海世纪出版集团 2005 年版。

［美］霍尔姆斯：《反自由主义剖析》，曦中等译，中国社会科学出版社 2002 年版。

［英］吉登斯：《现代性的后果》，田禾译，译林出版社 2000 年版。

［法］加迪等：《文化与时间》，郑乐平、胡建平译，淑馨出版社 1992 年版。

［美］凯瑟琳·埃弗雷特·吉尔伯特、［德］赫尔穆特·库恩：《美学史》，夏乾丰译，上海译文出版社 1989 年版。

［德］伽达默尔：《美的现实性》，北京三联书店 1991 年版。

［德］伽达默尔：《真理与方法》，洪汉鼎译，上海译文出版社 2004 年版。

［德］卡西勒：《启蒙哲学》，顾伟铭等译，山东人民出版社1988年版。

［德］康德：《任何一种能够作为科学出现的未来形而上学导论》，庞景仁译，商务印书馆1978年版。

［德］康德：《历史理性批判文集》，何兆武译，商务印书馆1990年版。

［德］康德：《判断力批判》，邓晓芒译，人民出版社2002年版。

［德］康德：《实践理性批判》，邓晓芒译，人民出版社2003年版。

［德］康德：《纯粹理性批判》，邓晓芒译，人民出版社2004年版。

［德］康德：《实用人类学》，邓晓芒译，上海世纪出版集团2005年版。

［德］康德：《道德形而上学原理》，苗力田译，上海人民出版社2005年版。

［德］康德：《康德书信百封》，李秋零编译，上海人民出版社2006年版。

［德］康德：《道德形而上学》，载《康德著作全集》（第6卷），李秋零主编，中国人民大学出版社2007年版。

［德］康德：《实用人类学》，载《康德著作全集》（第7卷），李秋零主编，中国人民大学出版社2008年版。

［美］约翰·凯克斯：《反对自由主义》，应奇译，江苏人民出版社2008年版。

［美］马泰·卡林内斯库：《现代性的五副面孔：现代主义、先锋派、颓废、媚俗艺术、后现代主义》，顾爱彬、李瑞华译，商务印书馆2002年版。

［英］史蒂文·康纳：《后现代主义文化：当代理论导引》，严忠志译，商务印书馆2002年版。

［英］柯林武德：《自然的观念》，吴国盛译，北京大学出版社2006年版。

［德］克罗波西、施特劳斯：《政治哲学史》，李洪润等译，法律出版社2009年版。

［美］安东尼·J.卡斯卡迪：《启蒙的结果》，严忠志译，商务印书馆2006年版。

［法］拉康：《拉康选集》，褚孝泉译，上海三联书店2001年版。

［加］莱斯：《自然的控制》，岳长龄、李建华译，重庆出版社1993年版。

［法］利奥塔：《非人》，罗国祥译，商务印书馆2000年版。

［法］卢梭：《社会契约论》，何兆武译，商务印书馆1980年版。

［法］卢梭:《论科学与艺术》，何兆武译，上海人民出版社2007年版。

［美］罗尔斯:《正义论》，何怀宏等译，中国社会科学出版社1988年版。

［美］罗尔斯:《政治自由主义》，万俊人译，译林出版社2000年版。

［美］罗尔斯:《作为公平的正义——正义新论》，上海三联书店2002年版。

［美］罗尔斯、T. M. 斯凯伦等:《当代社会契约论》，包利民编，江苏人民出版社2008年版。

［法］古斯塔夫·勒庞:《乌合之众:大众心理研究》，冯克利译，中央编译出版社2004年版。

［英］罗素:《人类的知识》，张金言译，商务印书馆2008年版。

［英］洛克:《人类理解论》，关文运译，商务印书馆1959年版。

［英］洛克:《政府论》，叶启芳、瞿菊农译，商务印书馆1982年版/1964年版。

［德］卡尔·洛维特:《世界历史与救赎历史:历史哲学的神学前提》，李秋零、田薇译，上海人民出版社2006年版。

［德］马尔库塞:《反革命与造反》，载《工业社会和新左派》，任立编译，商务印书馆1982年版。

［德］马尔库塞:《审美之维》，广西师范大学出版社2001年版。

［英］约翰·密尔:《论自由》，许宝骙译，商务印书馆1959年版。

［法］孟德斯鸠:《论法的精神》，张雁深译，商务印书馆1959年版/1963年版。

［英］戴维·米勒、韦农·波格丹诺:《布莱克维尔政治学百科全书》，邓正来等译，中国政法大学出版社1992年版。

［法］莫里斯·梅洛-庞蒂:《眼与心》，杨大春译，商务印书馆2007年版。

［法］莫内:《自由主义思想文化史》，曹海军译，吉林人民出版社2004年版。

［法］塞奇·莫斯科维奇:《群氓的时代》，许列民等译，江苏人民出版社2003年版。

［美］尼柯尔斯:《苏格拉底与政治共同体》，王双洪译，华夏出版社2007年版。

［美］诺奇克：《无政府、国家和乌托邦》，姚大志译，中国社会科学出版社 2008 年版。

［法］南希：《解构的共通体》，郭建玲等译，上海人民出版社 2007 年版。

［英］H. J. 裴顿：《康德的经验形而上学：〈纯粹理性批判〉上半部注释》，韦卓民译，华中师范大学出版社 2009 年版。

［法］裴化行：《利玛窦评传》，管震湖译，商务印书馆 1993 年版。

［美］普林茨：《爱这个世界：汉娜·阿伦特传》，焦洱译，社会科学文献出版社 2001 年版。

［荷］斯宾诺莎：《神学政治论》，温锡增译，商务印书馆 1963 年版。

［英］沙夫茨伯里：《人、风俗、意见与时代之特征：沙夫茨伯里选集》，武汉大学出版社，2010 年版。

［美］史华兹：《寻求富强：严复与西方》，叶凤美译，江苏人民出版社 1990 年版。

［德］M. 舍勒：《舍勒选集》，刘小枫选编，上海三联书店 1999 年版。

［英］亚当·斯密：《道德情操论》，蒋自强等译，商务印书馆 1997 年版。

［英］亚当·斯密：《国富论》，郭大力、王亚南译，商务印书馆 2015 年版。

［美］列奥·施特劳斯：《霍布斯的政治哲学》，申彤译，译林出版社 2001 年版。

［美］列奥·施特劳斯：《自然权利与历史》，彭刚译，生活·读书·新知三联书店 2003 年版。

［加］泰勒：《承认的政治》，载《文化与公共性》，汪晖、陈燕谷主编，生活·读书·新知三联书店 2005 年版。

［加］泰勒：《公民与国家的距离》，载《文化与公共性》，汪晖、陈燕谷主编，生活·读书·新知三联书店 2005 年版。

［德］斐迪南·滕尼斯：《共同体与社会——纯粹社会学的基本概念》，林荣远译，商务印书馆 1999 年版。

［美］王斑：《历史的崇高形象：二十世纪中国的美学与政治》，孟祥春译，上海三联书店 2008 年版。

［德］韦伯：《新教伦理与资本主义精神》，于晓、陈维纲等译，生活·

读书·新知三联书店 1987 年版。

［德］韦伯：《学术与政治：韦伯的两篇演说》，冯克利译，生活·读书·新知三联书店 2005 年版。

［意］维柯：《维柯著作选》，利昂·庞帕编译，陆晓禾译，商务印书馆 1997 年版。

［意］维科：《新科学》，朱光潜译，人民文学出版社 1986 年版。

［德］沃尔夫冈·韦尔施：《重构美学》，陆扬、张岩冰译，上海人民出版社 2006 年版。

［英］戴维·M. 沃克：《牛津法律大辞典》，李双元等译，法律出版社 2003 年版。

［德］西美尔：《金钱、性别、现代生活风格》，刘小枫编，顾仁明译，学林出版社 2000 年版。

［德］西美尔：《时尚的哲学》，费勇、吴𧉅译，文化艺术出版社 2001 年版。

［罗］西塞罗：《论演说家》，王焕生译，中国政法大学出版社 2003 年版。

［德］席勒：《希腊的群神》，载《席勒文集（I）》，张玉书选编，钱春绮等译，人民文学出版社 2005 年版。

［德］席勒：《人的美学教育书简》，载《席勒文集（VI）》，张玉书选编，张佳钰等译，人民文学出版社 2005 年版。

［英］休谟：《人性论》，关文运译，商务印书馆 1980 年版。

［英］休谟：《道德原则研究》，曾晓平译，商务印书馆 2001 年版。

［希］亚里士多德：《诗学诗艺》，罗念生译，人民文学出版社 1962 年版。

［希］亚里士多德：《政治学》，吴寿彭译，商务印书馆 1965 年版。

［希］亚里士多德：《物理学》，张竹明译，商务印书馆 1982 年版。

［希］亚里士多德：《灵魂论及其他》，吴寿彭译，商务印书馆 1999 年版。

［希］亚里士多德：《尼各马可伦理学》，廖申白译注，商务印书馆 2003 年版。

［英］伊格尔顿：《审美意识形态》，王杰等译，广西师范大学出版社 1997 年版。

［美］汉斯·约纳斯：《诺斯替宗教：异乡神的信息与基督教的开端》，张新樟译，道风书社 2003 年版。

［德］约纳斯等：《灵知主义与现代性》，刘小枫选编，张新樟等译，华东师范大学出版社2005年版。

［德］卡尔·雅斯贝斯：《时代的精神状况》，王德峰译，上海译文出版社1997年版。

（三）期刊

［英］托尼·木尼特：《审美·治理·自由》，姚建彬译，《南京大学学报》2009年第5期。

［英］罗纳德·贝纳：《阿伦特〈康德政治哲学讲演录〉波斯语版的访谈录》，刘汶萱译注，《哲学与时代》2021年第三辑。

陈独秀：《本志罪案之答辩书》，《新青年》1919年第6卷第1期。

陈联营：《略论汉娜·阿伦特政治思想中的判断问题》，《社会科学家》2007年第S2期。

陈伟：《试论阿伦特的判断理论》，《辽宁教育行政学院学报》2009年第5期。

陈筱芳：《帝、天关系的演变》，《西南师范大学学报》2004年第3期。

陈筱芳：《帝字新解与帝之原型和演变》，《西南民族大学学报》2004年第2期。

邓晓芒：《西方形而上学的命运——对海德格尔的亚里士多德批评的批评》，《中国社会科学》2002年第6期。

董志刚、张春燕：《审美化的政治话语——夏夫兹博里的美学解读》，《哲学动态》2010年第4期。

［意］A. 费拉雷：《另一种普遍主义：范例的力量》，刘文旋译，《世界哲学》2010年第4期。

范永康：《试论"诗性政治"概念及其美学特征》，《理论导刊》2009年第12期。

范永康：《"诗性政治"论——兼及文学性和政治性的融通》，《广西社会科学》2010年第2期。

范永康：《超越后现代文化政治——伊格尔顿"政治批评"的后期走向及其启示》，《东方丛刊》2010年第2期。

范永康：《何谓"文化政治"》，《文艺理论与批评》2010年第4期。

范永康：《当代西方的文学政治学》，《国外社会科学》2011年第4期。

范永康：《女性主义的话语政治》，《曲靖师范学院学报》2011年第5期。

范永康：《文化政治与当代西方文论的政治化》，《人文杂志》2011年第5期。

范昀：《审美与公共性：重审十八世纪欧洲启蒙美学的价值》，《文艺理论研究》2010年第4期。

冯文慈：《释"宫商角徵羽"阶名由来》，《中国音乐》1984年第1期。

龚群：《哲学诠释学中的教化与共通感》，《河北学刊》2005年第3期。

[德]哈贝马斯：《生产力与交往——答克吕格问》，曹卫东、班松梅译，《天津社会科学》2001年第5期。

何光顺：《神性的维度——试论〈离骚〉的"他在"视域》，《南京社会科学》2011年第1期。

何光顺：《环视中的他者与文学权力的让渡》，《文艺理论研究》2011年第3期。

洪汉鼎：《百岁西哲寄望东方——伽达默尔访问记》，《中华读书报》2001年7月25日第5版。

胡友峰：《西方文论关键词 审美共通感》，《外国文学》2011年第3期。

胡兆云：《从康德的人类"共通感"看异化翻译法》，《华南师范大学学报》2003年第3期。

黄瑜：《他者的境域——"普世伦理"的另一种可能》，《道德与文明》2010年第2期。

《汉语神学与公共空间——道风：基督教文化评论》，道风书社2010年春第32期。

黄作：《从他人到"他者"——拉康与他人问题》，《哲学研究》2004年第9期。

蒋晖：《〈李有才板话〉的政治美学》，《文艺理论与批评》2006年第6期。

金浪：《审美想象的政治局限——略论崇高美学的两种模式及其对中国的影响》，《文艺理论研究》2011年第3期。

孔兆胜:《儒家的音乐治理与审美共通感的政治功能》,《社会科学战线》2011年第7期。

雷武锋:《论维柯的诗性创造观》,《华中师范大学学报》2003年第3期。

刘国英:《肉身、空间性与基础存在论》,载《中国现象学与哲学评论》(第四辑),上海译文出版社2001年版。

陆庆祥:《儒家政治美学论》,《河南师范大学学报》2010年第5期。

李丹:《通感·应和·象征主义》,《文学评论》2011年第1期。

李河成:《符码:想象的公共表象——以维科、阿伦特为中心论心性－秩序的融合是如何可能的》,《文艺理论研究》2017年第4期。

李河成:《绽现"德艺",与人沟通——阿伦特"政治审美论"的现代政治哲学意义》,《文艺理论研究》2013年第2期。

李河成:《公利性公共与公议性公共:"公共"话语研究的两个要点及其范式转型》,《东岳论丛》2016年第10期。

李河成:《审美共通感的公共诉求:寻求现代中国美学的心性秩序》,《东南学术》2017年第2期。

李河成:《审美共通感的公共哲学意义》,《云南社会科学》2016年第5期。

李河成:《安提戈涅的公共行动是什么、如何可能及其现代意义》,《南大戏剧论丛》2016年12卷1。

李河成、谭秀云:《政治美学话语、审美共通感问题与美政预设:现状审视、选题意义与现代性反思》,《人文杂志》2012年第3期。

李河成:《通感的"看"与"听"》,《上海交通大学学报》2012年第2期。

李河成:《政治美学话语、审美共通感问题与美政预设——当代政治美学研究综述》,《天府新论》2012年第2期。

李河成:《体道与守身——以美学史中的"肉身"感通为中心的研究》,《陕西师范大学学报》2010年第2期。

李河成:《加达默尔"共通感"批判中的"历史"概念》,载《角度创新:艺术学研究的新途径》,学林出版社2009年版。

李河成:《甲骨传统与篆文传统间文化断裂的断想》,《汉字文化》2008

年第5期。

李河成、谭秀云：《中国审美公共性的现代起源：是什么、为什么、怎么研究》，《哲学与时代》2020年第一辑。

李河成：《正义为何与德艺何为》，载阎孟伟主编《多元文化背景下的正义与责任国际研讨会论文集》，南开大学出版社有限公司2017年版。

李河成、谭秀云：《"学"的公共哲学意义及其公议范式的转型》，《东岳论丛》2021年第2期。

李河成：《共通感与肉身的焦虑》，《南京理工大学学报》2008年第6期。

李明辉：《康德论同情》，《宗教与哲学》（第六辑）2017年。

李松：《政治美学研究的思路与方法》，《中国文学研究》2013年第3期。

李晓勇：《判断及政治的审美化——简论阿伦特对康德政治哲学的解读与重构》，《社会科学战线》2008年第12期。

李晓勇：《审美判断与政治判断——阿伦特的康德政治哲学解读》，《长春市委党校学报》2010年第6期。

李晓勇、王庆丰：《评阿伦特对马克思政治观的解读》，《社会科学战线》2010年第9期。

李晓勇：《论阿伦特政治判断与审美判断的可通约性》，《社会科学辑刊》2011年第4期。

李咏吟：《主体间性理论与审美价值体验的共通感》，《吉首大学学报》2011年第1期。

李泽厚：《孔子再评价》，《中国社会科学》1980年第2期。

李泽厚：《启蒙的走向（1989）》，《华文文学》2010年第5期。

［法］利奥塔：《重写现代性》，阿黛译，《国外社会科学》1996年第2期。

刘锋杰：《试构"文学政治学"》，《学习与探索》2006年第3期。

刘锋杰：《从"从属论"到"想象论"——文学与政治关系的新思考》，《文艺争鸣》2007年第5期。

刘锋杰：《"文学是审美意识形态"观点之质疑》，《安徽师范大学学报》2008年第2期。

刘锋杰：《"文学再政治化"的理论探索与建构——读曾永成〈文艺政治

学引论〉》,《文艺理论与批评》2011年第5期。

刘锋杰:《从"意识形态"到"艺象形态"——文学与意识形态关系的三种解读策略之反思》,《学习与探索》2008年第5期。

刘锋杰:《文学是如何想象政治的——关于王斑〈历史的崇高形象〉的座谈》,《当代作家评论》2009年第4期。

刘锋杰:《文学想象中的"政治"及其超越性——关于"文学政治学"的思考之三》,《西北大学学报》2009年第6期。

刘锋杰:《政治文化视角建构与文学审美立场的内在冲突——与朱晓进等先生商榷》,《文艺争鸣》2012年第1期。

刘旭光:《作为共通感的美感——审美之中的共通感问题研究》,《文艺理论研究》2017年第3期。

罗成:《隐匿的社会想象:论审美的现代性与公共性》,《文化与诗学》2011年第2期。

骆冬青:《论政治美学》,《南京师大学报》2003年第3期。

骆冬青:《美学的抗争》,《江苏社会科学》2003年第5期。

骆冬青:《政治美学的意蕴》,《南京师范大学文学院学报》2004年第1期。

骆冬青:《"活的形象"与席勒的政治美学》,《江苏社会科学》2005年第4期。

骆冬青:《"小说为国民之魂"——论晚清"小说学"的奠立与政治教化的关系》,《明清小说研究》2005年第4期。

骆冬青:《叙述的权力:先锋小说的政治美学阐释》,《南京师大报》2006年第3期。

骆冬青:《叙事智慧与政治意识——20世纪90年代小说的政治透视》,《小说评论》2008年第4期。

骆冬青:《小说叙事的公共性与政治美学意蕴》,《江苏社会科学》2008年第6期。

潘黎勇:《理想政治与审美生存——席勒审美乌托邦新论》,《江汉大学学报》2009年第1期。

彭林:《礼的哲学诠释》,载《哲学门(总第十六辑)》,赵敦华主编,北京大学出版社2008年版。

彭启福：《伽达默尔对"共通感"概念的诠释学改造及其意义》，《江淮论坛》2011年第5期。

彭志君：《审美共通感：纯粹审美判断的第三者——〈判断力批判〉中一个重要问题的求解》，《德国哲学》2017年上半年卷。

秦德君：《执政党政治美学（上）》，《社会科学》2003年第11期。

斯维至：《说德》，《人文杂志》1982年第2期。

斯维至：《关于德字的形义问题——答何新同志》，《人文杂志》1983年第5期。

宋宽锋：《英国近代政治哲学中的"家"与"国"——以儒家和现代新儒家的"家国关系论"为参照》，《人文杂志》2006年第6期。

孙海峰：《美学视野中的网络传播》，《现代传播》2007年第4期。

孙明：《"共通感"与"判断"——对康德美学关键问题的一点探讨》，《哲学研究》1987年第2期。

谭秀云、李河成：《警察形象与公共传播》，《阴山学刊》2013年第2期。

谭秀云、李河成：《正义如何允诺公共——以实体哲学向间性哲学的转向为视角》，《都市文化研究》2018年第一辑。

谭军武：《在自我与他者之间》，《读书》2010年第6期。

唐健君：《身体作为伦理秩序的始基：以身体立法》，《学术研究》2011年第10期。

唐小兵：《回望〈法西斯景观〉》，《读书》2006年第10期。

陶东风：《人文精神遮蔽了什么?》，《二十一世纪（香港）》1995年6月号。

王峰：《伽达默尔阐释学中的机敏问题》，《烟台大学学报》2004年第1期。

王贺白：《政治美学化之教学初步实验》，台湾长庚大学课程信息，http://www.doc88.com/p-941528118268.html.2013年3月21日。

王晖：《论商周秦汉时期上帝的原型及其演变》，《中国历史博物馆馆刊》1999年第1期。

王晖：《论周代天神性质与山岳崇拜》，《北京师范大学学报》1999年第

1期。

王杰:《审美习俗、文化习性与自由治理——中国当代审美经验的理论阐释》,《社会科学家》2013年第12期。

王林平:《作为感性共通感和感性制度权威的集体表象——迪尔凯姆现代性问题解决方案的理论核心论析》,《江海学刊》2010年第5期。

王让新:《审美共通感与实践的二重品格》,《青海社会科学》1986年第6期。

王音力:《汉娜·阿伦特论思的政治意义》,《华东师范大学学报》2003年第6期。

王寅丽:《未写出的政治哲学——阿伦特对康德判断力概念的政治阐释》,《社会科学》2006年第9期。

王小章:《从"自由或共同体"到"自由的共同体"》,载《社会理论论丛》(第四辑),周晓虹、成伯清主编,北京大学出版社2009年版。

夏宏:《简析康德美学思想中的"共通感"》,《湖北经济学院学报》2011年第5期。

谢遐龄:《直感判断力:理解儒学的心之能力》,《复旦学报》2007年第5期。

徐贲:《平庸的邪恶》,《读书》2002年第8期。

徐敏:《政治美学:一个新的学术课题——"回归实事:政治美学与文艺美学"学术研讨会综述》,《南京师范大学文学院学报》2004年第1期。

徐翔:《政治认同的审美性——兼重审文学在"再政治化"中的本体论建构》,《文艺理论研究》2010年第4期。

杨小清:《审美权力假设与"国家美学"问题》,《文学评论》2007年第3期。

[英]伊格尔顿:《赛义德、文化政治与批评理论——伊格尔顿访谈》,吴格非译,《国外理论动态》2007年第8期。

应奇:《政治的审美化与自由的绝境——康德与阿伦特未成文的政治哲学》,《哲学研究》2003年第4期。

尤西林:《关于美学的对象》,《学术月刊》1982年第10期。

尤西林：《摹状词与审美判断——美学与本体论》，《学术月刊》1995年第9期。

尤西林：《艺术传播的现代性机制及其界限》，《哲学与文化》2011年第10期。

尤西林：《圆善与时间》，载《基督宗教研究》（第四辑），宗教文化出版社2001年版。

尤西林：《现代性与世俗性》，载《道风：基督教文化评论》，2003年秋季卷。

岳梁：《主体的命运：非我、他者与解构》，《苏州大学学报》2010年第3期。

曾宪义、马小红：《中国传统法的结构与基本概念辨正》，《中国社会科学》2003年第5期。

张鼎国：《共通感、团结与共识：对当代诠释学思考下的相关实践议题之审思》，载洪汉鼎《中国诠释学》（第二辑），山东人民出版社2003年版。

张法：《从"现代性"到"中华性"——新知识型的探寻》，《文艺争鸣》1994年第2期。

张飞舟：《以"乐"治国——中国古代独特的治国观》，《河北法学》2005年第9期。

张剑：《西方文论关键词 他者》，《外国文学》2011年第1期。

张汝伦：《哲学、政治与判断》，《复旦学报》2003年第6期。

张渝：《康德审美"共通感"探析》，《湖北大学学报》1987年第5期。

张再林：《康德的"审美共通感"、中国古代的"感应"与政治的美学化》，《学术研究》2019年第10期。

张政文：《席勒美学：一种重建的政治哲学现代性话语》，《文艺研究》2006年第12期。

赵海英：《通往他者之路的实践论反思》，《长白学刊》2010年第2期。

周景耀、刘锋杰：《文学与政治：可以"想象"与超越偏见》，《南京社会科学》2011年第7期。

朱承：《〈礼记·乐记〉与儒家政治美学》，《人文杂志》2009年第4期。

朱凤瀚:《商周时期的天神崇拜》,《中国社会科学》1993年第4期。

二 外文参考文献

Hannah Arendt, *Between Past and Future*. New York: the Viking Press, 1961.

Hannah Arendt, *Lectures on Kant's Political Philosophy*. Edited and with an Interpretive Essay by Ronald Beiner. Chicago: University of Chicago Press, 1982.

Hannah Arendt, *The Human Condition*, Chicago: The University of Chicago Press, 1958.

Hannah Arendt, *The Life of the Mind*. vol. Ⅰ: *Thinking*, Edited by Mary McCarthy. New York: Harcourt Bruce Jovanovich, 1978.

Hannah Arendt, *The Recovery of the Public World*, Edited by M. A. Hill. New York: St Martin's Press, 1979.

Ronald Beiner, "Hannah Arendt on Judging", Hannah Arendt. *Lectures on Kant's Political Philosophy*, Chicago: The University of Chicago Press, 1982.

Leah Bradshaw, *Acting and Thinking: The Political Thought of Hannah Arendt*, Toronto: University of Toronto Press, 1982.

Richard J. Bernstein, "Hannah Arendt: The Ambiguities of Theory and Practice", *Political Theory and Praxis: New Perspectives*, Edited by Terence Ball. Minneapolis: University of Minnesota Press, 1977.

Donald M. Borchert, Ed. *Encyclopedia of Philosophy*, 2nd edition, volume 9, Farmington Hills: Thomson Gale, 2006.

F. M. Cornford, "The Invention of Space", *The Concepts of Space and Time*. Capek. M. ed. D. Reidel Publishing Company, 1976.

Encyclopædia Britannica, Inc. (eds). *The New Encyclopædia Britannica*, 15th ed. 11th vol, Chicago: Encyclopedia Britannica, Inc., 2005.

Pavel Gregoric, Aristotle on the Common Sense, New York: Oxford university press, 2007.

K. Haakonssen, *The Science of a Legislator*, New York: Cambridge University Press, 1981.

Jürgen Habermas, *The Theory of Communicative Action*, Volume 1. *Reason and the Rationalization of Society*, Translated by Thomas McCarthy. Boston: Beacon Press, 1984.

Andrew Hewitt. *Fascist Modernism: Aesthetics, Politics, and the Avant-Garde*, Stanford University Press, 1993.

Hans Robert Jause, *Toward an Aesthetics Of Reception*, Minneapolis: University of Minnesota Press, 1983.

Yi-Huah Jiang, *Thinking without a Bannister: An Interpretation of Hannah Arendt's Aesthetic Politics*, Yale University, 1993.

Immanuel Kant, *Critique of Pure Reason*, New York: The Colonia Press, 1899.

Immanuel Kant, *The Critique of Judgement*, Oxford: Clarendon Press, 1952.

Kisiel, *The Genesis of Heidegger's Being and Time*, Berkeley: University of California Press, 1993.

Lotle Kohler, Hans Saner. "Introduction", Hannah Arendt Karl Jaspers *Correspondence: 1926 – 1929*, edited by Lotle Kohler and Hans Saner. New York, San Diego and London: Harcourt Brace Jovanovich Publishers, 1992.

Emmanuel Levinas, *Totality and Infinity: an Essay on Exteriority*, trans. Alphonso Lingis. Pittsburgh: Duquesne University Press, 1969.

Emmanuel Levinas, *Time and the Other* (and additional essays), trans. Richard A. Cohen. Pittsburgh: Duquesne University Press, 1987.

Jean-Francois Lyotard, *The Postmodern Condition: a Report on Knowledge*, Minneapolis: University of Minnesota, 1984.

T. Mathiesen, "The Viewer Society: Michel Foucault's 'Panopticon' revised", *Theoretical Criminology*, 1997, (1).

G. & C. Merriam Co. (eds). *Webster's Third New International Dictionary of the English Language*, Springfield: G. & C. Merriam Co., 1976.

John Rawls, "The Priority of Right and Ideas of the Good", *Philosophy and Public Affairs*, 1998, 17 (4).

Crispin Sartwell. *Political Aesthetics*, Ithaca and London: Cornell University Press, 2010.

Jerome Stolnitz. "*On the Significance of Lord Shaftesbury in Modern Aesthetic Theory*", *The Philosophical Quarterly*, Vol. 11, No. 43 (Apr., 1961)

Shaftesbury, *The Life, Unpublished Letters, and Philosophical Regimen of Anthony, Earl of Shaftesbury*, edited by Benjamin Rand, London: Routleghe Thoemmes Press, Tokyo: Kinkuniya Company Lid., 1992.

Shaftesbury, *Characteristics of Men, Manners, Opinions, Times*, Volume Ⅰ, Indianapolis: Liberty Fund, Inc., 2001.

后　记

摆在您面前的文本，是笔者在博士论文（2012年）、国家社科基金项目（2014—2020年）等基础上修订的成果。项目成果，在审美感通的问题意识、"审美共同体"自然生成论式和社会制造论式的理论完善、观念史等研究方法论的更新、"常识"文献的拓展等方面，均较博士论文有一定的突破，但审美共通感心性—秩序的构造与建构初心依旧。

"审美共通感的公共哲学意义研究"国家基金项目是与西北政法大学谭秀云、德国科隆大学—伍帕塔尔大学谭秀丽团队协作、学科互惠，多易其稿、三起炉灶的成果。项目成果较博士论文《审美共通感的现代政治哲学意义》而言，具有更为清晰、深入的问题意识。鉴于程序宪政学的中立所擘画的庸常及原子化，主体间性遂成为现代性的沟通难题。现代政治哲学的主流是自由主义的"程序宪政学"，其公域形式化、私域原子化倾向可望通过"审美共通感—审美共同体"的公共性探讨获得改善。固然"审美共通感"的心性意义在博士论文中有体现，但是其"穴位意义"在公共性的视角下才有更为深刻的表达，亦较博士论文的"政治哲学意义"更为切实。就立论思路而言，"公共性"的选择是穴位所在；同时，我们取径于"审美共通感"这道门，进入了廓大的政治共同体和观念史的分疏中。

项目成果在博士论文文本上的修订工作，是"审美共同体"自然生成论式和社会制造论式的理论完善。具体而言，做了以下几方面的工作。

（一）调整："通感"议题放入第一章。从感通的身体观谈起，将"审美共通感"的观念史追溯并坐实到现象学的实处。身体观表征着心灵观。该"论"虽然在当前脑部成像所进行的神经科学观察远远无法让我们了解"通感""同情"等在人脑中的复杂机理，但是有关镜像神经元的研究是对审美共通感研究的一大补白。神经科学、心理科学等是"审美共通感"观念史研究的基础性清理。"通感"作为"论"与观念史是有逻辑掣肘的,放在附录可能是结构优化的选择之一,但作为美学的回溯和共同体的建构是必要的——美学和审美因此关联。

(二)补充。"第五章 马克思的感通概念及其公共困境"的补充,将使审美共通感的观念史梳理趋向连贯,是学术史材料的拓展。第一,"马克思的感通概念及其公共困境"的批判构成为"常识论""先验论"等"审美共通感"自然生成论式的另一维度——社会制造论式;第二,在"审美共同体"的社会制造论式上填补了阿伦特等"政治审美论理论"以前的空缺。

(三)删除。删除博士论文关于"牛仔时尚"的研究。固然牛仔研究是"审美共通体"社会制造论式思考维度的生生之流,但与审美共通感的美学史、学术史梳理歧出。牛仔时尚因审美感通而构组的团契机制进入民彝精神的考量:任何释"礼"为"利"的感性解放或释"礼"为"理"的形式化抽象,均需在释"礼"为"养"的社会化生存中找到"感通"的历史通道。……故其放入《牛仔时尚、民彝及其行动教养》等"论"的单篇文章中,更为恰当。

学术史的梳理修订为观念史等等研究方法的拓展。"共通感的'一般':阿伦特、伽达默尔论历史具体如何可能及其公共范式"可能是需要补充的一章,此学术史的总结具有史论的公共性反思和方法论总结的两仪思考。

(一)公共性的反思。普遍与具体、权威与解构构成为公共性本身的张力机制,也是审美共通感概念本身的内在张力。审美共通感与公共性的内在逻辑只有回到"历史"的具体批判中才能消解普遍"真理"的暴政;同样,只有流动的公共性才适宜于个性主体。"*historein*"(探索)、"*histōr*"(记事者、审判者,我们所说的"历史学家")的词源学追溯指向反思性判断力的公共权力;审美共通感批判的历史具体成为解释公共转型的契机所在。

(二)将学术史的梳理修订为观念史的总结。在观念史的视野中,对"审美共通感"概念研究的具体化,较思想史具有更为明确的价值行动方向；鉴赏"审美共通感"关键词汇的变迁，与社会行动的关系更为直接，且是支配社会史研究的内核。观念史研究区别于年鉴学派对古典客观主义的坚持（历史学），并且超越向以主观真实取消客观性的观念（哲学）之外。课题聚焦"审美共通感"等观念单元的方法论演绎，对中国古典美学、中国审美公共的现代起源等研究对象的拓展，具有启示。

项目成果在审美感通的问题意识、"审美共同体"自然生成论式和社会制造论式的理论完善、观念史等研究方法的拓展等方面均较博士论文，有一定的突破，但初心依旧。博士论文以来七年时间，面对"审美共同体（以美立法）仅仅是个乌托邦"的反驳，项目成果"审美共通感的公共哲学意义研究"对"审美共通感"的自然结构、情感技艺及其生活秩序进行多方面的现实建构。十年劬劳，课题着力在"公共心性"的秩序构造。

文本的叙述亦可以回溯的方式展现历史的阐释与进程。这种倒叙的叙述必定使人感到不习惯，但这种修订意向基于审美议题自然、当下的特征。一是在面对理性普遍和进步信念逐步变得可疑的时候，可能会回溯到人的自然基地——审美和美学因此区分。审美及其感通建构因此会在历史的理解中清晰起来；审美也因此而发挥、呈递着不同于真与善的感通意义，即使真、善与美的元价值在当下悬而未决。二是历史是由当下活着的每一代人来回忆、思想和重新研究的。历史是从最后一页回溯到第一页来书写的。同时，历史会向前运动，会把新近发展的前提抛在后面。鉴于此，审美感通的公共哲学意义研究是从当下自身开始立意和立论的。三是审美共通感观念的生生"一般"，是对知意"普遍"的颠覆，这亦与审美的自然本性相适宜。生生灭灭天然规律的解释典范，可能是命运的盲目安排（康德、托克维尔），未来的宿命（斯宾格勒），还是区别于终极目的和意义的节律（汤因比）？这超出了笔者回答这个问题的能力。

论题以艺术审美拓展向现实审美，从而将艺术概念指向任何与技艺有关的实践，这包括审美公共性的研究本身；以审美的感通心能来弥补程序宪政的原子化弊端，植根于审美共通感之公共性本体的探讨；并且，"审美共同体"心性—秩序合一的探讨，有"美政合一"的诉求和"政艺分离"的自省。笔者持续地思考着这个议题，深知其中的难度。对该议题的忠诚和坚定来源于陕西师范大学一如既往的支持：感谢陕西师范大学文学院、陕西师范大学哲学与政府管理学院的培养。无疑，也必须感谢匿名评审笔者论文（期刊论文、学位论文、社科基金结项文本）的专家学者，谢谢学者们的宽容与鼓励。感谢中国社会科学出版社及朱华彬等老师的支持与出版。您的公心使学术共同体更为公信；您对职业私用的超越使学术自性更为自信。